DES

ET DES

PUBLIÉS EN FACSIMILÉ ET ÉDITÉS
TEXTE ET MUSIQUE
PAR
Jean Beck

TOME PREMIER
FACSIMILÉ

LIBRAIRIE ANCIENNE
HONORÉ CHAMPION
6, QUAI MALAQUAIS, 6
PARIS (VIᵉ)

1927

THE UNIVERSITY OF
PENNSYLVANIA PRESS
3438, WALNUT STREET, 3438
PHILADELPHIA, (PENNA.)

CORPVS CANTILENARVM MEDII AEVI

Le Chansonnier Cangé

Manuscrit français N° 846
de la Bibliothèque Nationale de Paris

TOME PREMIER

Reproduction phototypique du manuscrit,
Description et Tables

CET OUVRAGE A ÉTÉ
TIRÉ A 420 EXEMPLAIRES
NUMÉROTÉS DE 1 A 420,
DONT 25 HORS COMMERCE

Nº 200

PHOTOTYPIE DANIEL JACOMET & Cie, 68-70, RUE ERLANGER, PARIS (XVIᵉ)
IMPRIMERIE STRASBOURGEOISE - 15, RUE DES JUIFS, STRASBOURG

Corpvs Cantilenarvm Medii Aevi

PREMIÈRE SÉRIE

Les Chansonniers

des

Troubadours et des Trouvères

Publiés en Facsimilé et transcrits en notation moderne

par

Jean Beck

PROFESSEUR A L'UNIVERSITÉ DE PENNSYLVANIE
ET AU CURTIS INSTITUTE OF MUSIC, A PHILADELPHIE

TOME PREMIER

REPRODUCTION PHOTOTYPIQUE

DU

Chansonnier Cangé

PARIS, BIBLIOTHÈQUE NATIONALE, Ms. FRANÇAIS N° 846

LIBRAIRIE ANCIENNE
HONORÉ CHAMPION
5, QUAI MALAQUAIS, 5
PARIS (VI°)

1927

THE UNIVERSITY OF
PENNSYLVANIA PRESS
3438, WALNUT STREET, 3438
PHILADELPHIA, (PENNA.)

HOMMAGE RESPECTUEUX

à

Madame Mary-Louise Curtis Bok

FONDATRICE ET PRÉSIDENTE

DU

CURTIS INSTITUTE OF MUSIC

A PHILADELPHIE

DONT LA GÉNÉROSITÉ A PERMIS
LA PUBLICATION DE CET OUVRAGE

Jean BECK

AVANT-PROPOS

'IDÉE de recueillir les chansons des Troubadours[1] et des Trouvères,[2] éparses, au nombre de près de cinq mille, dans une centaine de manuscrits des treizième et quatorzième siècles remonte à plus de deux cents ans. Nous en retrouvons les premières traces dans le manuscrit même que nous publions aujourd'hui.

Ce chansonnier, conservé à la Bibliothèque Nationale de Paris, sous la cote : *Fonds français N° 846*, avait été acquis, en 1724, par CHATRE DE CANGÉ, au prix de 175 lt, à la vente de la bibliothèque de BAUDELOT, membre de l'Académie des Inscriptions, mort en 1722. CANGÉ, curieux d'objets d'art et collectionneur de manuscrits, possédait d'autres recueils du même genre, notamment les manuscrits 845 et 847 du même fonds de la Bibliothèque Nationale. Mais sa curiosité ne se borna pas à collectionner des chansonniers: frappé par les variantes, les lacunes et les interpolations que présentent souvent les mêmes chansons d'un manuscrit à l'autre, il incorpora — ce qui aujourd'hui passerait pour un sacrilège — entre les lignes du texte ou en marge de son nouveau manuscrit, les variantes tirées d'autres sources. Il se servit des sigles *N* et *Cl* pour désigner la provenance des variantes, *N* désignant le chansonnier du MARÉCHAL DE NOAILLES (*Bibliothèque Nationale N° 12 615*) et *Cl* le chansonnier CLAIRAMBAUT, aujourd'hui *N° 1 050* des *Nouvelles Acquisitions* du même fonds.

Dans le titre qu'il traça de sa propre main sur la première feuille, il nous dit : « *J'ai fait nombre d'additions et de corrections d'après les Ms. du Roy, de Mr. le Duc de*

---

1. Les 2600 Chansons des **Troubadours,** écrites en provençal, sont conservées dans une quarantaine de chansonniers proprement dits des treizième et quatorzième siècles (sans compter les nombreuses copies faites de ces manuscrits depuis le quinzième siècle). Ces chansonniers sont dispersés dans la plupart des grandes bibliothèques de l'Europe ; naturellement, la Bibliothèque Nationale de Paris vient en première ligne, avec 13 mss., puis viennent les bibliothèques de Rome, avec 5, Florence avec 5, Milan avec 2, et Barcelone, Berne, Modène, Oxford et Venise avec chacune un manuscrit. Les manuscrits renfermant en même temps la notation musicale des chansons des Troubadours sont étudiés de près dans mes *Mélodies des Troubadours*, (Strasbourg, Truebner, 1908, pp. 1—90). La *Bibliographie des Chansonniers provençaux* de Mr. ALFRED JEANROY, dans les *Classiques Français du Moyen Age*, N° 16 (1916) donne une description complète de toutes ces sources.

2. Approximativement 2300 Chansons de **Trouvères,** écrites en français, se trouvent dans un total de 38 manuscrits des mêmes siècles, dont 25 à Paris (2 à la Bibliothèque de l'Arsenal et 23 à la Bibliothèque Nationale) ; 3 à Londres, 2 à Berne et à Rome, et une dans chacune des villes suivantes : Arras, Modène, Oxford, Sienne et Soissons, sans tenir compte d'une cinquantaine de Manuscrits ou de fragments qui ne renferment que quelques pièces, et de nombreuses copies manuscrites plus récentes. On remarquera que l'Italie est plus riche en chansonniers de Troubadours qu'en manuscrits de Trouvères, ce qui s'explique aisément. Les chansonniers des Trouvères qui renferment les mélodies avec le texte poétique sont énumérés dans mes *Mél. d. Troub.*, pp. 71 ss., et la *Bibliographie des chansonniers français* de G. RAYNAUD (1884) complétée par celle de Mr. ALFRED JEANROY renferment tous les détails bibliographiques et historiques.

Noailles et de Mr. de Clairambaut et me suis attaché par préférance aux chansons du Roy de Navarre, et de Gacés Brullés que j'ai essaié de rendre complettes, aussi bien que celles du Chastelain de Coucy. » De ce fait, CANGÉ peut, à bon droit, prétendre avoir ébauché le premier, il y a deux siècles, un texte critique des chansons des Trouvères.

En 1742, LEVESQUE DE LA RAVALLIÈRE édita les *Poésies du roi de Navarre*, texte et musique. Cette édition, bien que vieillie, n'en a pas moins du mérite dans l'histoire des travaux sur la poésie du Moyen Age; elle démontre que l'auteur se rendait compte du fait que, dans la chanson de cette époque, la musique importe autant que les paroles.

La même conviction guida DE LA BORDE lorsqu'il écrivit son *Essai sur la musique ancienne et moderne* (1780), dans les pages consacrées aux Trouvères. Mais malheureusement, le savant LA CURNE DE SAINTE PALAYE[3] qui avait recueilli des copies complètes des chansonniers conservés ailleurs, négligea de comprendre la musique dans son travail; ce fut là, peut-être, une des causes qui contribuèrent à faire négliger le texte musical dans les innombrables travaux sur les Troubadours et les Trouvères, qui, depuis le *Choix des poésies originales des Troubadours* de RAYNOUARD, en six volumes (1816—1821) ont enrichi l'étude de la poésie du Moyen Age. La *Bibliographie des chansonniers français*, de G. RAYNAUD (Paris, 1884) complétée par A. JEANROY dans la collection des *Classiques français du Moyen Age* (N° 16 et 18) en fournit la preuve.

En vain le fondateur des études musicales du moyen âge, EDMOND DE COUSSEMAKER entreprit-il, sans préparation paléographique suffisante, il est vrai, la tâche énorme d'éditer, à ses frais, les quatre volumes des *Scriptores de musica medii aevi*; en vain publia-t-il ses beaux travaux sur *l'Histoire de l'harmonie au moyen âge* (1852), les *Drames liturgiques du moyen âge* (1860), l'*Art harmonique aux douzième et treizième siècles* (1865) et, en 1872, les *Œuvres complètes du trouvère Adam de la Halle*: ce fut la *vox clamantis in deserto*. Sauf toutefois à l'Université de Strasbourg, où ses travaux furent le point de départ des recherches du musicologue GUSTAV JACOBSTHAL, et de ses disciples.

La musicologie des Trouvères semblait renaître à l'aurore du siècle; PIERRE AUBRY, archiviste paléographe et musicien, se proposa de concentrer ses efforts sur la partie musicale de la poésie lyrique du Moyen Age. Des publications monumentales, comme celles des *Cent motets du XIIIᵉ siècle* et du *Chansonnier de l'Arsenal*, ont fait date dans les annales de la musicologie, et sa mort tragique a privé notre discipline d'un travailleur énergique.

En 1908, j'annonçai l'intention de publier l'ensemble des chansons *notées* — qu'on me permette d'adopter ce terme pour exprimer l'idée de *chansons qui sont conservées avec leur musique* — des Troubadours et des Trouvères, dans ma thèse de Strasbourg et dans mon petit ouvrage sur la *Musique des Troubadours* (Paris, H. Laurens, 1909). Mais la réalisation de ce projet fut retardée pour des raisons multiples, dont les deux principales étaient, 1° : que je n'avais pas encore acquis la certitude que le système de transcription inauguré par moi sous le terme : *Interprétation modale*, avait atteint le degré de perfection dans le détail qu'exige la vérité historique et, 2°, que les fonds nécessaires pour l'exécution d'une publication aussi onéreuse faisaient défaut.

------

3. La *Bibliographie* de M. JEANROY nous apprend que les copies, exécutées pour le libraire COUSTELIER, qui projetait de publier, sous la direction de SAINTE-PALAYE, un *Corpus* de nos chansonniers, se trouvent à la Bibliothèque de l'Arsenal, 3303—6, et Bibl. Nat. 12610—3.

Dès 1909, Mr. Joseph Bédier, à qui j'avais soumis mon projet, s'était empressé de mettre à ma disposition une subvention du fonds de la Marquise Arconati-Visconti, née Alphonse Peyrat, qui me permit de me procurer les reproductions photographiques des chansonniers notés de Rome et de Milan. Depuis lors, ma collection de reproductions de manuscrits musicaux du onzième au quatorzième siècle s'est agrandie et compte à présent plus de vingt mille facsimilés représentant la majeure partie des documents connus, presque tous inédits, plusieurs même inconnus des musicologues, que je découvris dans des monastères. En possession de ces facsimilés, je me trouvai à même de continuer mes recherches, *in angello cum libello*, pendant mes seize années de professorat en Amérique.

Aujourd'hui que tous ces obstacles ont été surmontés, l'un à la suite d'une nouvelle méthode d'investigation et de la bonne fortune qui me fit trouver des documents de nature à me convaincre de l'exactitude de ma méthode de transcription ; l'autre, grâce à une donation personnelle de Madame Mary-Louise Curtis Bok, fondatrice et présidente du Curtis Institute of Music de Philadelphie, mon projet, conçu il y a vingt ans, touche à sa réalisation. Le Corpus Cantilenarum Medii Aevi mettra à la portée des travailleurs les trésors dispersés de la Chanson du Moyen Age. Tout ce qui se chantait dans le monde chrétien pendant le XIIe et le XIIIe siècles, à l'exception de la musique liturgique, et qui a survécu, se trouvera réuni sur un rayon de bibliothèque, en facsimilé et en transcription, pour le plus grand profit de l'histoire de l'art.

Si, en effet, j'ai persévéré dans cette tâche, malgré tant de difficultés, c'est que j'ai la conviction qu'il s'agit de faire revivre une partie importante de la vie artistique aux grands siècles de notre histoire. Comment ! ces hommes qui conçurent les plans et exécutèrent la construction et la décoration de nos cathédrales, dont la vie s'écoulait dans une activité soutenue de fêtes et de tournois, de campagnes politiques et de croisades religieuses, ces siècles de foi et de volonté, de sacrifice et de frivolité, d'entreprises surhumaines et d'aventures romanesques, peut-on négliger un des moyens les plus directs de pénétrer leur âme, à savoir, les **chansons** qui nous révèlent l'élément humain, les mouvements du cœur transmis dans les rythmes du chant?

Faut-il rappeler qu'à considérer uniquement ce qui a survécu, sans compter ce qui a dû disparaître dans le cours des siècles — nous connaissons près de vingt mille Tropes, Séquences, *Organa, Conductus* et Hymnes latins, toutes créations savantes de forme, qui retentissaient sous les voûtes des églises et étaient en pleine vogue au moment où la muse profane fait son apparition/dans la Chanson courtoise des Troubadours et des Trouvères. De même que, dans les arts plastiques et graphiques du Moyen Age, ce n'est pas seulement l'idée à représenter qui préoccupe l'artiste, mais plutôt le sentiment de la beauté plastique, l'harmonie du nombre, des proportions arithmétiques, de même, ce qui nous frappe d'abord dans l'art musical de la première période c'est la recherche du nombre : la proportion dans la **mélodie**, réalisée par des intervalles, considérés comme proportions arithmétiques, la proportion dans la **poésie,** réalisée par des vers et des strophes variées à l'infini et soumises à des règles arithmétiques; unissant et couronnant le tout, c'est, enfin, le **rythme,** tout en proportions arithmétiques, qui donne la vie à l'ensemble./On peut aisément montrer comment, de ces premiers efforts savants, conscients et méthodiques sont sortis par une évolution organique, les Motets de Palestrina, les Fugues de Bach et les Sonates des maîtres de toutes les nationalités. Les principes essentiels de la composition musicale sont définitivement posés et en bonne voie de perfectionnement, au plus tard dès le temps de Chrétien de Troyes, et la tradition manuscrite désigne les poètes-musiciens de St-Martial de Limoges, de St-Gall, de Notre-Dame de Paris, des cloîtres de Moissac, de Fleury et d'autres, de l'Ouest et du Nord-Ouest de la France, comme les véritables créateurs de la forme musicale qui comprend, naturellement, la forme poétique.

Car les mêmes préoccupations de proportion qui dominent les Tropes et le déchant, sont à la base de l'essor prodigieux que prit, soudainement, dès le douzième siècle, la poésie en langue vulgaire, après que sa sœur aînée, la muse sacrée, lui eut tracé les modèles, dans les Tropes. **Versification**, (principe du décompte des syllabes), **structure musicale** (principe de la strophe, bâti sur les *versus*, la répétition d'un thème chanté d'abord en vocalise, ensuite sur des paroles adaptées) et **rythme** (principe de la souveraineté de la musique sur les paroles) en un mot, **tout ce qui se rattache à la forme**, émane, historiquement, des chants créés, pour l'embellissement de l'Office sacré, dans un enthousiasme et une ardeur de compétition qui n'ont peut-être été dépassés en aucun temps de l'histoire de la création artistique : du principe des Tropes.[4]

Ce sera la tâche des historiens de la littérature d'expliquer par quel phénomène la **matière** des Chansons courtoises en langue vulgaire se cristallisa dans la Chanson amoureuse des Troubadours et des Trouvères et de leurs imitateurs, et à quels génies nous devons le perfectionnement des divers genres lyriques qui, eux aussi, se distinguent les uns des autres par la forme bien plus que par la substance poétique.

La publication des Tropaires proprement dits et des Tropaires polyphoniques (car les *Organa* et les Motets sont, en somme, des Tropes au même titre que les Séquences) permettra de suivre cette évolution degré par degré et de démêler la part qui revient, dans la genèse de la poésie moderne, aux compositeurs de Tropes, d'une part, et aux Troubadours, de l'autre.

La publication simultanée des facsimilés et des transcriptions doit conduire l'étude de la poésie du Moyen Age dans des voies nouvelles. Les observations et commentaires seront, avec les transcriptions, susceptibles d'être contrôlés sur le champ par tous les lecteurs, au lieu de réserver ce privilège aux rares critiques que la fortune fait vivre à proximité du dépôt où se conserve le manuscrit original. Il semble qu'il soit humainement impossible de se fier à des copies manuscrites, car, ayant eu à vérifier toutes les éditions de poésies françaises, provençales et latines du Moyen Age, je dus constater qu'il n'y en a pas une seule dont l'appareil de variantes soit parfaitement exact et complet. Sans doute parce qu'elles remontent, en partie, à des copies manuscrites ou à des éditions partielles, et non pas aux sources originales. Même dans des Chrestomathies qui en sont à leur quinzième édition « revue et corrigée », les fautes de leçons persistent en nombre inquiétant, malgré les efforts combinés des éditeurs et les corrections proposées dans des comptes-rendus par une phalange de critiques : toujours faute de pouvoir se rapporter directement aux sources propres.

Notre principe, qui est de traiter les manuscrits comme autant d'individualités, entraîne des responsabilités nouvelles. Comme l'a fort justement dit PIERRE AUBRY, dans l'introduction aux *Chansons de Croisade*, la méthode critique d'établissement d'un texte, telle que l'ont pratiquée, pendant un siècle, les éditeurs de textes du Moyen Age, ne saurait s'appliquer à la publication de textes musicaux.

---

4. Le travail fondamental de LÉON GAUTIER sur *La Poésie liturgique du Moyen Age* a été repris et complété par les éditeurs des *Analecta Hymnica Medii Aevi*, tomes XXXIV, XLVII, L, LIII et LIV.

Le travail collectif des Bénédictins en vue de la restauration de la musique grégorienne a abouti à des résultats appréciés par beaucoup de connaisseurs, critiqués par beaucoup d'autres. Leur tâche, bien que plus vaste que la nôtre pour ce qui est la masse des matériaux à trier, était relativement moins incertaine puisque, ayant à leur disposition la chaîne ininterrompue de la tradition manuscrite, à partir des plus anciens Sacramentaires et Antiphonaires en neumes, il leur était plus facile de les classer chronologiquement et par familles, que ce n'est le cas avec la musique profane, dont les documents sont moins nombreux et plus difficiles à dater, sans parler de ce fait capital que nous ne saurons jamais pendant combien d'années nos chansons furent transmises oralement, par des trouvères et des ménestrels, avec toutes les déformations inhérentes à ce mode de transmission, avant d'être recueillies dans les chansonniers que nous connaissons aujourd'hui.

Nous nous engagerons donc dans cette voie nouvelle avec prudence, étudiant de près chaque manuscrit par rapport à son compilateur, pour les paroles et pour la musique. Espérons qu'on trouvera, grâce à la coopération des romanistes et des musicologues, facilitée par le fait que les documents seront également accessibles à tous, une méthode qui permettra, après l'achèvement du présent *Corpus* des **Chansonniers** considérés comme autant d'individualités, d'en concevoir un second, où chaque **auteur** et chacune de ses œuvres feront l'objet d'une synthèse critique. Mais, avant de songer à entreprendre cette synthèse, il faudra se soumettre patiemment aux règles « d'analyse et de dénombrement » posées par le père de la critique scientifique.

Un mot encore pour justifier le choix du manuscrit Cangé en tête du *Corpus Cantilenarum*. Après une étude préliminaire de tous les chansonniers notés, notre choix s'est arrêté sur ce manuscrit pour des raisons diverses que nous énumérerons dans l'ordre de leur importance.

Au point de vue musical, le chansonnier Cangé occupe la première place parce que, seul parmi une douzaine de recueils notés entièrement, il est écrit dans une notation qui permet, en un assez grand nombre de cas, de reconnaître la valeur de durée, la mesure musicale, des notes, alors que, dans les autres chansonniers, les mélodies sont écrites en ce que l'on appelle la *notation carrée* qui, tout en reproduisant le profil mélodique d'une chanson, ne fournit aucun renseignement sur la durée des notes individuelles. La notation du 846 fournira donc une clef qui nous permettra de reconstituer le rythme latent des chansons notées en *nota quadrata* ailleurs.

2º Le copiste de la musique du Ms. Cangé est plus qu'un simple copiste : il est musicien. Les mélodies qu'il inscrit au-dessus du texte poétique sont, comparées aux autres manuscrits, généralement transposées, ce qui implique non seulement une attention soutenue, mais encore des connaissances musicales théoriques et pratiques assez solides.

3º En beaucoup d'endroits où le scribe du texte avait commis des fautes de copie, le notateur les corrige, en mettant les notes à leur vraie place.

Quant au texte poétique, le Ms. Cangé a toujours exigé des éditeurs de chansons de Trouvères une attention particulière. Il est établi depuis longtemps que la majorité des chansonniers révèlent, entre eux, certains liens de parenté. Le nôtre se rapproche tantôt d'une famille, tantôt d'une autre, tout en offrant, à chaque pas, des variantes qui semblent exclure une affinité directe avec aucun d'eux. Mais, si son texte diffère de celui de tous les autres dans une proportion plus grande qu'aucun autre manuscrit pris individuellement, il n'en est pas moins vrai qu'il ne leur est pas inférieur, au point de vue de la qualité du travail. Je citerai, à l'appui de cette assertion, le fait que, parmi les 58 chansons publiées récemment par deux critiques d'une sévérité justement renommée, [5] il n'y eut, pour un total de près de deux mille vers, qu'une douzaine d'émendations à faire, et que plus des trois quarts des chansons imprimées dans ce recueil, purent être reproduites **exactement telles qu'elles se trouvent dans le manuscrit,** la ponctuation à part. J'attache toute son importance à cette constatation qui compte pour beaucoup dans les raisons qui m'ont décidé à adopter ma méthode.

L'orthographe de notre manuscrit le cède, en ce qui concerne la pureté du langage, peut-être à un seul de ses semblables: le *chansonnier du Roy*, [6] N° 844 des manuscrits français de la Bibliothèque Nationale; et encore, ses quelques traits bourguignons sont-ils moins saillants que les formes picardes, lorraines ou wallones des autres collections.

Ce qui, au point de vue du contenu poétique, lui donne une valeur insigne c'est qu'il nous a conservé les Envois de 144 chansons. On sait que les copistes de la plupart des chansonniers ont négligé de transcrire ces espèces de dédicaces, importantes pour l'attribution des chansons, sans doute parce que le déchiffrement des noms propres présentait trop de difficultés. Notre copiste, lui, ne s'est pas laissé effrayer par des noms inconnus et, tout en copiant parfois des monstruosités, (mais qui s'expliquent paléographiquement), il semble avoir fait effort pour transcrire tous les Envois qu'il rencontrait.

De plus il se trouve, dans le chansonnier Cangé, 74 pièces uniques, ce qui représente un apport bien au-dessus de la moyenne des autres recueils. C'est aussi le manuscrit qui renferme le plus grand nombre de chansons attribuées au roi de Navarre, et le recueil le plus particulièrement représentatif de la Chanson courtoise.

Quant à l'exécution matérielle, le facsimilé [7] prouvera, au premier coup d'œil, que le chansonnier Cangé est un modèle de calligraphie pour le texte et pour la musique, avec dix-huit jolies lettres historiées illustrant les chansons qu'elles introduisent. Les autres chansons sont ornées de lettrines en couleurs de style romain, alternant rouge et bleu, comme c'est l'usage depuis la fin du treizième siècle, d'un bout du manuscrit à l'autre.

Dernière supériorité: le manuscrit Cangé est complet et intact, sans lacune et sans mutilation, alors que beaucoup d'autres chansonniers ont perdu des feuilles ou des feuillets, en même temps, hélas, que leurs miniatures.

Les points énumérés ici pour justifier la préférence accordée au manuscrit Cangé en tête du *Corpus Cantilenarum Medii Aevi*, seront étayés de preuves venant à leur place dans le tome deux du présent volume.

---

5. A. JEANROY et A. LANGFORS, «Chansons inédites du ms. français 846», *Archivium Romanicum*, II, 296—324 et III, 1—32 et 355—367.

6. Ce manuscrit, renfermant des chansons de Troubadours et de Trouvères, des Lais et des Descorts, des Motets à plusieurs voix, et une série de danses instrumentales du XIIIe siècle est, à tout prendre, le plus important des Chansonniers et formera le **second** volume du *Corpus*. Nous avons donné la place, d'honneur au Ms. Cangé surtout à cause de l'excellence du texte musical.

7. Le format du manuscrit est de 16,6 cm. sur 24,2 ; nos clichés étant de 18 × 24 cm., le facsimilé se trouve réduit légèrement.

DESCRIPTION DU MANUSCRIT CANGÉ

A *Bibliographie des chansonniers français* de GASTON RAYNAUD donne, à la page 110e du tome premier, la description que voici :

Pb⁵

Paris, Bibliothèque nationale, fr. 846 (anc. 7222³, Cangé 66). Ce ms., avant d'appartenir à Cangé, qui d'après une note autographe écrite sur le feuillet de titre, l'a acheté 175ᵗᵗ en 1724, était dans la bibliothèque de Baudelot[1], membre de l'Académie des Inscriptions ; c'est un vol. sur vélin à 2 col., de 0ᵐ 242 sur 166, comprenant 141 feuillets. Les feuillets 142-151, ajoutés après coup, contiennent des chansons transcrites par Cangé, et empruntées à divers mss. Deux tables, faites aussi par Cangé, l'une pour les auteurs l'autre pour les anonymes, occupent 11 feuillets préliminaires. Les Chansons sont, comme dans un des mss. de Berne, classés par ordre alphabétique, sans noms d'auteurs. Cangé a rétabli les noms d'auteurs et introduit un grand nombre de variantes. Musique. Lettres ornées. XIIIᵉ siècle.

Voy. *Cat.* des mss. fr. I, 110-4 et Brakelmann, *Archiv* XLII, 54.

1. J. Brakelmann, dans un article du *Jahrbuch f. rom. u. engl. Literatur* (XI, 101), a considéré comme perdu le ms. connu au XVIIIᵉ siècle et cité dans les copies de Sainte-Palaye sous le nom de ms. Baudelot. La raison qui, d'après Brakelmann, empêche d'identifier ce ms. avec aucun des chansonniers existant aujourd'hui, est que dans la table dressée par Sainte-Palaye des chansons de Thibaut de Navarre (Bibl. nat., Moreau 1679) les pièces appartenant au ms. Baudelot se rapportent à une pagination qu'on ne retrouve nulle part ailleurs. Brakelmann n'a pas vu que cette pagination est, non pas celle de l'original, mais celle de la copie que possède aussi la Bibliothèque nationale (fr. 12610, anc. supp. fr. 4691). L'examen de cette copie prouve sans discussion que le ms. acheté par Cangé (1724) après la mort de Baudelot (1722) n'est autre que le ms. actuel fr. 846.

La *Bibliographie sommaire des chansonniers français du moyen âge*, de A. JEANROY (*Les Classiques français du moyen âge*, Nᵒ 18 (1918) ajoute à ces renseignements les détails que voici (p. 7) :

(Pb⁶) = PARIS, BIBL. NAT. 846 (anc. 7222³, anc. Cangé, 66).

Grand in-8ᵒ, parchemin, de 141 f., fin du XIIIᵉ s. ; initiales ornées, musique ; graphie bourguignonne assez prononcée. Les pièces sont classées dans l'ordre alphabétique, sans rubriques anciennes. A appartenu à Baudelot († 1722), puis à Châtre de Cangé, de la main de qui sont les rubriques, empruntées à ses autres chansonniers (*N* et *P*) et qui l'a vendu à la Bibliothèque du Roi en 1733.

DESCRIPTION ET TABLE : *Catalogue des man. fr.*, I, 110-4 ; cf. *Jahrbuch*, XI, 101, et *Archiv*, XLII, 54 (Brakelmann) ; Raynaud, 110-22.

PUBLICATION PARTIELLE : L. Brandin, *Inedita der altfr. Liederhandschrift Pb⁶* (diss. de Halle, 1900, et *Zeitschr. f. franz. Sprache und Litt.*, XXII, 230-72).

[Cinquante-huit chansons qui étaient restées inédites, furent publiées, par A. JEANROY et A. LÅNGFORS, dans *l'Archivium Romanicum*, II (1918), 296-324, et III (1919), 1-27, 355-367)]

La partie originale du manuscrit comprend 17 quaternions complets de 16 pages chacun et un de 14 pages, à la fin. Les réclames, au bas de chaque cahier, sont complètes et prouvent que le manuscrit est broché dans l'ordre original. Mais Cangé y a ajouté, en tête et à la suite, trois cahiers de parchemin assez bien assorti, comme qualité et comme teinte. Sur les deux cahiers de tête, de 24 pages, il composa une *Table des Chansons contenues dans le Manuscrit*, en les classant alphabétiquement par noms d'auteurs. Ces noms d'auteurs qui ne figuraient pas dans le manuscrit, en son état original, il les avait restitués d'après les attributions des autres mss. A la suite de cette table des auteurs qu'il enrichit de nombreuses notes biographiques, il rangea, encore dans l'ordre alphabétique, celles : « *dont j'ignore les noms d'auteurs* », au nombre de 145, dont 67 ont été identifiées depuis par les éditeurs successifs de chansons de Trouvères. Sur le cahier rattaché à la fin, il ajouta, de sa main très élégante, d'après les mêmes manuscrits qu'il avait mis à profit pour compléter le corps du chansonnier, 31 chansons qui, dans la *Bibliographie* de RAYNAUD portent les numéros : 529 (avec la musique), 687, 1664, 1575, 283, 1199, 998, 160, 1918, 1579, 1724, 633, 882, 127, 790, 358, 491, 936, avec la remarque empruntée à FAUCHET : *Autre chanson du mesme qui montre qu'il n'est pas fort loial en Amours*), 423, 2046, 1687, 946, 527, 1362, 225, 111, 1939, 1913, 634 et 1010, celle-ci avec la note : « *Ms. qui m'a été presté par M. l'abbé Sallier* ». Parmi ces 31 chansons ajoutées, il y en a deux qui se trouvaient déjà dans le corps du ms. ; ce sont les Nᵒˢ 633 et 1010, qui y figurent sous les numéros d'ordre 180 et 64.

La disposition du texte, en deux colonnes et sans aller à la ligne pour chaque strophe, rapproche notre ms. du groupe KNP[1]) la première lettre de chaque strophe est indiquée par une petite capitale romaine, alternant rouge et bleu. (Les manuscrits A, a, M, V, X et W vont à la ligne pour chaque couplet).

Chaque série alphabétique est introduite par une lettre historiée, et il est manifeste que le miniaturiste s'est inspiré du texte qu'il s'efforce d'illustrer.

La lettre **A** de la première chanson *Aussi cum l'unicorne sui* représente une licorne qu'un chasseur transperce d'un coup d'épieu après qu'elle est venue poser sa tête sur les genoux d'une jeune fille, tenant un miroir à la main[2] ; — Lettre **B**. Un jeune prince assis dans une attitude dramatique exprimant l'exclamation : *Dex ! tant a que la desir, Mais je cuit qu'il ne l'en chaut.* — Lettre **C**. Un tout jeune homme, avec une expression fort belle de souffrance résignée, percé d'une flèche : *Amours... bien m'a droit son dart geté.* — **D**. Un amant fait sa déclaration, à genoux devant sa dame. La même tendresse d'exécution se reflète aussi dans la musique de cette chanson. — **E**. *En chantant vuil ma dolor descovrir :* Un jeune homme, assis, tient à la main un assez long rouleau de parchemin et semble suivre du doigt le texte qu'il lit. — **F** : *Feuille ne flors ne vaut riens en chantant :* le poète montre, de l'index, un arbre en feuilles. — **G**. La miniature représente le même personnage que celui de la lettre E, mais debout, et, dans la suivante, — **H** : il est de nouveau assis, le rouleau déplié dans les deux mains et apparemment chantant par cœur. — **J** : *J'aloie l'autrier errant.* Jolie petite composition : un chevalier à cheval s'approche d'une bergère charmante, assise, la houlette à la main, au pied d'un buisson. — **L** : *L'autre nuit en mon dormant,* le même personnage allongé sur un lit, les yeux clos. —. Dans la moitié gauche de la lettre **M**, le poète est assis, dans une attitude d'anxiété, la tête dans la main gauche, et la main droite sur le genou. En face de lui, mais séparée par la tige centrale de la lettre, une dame faisant un geste explicatif. —. **N** : *Nuls hons ne puet ami reconforter,* le poète, la tête dans la main et accoudé sur le genou gauche, semble en proie à une mélancolie profonde. —. **O** : le poète, assis devant trois jeunes gens, leur donne une explication. —. Dans la lettre **P**, notre poète est assis, écrivant sur une bande de parchemin déroulée sur son genou gauche. —. La lettre **Q** nous montre le poète dans une attitude stéréotypique de méditation : les jambes croisées, la tête dans la main et le bras accoudé sur le genou. (Walther von der Vogelweide commence une de ses chansons : *Ich sass auf einem Steine, Und dachte, Bein auf Beine*). —. La série **R** n'a pas de miniature. —. Celle de la lettre **S** nous montre le roi exhortant un groupe d'auditeurs à prendre part à la croisade. —. Dans la miniature de la lettre **T**, notre jeune trouvère, assis, chante d'après un rouleau de parchemin ouvert ; de même, dans la dernière, en tête de la série **U**, mais dans une position légèrement différente.

---

1. Nous conformant à l'usage, nous désignerons les divers Chansonniers par les sigles de SCHWAN. On trouvera, à la page 74 de la *Bibliographie* de Mr. A. JEANROY la liste complète des Chansonniers, avec les sigles de SCHWAN et de RAYNAUD.

2. Le miniaturiste interprète le vers : *quant la pucele va mirant,* « quand la pucelle se mire » (en un miroir), alors qu'on serait tenté de prendre *la pucele* pour régime du verbe.

Une étude des détails de dessin, tels que : cheveux, sourcils, nez, bouche, mouvement des mains et aussi plis des vêtements semble indiquer l'école de Paris comme provenance de ces illustrations, qui sont uniques dans l'ensemble des recueils du même genre. Les autres chansonniers ornés de miniatures ne donnent que des portraits, avec l'attirail héraldique, des auteurs des chansons, en tête de leur série, lorsqu'elles sont groupées par auteurs, ou bien seulement une miniature initiale, comme K, N, P, Y, X, représentant le roi de Navarre, avec la reine, ou entouré de chanteurs ou de joueurs de vièle.

La queue de chaque initiale, historiée ou non, s'étend, en haut et en bas, le long de sa colonne, en des bandes parallèles alternant rouge et bleu, et finissant en de petites spirales. Les manuscrits musicaux qui, au point de vue de l'exécution et de la décoration des majuscules initiales se rapprochent le plus du ms. Cangé, sont, chose curieuse, le recueil de Motets de Bamberg et celui de Turin. Le beau manuscrit des *Cantigas* du roi ALPHONSE LE SAGE, d'une part, et le petit chansonnier *Egerton 274*, du Musée Britannique, ont une ornementation apparentée. [3])

Par exemple, le style des miniatures du ms. fr. 844 (*M*) a des traits communs avec les deux chansonniers artésiens, A et a, dont les guirlandes représentent des scènes de chasse grotesques et qui sortent manifestement du même atelier, alors que la décoration des initiales du recueil de Montpellier se rapproche plutôt de celle du chansonnier *X* (Paris, B. N., nouv. acq. 1050).

La justification de la page de notre manuscrit est de trente-cinq lignes de texte seul, par colonne, ou de leur équivalent. Lorsque, par hasard, une chanson finit à la 33e ou 34e ligne, le copiste remet le début de la chanson suivante à la prochaine colonne. Tous les premiers couplets [4]) sont munis de portées musicales, pour recevoir les mélodies ; pour des raisons inconnues, seize d'entre elles sont restées vides. [5]) Le texte poétique y est disposé de façon à faire tenir douze lignes sous les portées, dont les quatre lignes ont été tracées séparément, et assez régulièrement, à l'encre rouge.

Les 351 [6]) pièces contenues dans le manuscrit forment une anthologie bien nette de Chansons Courtoises et il est manifeste que le compilateur avait bien disposé ses

---

3. C'est là une étude complémentaire à faire, que de déterminer les styles et les modes de décoration des chansonniers. Il est probable, jusqu'à preuve du contraire, que la décoration des manuscrits suivait d'assez près l'exécution des travaux de copie des textes et de la musique, et des identifications d'ateliers pourront contribuer sensiblement à dater les recueils dont ni la langue, ni l'écriture ne sauraient suffire *à les situer* dans le temps et dans l'espace.

4. Une autre particularité de notre manuscrit c'est que, lorsque la dernière ligne du premier couplet noté dépasse le milieu de la colonne, le copiste qui trace les portées, les fait aller jusqu'à la justification de la colonne, et ajoute les premières notes du second couplet.

5. Ce sont les Nos 7, 38 et 350 (R. de N.), 65, 94, 97, 245, 273 (G. Brulé), 41 et 276 (Ch. de Coucy), 338 (G. d'Epinal) et 66, 223, 242, 244, 330 (anonymes). La musique des chansons No 4, (R. de N.) et 63, (G. B.) a été ajoutée après coup, par une main qui trahit l'inexpérience absolue.

6. De ce total il faut soustraire cinq pièces que le copiste a transcrites deux fois. Ce sont les chansons :

1o No 14, folio 6 d : *A la saison dou tens qui s'aseüre*, attribuée au CHATELAIN DE COUCY (Raynaud 2086), qui revient sous la lettre Q, comme No 303, *folio* 122 d : *Quant la saisons dou douz tens s'aseüre;*

2o No 183, *folio* 74 a : *L'an que rose ne fuille*, du même Trouvère (Raynaud 1009) qui revient avec la variante initiale : *Lorsque rose...*, au *folio* 78 c, No 195 ;

3o No 271, *folio* 110 b : *Quant l'erbe muert et voi fuille cheoir*, de GACE BRULÉ (Raynaud 1795) ; cette chanson est répétée, avec deux strophes seulement au folio 123 c, No 305 ;

4o No 272, *folio* 110 d : *Quant li rossignos jolis*, du CHATELAIN DE COUCY (Raynaud 1559), qui se retrouve au folio 116 c, comme No 288 ;

' 5o No 294, *folio* 119 c : *Quant li beax estex repaire*, de Perrin d'Angicourt (Raynaud 172) est copié pour la deuxième fois, comme No 314, au *folio* 126 a. Pour l'étude de ces répétitions, voyez nos *Mél. d. Troub.*, p. 24 et 25, et plus bas, le chapitre : Notation du Ms.

matériaux avant de les copier, ou de les faire copier. E. Schwan avait déjà essayé de
déterminer le plan qu'a dû suivre le compilateur de notre recueil, en étudiant l'arran-
gement et la succession des chansons à l'intérieur de chaque groupe alphabétique. Mais
ses déductions matérielles ne lui permirent pas d'arriver à des conclusions positives.

Gédéon Huet reprit la question, dans son édition des *Chançons de Gace Brulé*
(*Société des anciens textes français*), pp. XXXI—XXXVIII, en examinant l'ordre des
chansons par rapport à celui des autres recueils et aussi par rapport aux variantes du
texte, sans toutefois aboutir à une conclusion plus satisfaisante que celle de Schwan.

Les chansons du ms. Cangé sont classées dans un certain ordre alphabétique,
c'est-à-dire que les chansons qui commencent par la même lettre sont groupées ensemble,
sans que, toutefois, l'ordre alphabétique de chaque pièce soit observé à l'intérieur de
chaque groupe. Le groupe **B** commence avec le No 36 ; **C**, 54 ; **D**, 80 ; **E**, 113 ; **F**, 131 ;
G, 138 ; **H**, 140 ; **I** et **J**, 142 ; **L**, 173 ; **M**, 201 ; **N**, 212 ; **O**, 222 ; **P**, 234 ; **Q**, 263 ;
R, 315 ; **S**, 317 ; **T**, 331 et **U**, 348 Ce qui est évident, c'est que le compilateur a
essayé de placer en tête de chaque groupe alphabétique les chansons du ROI DE NAVARRE,
chaque fois qu'il y en avait, et de les faire suivre par celles de Gace Brulé et du
CHATELAIN DE COUCY. Mais ce n'est point là un ordre rigoureux, et, quant à la suite des
autres chansons, un coup d'œil sur la table de concordance montrera que la préoccu-
pation du scribe ne s'est pas arrêtée aux considérations hiérarchiques : est-ce le hasard
aveugle qui en a déterminé l'ordre, ou s'est-il laissé guider par des rapports plus intimes
de pensée, ou de tonalité, ou- de rythme? Nous reviendrons à ce problème dans le
chapitre musical

A n'envisager pour le moment que l'analyse matérielle, constatons que la place
d'honneur, quant au nombre total des chansons enregistrées et au rang qu'elles occupent
dans chaque groupe, revient à Thibaut IV,[7] COMTE DE CHAMPAGNE ET DE BRIE, depuis
1214, et ROI DE NAVARRE, de 1234 jusqu'à sa mort, en 1253.

Le ms. Cangé vient en tête de tous les chansonniers, avec 64 pièces (alors que les
autres grandes collections, M, V, K et T n'en offrent que 60, 62, 61 et 55, respectivement
et que la moyenne des autres recueils n'en fait qu'une vingtaine). Ces 64 Chansons de
Thibaut sont rangées de façon à se trouver en tête de chaque section alphabétique dans
l'ordre que voici : les quatre premiers numéros de la lettre **A**, les trois premiers de la
lettre **B**, les 5 premiers de la lettre **C**, avec une chanson intercalée comme No 71 ;
14 numéros consécutifs en tête de la section **C** ; 2 pour **E**, 1 pour **F**, 3 pour **I—J**,
4 pour **L**, 2 pour **M**, 1 au début de **N** et une autre vers la fin de la série, 8 pour **P**,
dont la dernière (douteuse) vers la fin de la série (No 258), 2 en tête de **Q**, 2 de **R**,
3 de **S**, 2 en tête de **T** avec une troisième vers la fin (No 342) et, enfin, 3 en tête de
la série **U**.

En second lieu vient Gace Brulé, dont l'activité poétique se place au début du
13e siècle, [8] avec 46 chansons (31 dont l'attribution est certaine) qui se distribuent
ainsi : dans la lettre **A**, elles suivent les chansons du roi de Navarre, comme Nos 5, 6, 8.
—. **B**, 39. — **C**, 59 à 63, et 65 — **D**, 94 à 99, et 110 — **E**, 115 et 116 — **F**, 132.

7. Voyez *Les Chansons de Thibaut de Champagne, Roi de Navarre*, édition critique publiée par A.
Wallensköld, dans la *Société des Anciens Textes Français*, Paris, 1925.

8. *Les Chansons de Gace Brulé*, publiées par Gédéon Huet, *Société des Anciens Textes Français*,
Paris, 1902. On consultera avec profit la *Table de concordance* des chansons contenues dans le Ms. Cangé,
dans le tome premier, p. XXIII s s., pour étudier l'ordre dans lequel se suivent, dans les divers recueils,
les chansons appartenant à chaque Trouvère.

XVI

— **I** et **J**, 147 à 150, et 166. —. **L**, 178, 180 et 181. —. **N**, 213 et 214. —. La série **O** débute par une chanson de Gace (222), parce qu'aucune chanson de Thibaut n'y figure. Dans la lettre **P** Gace suit le châtelain de Coucy et se trouve entouré d'anonymes. Une série de sept chansons de Gace est entrecoupée, dans la lettre **Q** par une pièce du châtelain (267—271), 273—275). Le N° 271 se retrouvera, d'ailleurs, par un bourdon dont nous aurons à nous occuper plus tard, comme N° 305. Vers la fin de la série **Q**, le N° 372 est intercalé entre des auteurs divers. Dans la lettre **S**, deux chansons de Gace (320 et 321) viennent immédiatement après Thibaut, alors que les deux chansons de Gace avec l'initiale **T** se trouvent séparées (334 et 343).

Les chansons du CHATELAIN DE COUCY viennent en troisième lieu, avec un total de 19 pièces, dont 11 authentiques et 8 incertaines, et trois d'elles reviennent deux fois 183—195, 272—288, 14—303). Ces 19 chansons se répartissent comme suit, dans les séries alphabétiques : N° 9, dans la lettre **A**, faisant suite à Gace, et N° 14. —. Lettre **B** N° 41 ; **C**, 64 ; **J**, 151, suit Gace ; **L**, 182 à 185, une suite de quatre pièces, venant après Gace ; **M**, 203 à 205, suivent Thibaut, de même que 241, dans la série **P** ; dans la lettre **Q** les chansons du châtelain, N° 272, 281, 288 et 303 sont dispersées, avec d'autres de Gace et de Thibaut. Enfin, la Chanson de Croisade, N° 326, dont l'attribution au châtelain n'est pas unanime, est ici séparée de ses voisines habituelles.

Le quatrième favori du compilateur de notre manuscrit est PERRIN D'ANGICOURT, avec 15 chansons, dont une copiée deux fois (294—314). Dans la lettre **A**, la chanson N° 19 ; dans I—J, 154, 162, 171 ; dans **L**, 187 et 193 ; **N**, 221 ; **O**, 225 et 230 ; **Q**, 4 chansons réunies, 291—294, avec 294 recopié, en queue de la série **Q** comme N° 314 et, enfin 339, dans **T**, faisant suite à Gautier d'Epinal, comme dans les séries **A**, **O** et **P**.

GAUTIER D'EPINAL vient cinquième, avec 9 chansons qui se trouvent généralement en contact avec les groupes précédents. Ce sont les N°ˢ 18, 70, 101, 229, 249, 290, 324, 337 et 338, dont les derniers seuls se suivent immédiatement, les autres se trouvant isolés dans chaque série alphabéthique. Il en est forcément de même de tous les trouvères dont le manuscrit ne renferme que quelques chansons ou même qui n'y sont représentés que par un spécimen. Nous en dresserons la liste alphabétique dans l'ordre décroissant des chansons :

ADAN DE LA HALE, 8 pièces : N°ˢ 112, 141, 164, 197, 210, 232, 255 et 262. —.
GILLEBERT DE BERNEVILLE, 7 pièces : N°ˢ 21 et 22, 135, 140, 161, 226, 340. —
BLONDEL DE NÈLES, avec 6 pièces : N°ˢ 17, 67, 196, 277, 282 et 335.
MONIOT D'ARRAS avec 6 pièces : N°ˢ 11, 16, 40, 121, 146 et 216.
CONON DE BÉTHUNE, avec 5 chansons, N°ˢ 45, 185, 220, 224 et 289.
COLIN MUSET, avec 4 pièces : N°ˢ 107, 108, 109, en file, et 128.
HUGUE DE BERZÉ (ou DE BRÉGI), avec 4 pièces : N°ˢ 117 et 118, 120, 215.

THIBAUT DE BLASON et le VIDAME DE CHARTRES sont représentés avec 3 chansons chacun, celui-là : N°ˢ 13, 62, 286 et celui-ci 100, 265 et 336.

Onze Trouvères sont représentés avec deux chansons chacun ; BESTOURNÉ, 228 et 323. —. CUVELIER, 33 et 123. —. GAUTIER DE SOIGNIES, 278 et 279. —. GUILLAUME LE VINIER, 74 et 129. — JACQUES DE CISOING, 219, 297. —. JEHAN ERART, 47 et 156. LAMBERT FERRI, 20 et 188. —. MARTIN LE BEGUIN, 191, 257. —. RAOUL DE SOISSONS 30 et 111. —. RICHART DE FOURNIVAL, 77 et 280, et ROBERT DU CHASTEL, 23 et 325. —.

32 trouvères figurent, dans notre chansonnier, chacun avec une pièce ; ce sont : ALART DE CHANS, 145. — AMAURI DE CRAON, 133. — AUBOUIN DE SÉZANNE, 186. —

XVII

Audefroi le Batard, 136. —. Carasaus, 252. —. Chevalier, 25. —. La Chievre de Reims, 283. —. Colart le Boutellier, 157. —. Le Comte de Bretagne, 46. —. Le Duc de Brabant, 208. —. Eustache de Reims, 218. —. Gadifer d'Anjou, 346. —. Gautier de Dargies, 43. —. Gérard de Boulogne, 48. —. Gobin de Reims, 253. —. Gontier, 10. —. Guillaume de Viés Maisons, 246. —. Guiot de Brunoi, 313. —. Guiot de Dijon, 68. —. Jehan de Brienne, 248. —. Jehan de Maisons, 155. —. Jehan le Cuvelier, 251. —. Mathieu le Juif, 247. —. Moniot de Paris, 200. —. Morice de Craon, 12. —. Pierre de Molaines, 333. —. Le troubadour Pistoleta, 310. —. Robert de Memberoles, 287. —. Roger d'Andeli, 145. —. Le roi Richart Coeur-de-Lion, 152. —. Sauvage de Béthune, 307. —. Thomas Erier, 227.

Restent 98 chansons, anonymes jusqu'à présent, dont quelques unes seront peut-être identifiées [9]) par l'étude des schémas et des mélodies. Ce sont les numéros: 7, 15, 24, 26 à 29, 31 et 32, 34 et 35, 42, 44, 49 à 53, 66, 69, 72 et 73, 75 et 76, 78 et 79, 102 à 106, 119, 122, 124 à 127, 130, 134, 137 à 139, 158 à 160, 163, 165, 167 à 170, 172, 177, 179, 189 et 190, 192, 198 et 199, 206 et 207, 209, 211, 223, 231, 233, 242, 244, 254, 256, 259 à 261, 266, 280, 284 et 285, 295 et 296, 298 à 302, 306, 308 et 309, 311, 322, 327 à 330, 341, 344 et 345, 347 et 351.

Ce qui saute aux yeux, dans cette liste, ce sont les suites consécutives de deux à cinq chansons anonymes, qui semblent bien indiquer un rapport étroit entre elles, d'autant plus qu'elles se trouvent généralement vers la fin d'une série alphabétique. Nous étudierons cette question à part, pour déterminer la cause de ce groupement particulier.

Si maintenant nous examinons le contenu du chansonnier Cangé, par rapport aux autres recueils de chansons de Trouvères, abstraction faite des attributions, nous nous heurtons à des difficultés insurmontables. Les éditeurs diffèrent tous d'avis sur son classement, parce que, quelque rapprochement qu'on veuille faire entre lui et l'un des autres, ou même toute une famille d'autres, il reste toujours des anomalies qui semblent infirmer les solutions entrevues. En commençant par les constatations les plus générales, nous trouvons que le groupe β a le plus grand nombre de chansons en commun avec lui, encore que la moyenne des chansons du Ms. Cangé contenues dans ce groupe β [10]) ne représente que 43 1/2 % qui se répartissent comme suit : d'abord V, avec 49 % ; N, avec 47,7 % ; X, avec 45 % ; K, avec 42,5 % et P, avec 33,7 %. La moyenne du groupe α n'est que de 40 % ; R avec 42,3 %, M, avec 39,3 % et I, avec 29,9 %. Le groupe lorrain, C U, et L I n'a que 37,8 % des chansons du ms. Cangé, et le groupe artois, A, a, Z, que 25,6 %.

Le nombre des chansons **uniques** de notre recueil est considérable : 74 pièces, sur un total de 346. Enumérons-les, pour mieux voir leur répartition qui se rattache, naturellement, de près à celle des chansons **anonymes.** Elles occupent les numéros d'ordre suivants : 7, 26, 28 et 29, 31 et 32, 35, 50 à 53, 66, 72 et 73, 75 et 76, 78, 102 à 106, 108 et 109, 122, 124 à 126, 128, 130, 137 et 138, 159 et 160, 163, 165, 167 à 170, 172, 189 et 190, 192, 198 et 199, 206, 208 et 209, 211, 223, 231, 233, 242, 244, 254, 259 à 261, 299 à 302, 306, 308, 311, 327 à 330, 344 et 345, 347 et 351.

9. Mr. A. Jeanroy a déjà réussi à relever un nombre assez considérable de pareilles identifications, dans sa *Bibliographie sommaire des chansonniers français du Moyen Age.* Dans notre recueil ce sont les Nos 27, 341, 170, 181, 208, 220, 230, 289, 313, 319 et 333.

10. La collection des chansons anonymes particulières à cette famille, éditée par H. Spanke dans la *Romanische Bibliothek* (No 22, Halle, 1925) n'en contient que 43, sur un total de 149, qui se retrouvent dans notre manuscrit.

Plus le nombre de manuscrits où se retrouve une même chanson est petit, plus le rapport qui existe entre eux semblerait favoriser un rapprochement, à supposer toutefois, que l'un deux ait été utilisé par l'un ou l'autre des compilateurs. Parmi les chansons du ms. Cangé il s'en trouve onze qui sont conservées dans **un** autre ms. seulement, et ces onze chansons se répartissent sur 8 mss. : de commun avec O : Nos 27, 30, 139 et 313 ; avec I, No 158 ; avec M, 94 ; avec R, 65 ; avec S, 49 ; avec U, 341 ; avec a, 162, et, avec f, le No 310.

Les proportions restent sensiblement les mêmes pour les 13 chansons qui se retrouvent dans **deux** autres manuscrits. D'abord vient le groupe β dans les combinaisons : PX, les Nos 24, 134, 341 ; KN, 47 et 277 ; KP, 177 ; CI, 34 ; CU, 110 ; Cu 249 ; XR 295. La famille α ne paraît que dans trois chansons : CM, le No 229, et MT, 273 et 350.

Cette étude des rapports qui existent entre notre ms. Cangé et les autres devient, naturellement, plus désespérément complexe, à mesure que les combinaisons augmentent. Ainsi, dans les 34 chansons conservées dans trois mss., en plus de O, le groupe KNX figure 10 fois, dans les Nos : 15, 44, 69, 155 157, 188, 207, 251 et 252, 284 et 285, 322 ; KNa, dans 156 ; KNP, dans 200 ; KXS dans 266. —. Les groupes avec C et U varient sensiblement : CAa, 41 ; CZ, 256 ; CKX, 42 et 278 ; CMP, 148, CRV, 221 ; CRa, 33 ; CUI, 324 ; CUM, 337 ; CUR, 48 ; CUV, 346 ; CUv, 194 ; IUV, 309 ; IRV, 127. —. La famille MT, enfin, paraît dans les combinaisons : CMT, 136 et 228 ; MTP, 97 ; MTV, 57 et MTZ, dans No 74 ; soit 21 **combinaisons différentes!** Si l'on prenait deux jeux de jetons marqués, l'un avec les sigles des manuscrits, l'autre portant les numéros 1 à 351, et qu'on les tirât au hasard, après les avoir bien mélangés, le résultat ne saurait guère être plus varié, ni plus déconcertant. Qu'on examine notre tableau comparatif [11]) et on se rendra compte qu'il ne saurait être question de considérer aucun des autres recueils comme ayant servi de modèle pour l'exécution du ms. Cangé. Lorsque, par hasard, quelques numéros se suivent approximativement, dans le ms. Cangé et dans l'un ou l'autre de ses compagnons, aussitôt il interviendra une anomalie détruisant la construction qui semblait s'imposer.

Et ce serait bien pis, si nous étudiions les groupes de 4 à 16 mss., renfermant des chansons qui se retrouvent dans le nôtre. Aussi n'insisterons-nous pas sur les détails ; ne croyant pas qu'il soit possible de tirer profit de ces problèmes de hasard pour déterminer la place qu'occupe notre recueil dans l'échelle des chansonniers divers, nous nous bornerons à énumérer les statistiques et à noter combien de chansons du ms. Cangé se retrouvent dans 4, 5 et plus de chansonniers : dans 4 autres mss., 26 chansons ; dans 5 autres, 24, dans 6, 24 ; dans 7, 26 ; dans 8, 37 ; dans 9, 28 ; dans 10, 21 ; dans 11, 12 ; dans 12, 10 ; dans 13, 4 ; dans 14, une, et dans 16 mss, deux.

Il n'est peut-être pas téméraire de conclure de la fréquence d'une chanson dans l'ensemble des chansonniers, à la vogue dont elle jouissait dans son temps, bien que, là encore, il ne faille pas perdre de vue les hasards de la tradition, de la compilation et de la conservation à travers les siècles.

Le dépouillement du répertoire complet des chansons de Trouvères montre que le quart en sont des *chansons à refrain*, ou *avec des refrains*. La proportion de ces *chansons à refrain*, appartenant surtout à la famille plus légère des *chansonnettes, romances* et

---

11. Tome I, pp. XXIII - XXIX.

pastourelles, est sensiblement inférieure dans le Chansonnier Cangé. En effet, parmi les 351 chansons de ce manuscrit, 38 seulement sont des *chansons à refrain*, et 6 seulement ont des refrains variés, ce qui ne fait *qu'un huitième*. D'autre part, alors que les *Jeux partis* et *Débats* représentent, dans l'ensemble des chansons conservées, un dixième du total, il ne se trouve, dans notre recueil, que dix *Jeux partis* et huit *Débats*, représentant un vingtième seulement du contenu, et encore, parmi ces 18 pièces, 12 appartiennent au roi de Navarre qui, comme nous avons déjà eu l'occasion de constater, occupe une place exceptionnelle dans la composition du recueil. La grande majorité, approximativement les quatre cinquièmes du contenu du ms. Cangé sont du type de la *Chanson Courtoise*, ce qui est sensiblement au-dessus de la moyenne des autres grandes collections.

L'esprit éclectique du compilateur de notre manuscrit se révèle encore dans le fait que, à côté d'un *Lai* et d'un *Son* du roi de Navarre, il nous a conservé trois *Lais* anonymes, uniques (Nᵒˢ 72, 254 et 299) et, sous le Nᵒ 53, un rare exemple d'une Chanson, conservée au milieu de chansons monodiques, **munie de son accompagnement harmonique,** sous forme de *Motet*. [12])

Le nombre des couplets des chansons varie dans notre ms., d'un seul [13]) (15 fois), à 10 ; la forme la plus commune est celle de cinq strophes (180 fois) ; puis viennent celles de 6 (44 fois), de 3 (36 fois), de 4 (33 fois), de 2 (31 fois), de 7 (4 fois) et de 8 (une fois).

Cent onze chansons sont suivies d'un Envoi ; 29 en ont deux, et quatre en ont même trois.

Notre chansonnier semble bien avoir été une entreprise de luxe, et non point un recueil destiné à l'usage. D'abord, il ne montre aucune trace de fatigue ; ensuite et surtout, il est resté tel que le copiste l'a écrit, avec des répétitions et des omissions de mots, de vers, avec des leçons qui détruisent le sens ; si le propriétaire ou ses amis-chanteurs s'en étaient servis, il est bien probable que quelques-unes de ces fautes auraient été corrigées ultérieurement. Tel qu'il est, il témoigne hautement en faveur du goût distingué de l'amateur qui le fit exécuter, tout en fournissant une preuve de la vitalité et du prestige dont jouissaient les Chansons courtoises des Trouvères, dans leur milieu aristocratique, au déclin du siècle de St Louis.

---

12. Mr. A. JEANROY semble hésiter à appeler cette pièce «Motet». Pourtant, si la définition du Motet est une chanson accompagnée d'un *Tenor* dont le rythme ne va pas strictement parallèlement avec celui de la chanson propre, notre Nᵒ 53 est certainement un Motet.

13. Il est probable que dans les cas où le compilateur du ms. Cangé n'a admis qu'un couplet dans son recueil, c'est l'excellence de la musique qui a déterminé ce choix. Ainsi, la chanson Nᵒ 229, de GAUTIER D'ÉPINAL, finit par le vers : *Uns douz espoirs dont li* **chanters** *m'agrée.*

TABLE DES CHANSONS
DU MANUSCRIT CANGÉ

AVEC UN TABLEAU COMPARATIF DE LA PLACE QU'ELLES
OCCUPENT DANS D'AUTRES MSS.

FIN de faciliter l'usage du facsimilé et des transcriptions, nous avons dressé une table des chansons contenues dans le manuscrit Cangé, dans l'ordre même dans lequel elles s'y suivent. Les chiffres de la première colonne, à gauche des incipit, sont les numéros d'ordre des chansons, dans notre manuscrit. Pour des raisons typographiques il ne nous a pas été possible d'imprimer les premiers vers complets, lorsqu'il s'agissait de vers de plus de 7 ou 8 syllabes; mais nous donnons toujours l'incipit et la rime dans l'orthographe du manuscrit.

La première colonne à droite des incipit donne les numéros qu'ont reçus ces pièces dans la *Table des Chansons classées par ordre alphabétique de rimes* de la *Bibliographie* de G. RAYNAUD, tome second.

Les 18 colonnes O, K, X, V, ... à S indiquent les folios ou les pages où se retrouvent les chansons dans les autres recueils. Les sigles: O, K, X, V, etc. sont ceux de la *Bibliographie* de JEANROY, empruntés à SCHWAN. Dans notre tableau les manuscrits sont classés par familles et ceux qui ont le plus grand nombre de chansons en commun avec le chansonnier Cangé, viennent les premiers. Faute de place il a fallu omettre du tableau les chansons dispersées dans les fragments de manuscrits divers. Nous les ajoutons ici: les Chansons Nᵒ 14, 60, 146, 182, 194, 241, 56 269 sont citées dans le manuscrit de la Bibliothèque du Vatican, *fonds Christine 1725*, dans le roman de GUILLAUME DE DOLE. Les chansons Nᵒ 118, 215, 269 et 326 se retrouvent dans le fragment de Francfort (SCHWAN, D). —. La chanson Nᵒ 114 se trouve dans le fragment LEPINGARD de la Bibliothèque de Saint-Lô. —. Nᵒ 252 et 262, dans le Ms. 236 de la Bibliothèque de l'École de Médecine de Montpellier. —. Nᵒ 249, dans le Ms. 12787, du fonds français de la Bibliothèque Nationale de Paris.

La colonne de droite donne les noms des auteurs, en employant les abréviations de RAYNAUD, dont ont trouvera les résolutions dans la Table III, ci-dessous p. XXX. Un point d'interrogation derrière un nom signifie que l'attribution est douteuse. Un trait en place du nom indique que l'auteur de la chanson n'est point connu.

N°	Incipit et rime	Rayn.	O	K	X	V	N	P	C	U	L	I	M	T	R	a	A	Z	H	B	S	Attributions
1	Ausi cum l'unicorne sui	2075	1a	29	26	15			9	125			75	13	38	7		2		1	230	R. de N.
2	Amours .... commencier	1268	1b	1	8	1	1		5				13	2							316	R. de N.
3	A enviz sent .... apris	1521	1d	10	14	5	6						61	4	173			4				R. de N.
4	Au tans ploin de felonie	1152	2b	25	24	13							74	12	182							R. de N.
5	A la douçour ..... reverdoie	1754	c	111	78	105	41	149	14	26		12	56	158					225		88	G. B. ?
6	Au renovel .... d'esté	437	3b	54	43	27	15	17	7	23	48		32		114							G. B.
7	Amours qui .... pris	1591	d																			
8	A la douçour .... saison	1893	4b	89	65	41	35	27	22		60											G. B.
9	A vous amours .... gent	679	d	107	76	80		39	17	19			52	155	119		153					Ch. de C.
10	A la douçor des oiseaux	480	5b	384	247		176							110								Gont.
11	Amours me .... prie	1196	d	389	250		178			45									225			M. d'A.
12	A l'entrant dou douz termine	1387	6a	74	56	35	27	148		117	55		49	103								M. de Cr. ?
13	Amours, que porra devenir	1402	b	123	86	80	73	62	14	167				107		30						T. de B.
14	A la saison .... s'aseüre	2086	d	179	128	48	85	67	197	23			7	105	49	21				6		Ch. de C.
15	A une fonteinne	137	7a	399	256		183															—
16	A ma dame ai pris congié	1087	b	316	199		151	165					119	118	15	45		218				M. d'A.
17	A l'entrant .... comence	620	c	120	84	115	46		13	111			141	90	28	89						Bl. de N.
18	Aÿmanz fins et verais	199	8a	214		58	103	119	9	133			178		83					6	231	G. d'Esp.
19	Amours dont .... cortoisie	1118	c	164	110	89	53															P. d'A.
20	Amours qui .... baillie	1110	d	263	180		129	138														L. F.
21	Au noviau .... debrise	1619	9b	152	233	44	70		21	140					89							G. de Bern.
22	Au besoing voit on l'ami	1028	d	153	104	45	71		71	114					125							G. de Bern.
23	Amours qui .... guerroie	1722	10b	275	181		136										26					R. du Ch.
24	A pris ai qu'en chantant plour	2010	c		210			140														—
25	Au comencier .... amour	1960	11a	215				104	135	102			22	98	11							Chev.
26	A l'entrant dou temps novel	581	b																			—
27	Au douz mois de mai joli	1050	d						121													—
28	Amours me done ... chanter	786	12a																			—
29	Amours qui .... merci	1062	b																			—
30	Aucune gent .... felonie	1154	c						64													R. de S.
31	Au comencier .... chançons	1906	c																			—
32	Aucun vuelent demander	843	13a																			—
33	Amours est ...... mervoille	566	b						5				96	98								Cuv.
34	Amis, quelx .... vaillanz	365	c						2		27b											—
35	Au tans d'aoust .... boschet	960	d																			—
36	Bien me cuidoie partir	1440	14a	50	32	25/163	14	51					10	16	74/77	8				2		R. de N.
37	Bons rois Thiebaut ..... moi	1666	c	42	41	21	9				30		71	11	138	140						R. de N.
38	Baudoyn, il sunt dui amant	294	15b										72	11	137	139						R. de N.
39	Biaus m'est .... bruille	1006	d						22	175			25	161								G. B.
40	Bient puet .... guierredoner	863	16b	406					26	131								221				M. d'A.
41	Bien cuidai .... amours	1965	d							175					12	154						Ch. de C.
42	Biau m'est .... champs	265	17b	381	245				211													—
43	Bien font Amors lor talant	738	d	126	88		74	52	31	74			18	107	31							Gaut. de D.
44	Bien cuidai garir	1417	18b	396	255		182															—
45	Bien me deüsse targier	1314	b	398	255		183				96		47	100								C. de Bét.
46	Bernart, a vos vuil demander	840	d	261	179		128	198														C. de Br.
47	Bone Amors qui son repaire	180	19b	278			137															J. E.
48	Bone Amors m'a .... mis	1569	c								155	29		61								Ger. de B.
49	Bien est obliez chanters	905	d																			—
50	Bel avantaige a de chanter	784	20a																	319		—
51	Biau m'est ...... renverdoie	1755	b																			—
52	Bien doi chanter .... doigne	116	d																			—
53	Bien m'ont Amors entrepris	1532	21b																			—
54	Contre le tans qui devise	1620	c	6	11	3	3						59	3							316	R. de N.
55	Chançon ferai .... pris	1596	d	12	15	6	7						61	5	175						315	R. de N.
56	Chanter m'estuet ..... tenir	1476	22c	23	22								65	9	78				6		312	R. de N.
57	Comencerai A faire un lay .	84	23a			12							62	10								R. de N.
58	Cuens, je vos ...... ahaitie	1097	c	39	39	20							70	19								R. de N.
59	Chanter me fait ..... morir	1429	24b	376	242	104	37		42	11		33	43	151	22	159		222				G. B. ?
60	Contre le temps .... fremir	857	d	56	45	28	16	64/151			48		23	159								G. B.

Nº	Incipit et rime	Rays.	O	K	X	V	N	P	C	U	L	I	M	T	R	a	A	Z	H	B	S	Attributions
61	Chanter me plait ... norriz	1572	25b	84	62	39	32	20	46	168	58		37									G. B.
62	Chanter et renvoisier suel	1001	d	125	87	81	74	152													T. de B.
63	Cil qui d'Amors me consoille	565	26a	55	44	28	16	1	38	55	48		34		113				228			G. B.
64	Coment que longue demore	1010	c	381	245	105	38			8			52	154	33	15						Ch. de C. ?
65	Chançon de plains et de sopirs	1463	27a												31							G. B. ?
66	Contre le froit tans d'yver	867	b																			—
67	Coment que .... dueille	1007	d	116	81	107	43	42					138	88	52			8				Bl. de N.
68	Chanterai por mon corage	21	28a	385	248				86				174	128								G. de Dij.
69	Chanter vuil ...... certaine	132	b	386	248		176															—
70	Comencemenz .... bele	590	d	94	68	74	39	153	38	51	63		178						222			G. d'Esp. ?
71	Costume est bien .... prison	1880	29b	48	35	24	13	48					79 / 10		39	5				3	230	R. de N.
72	Chanter vuil un son	1901	d																			—
73	Conforz me prie et semont	1922	d																			—
74	Chançon envoisie	1143	30a										105	26				30				Guill. le Vin.
75	Costume et us	2123	a																			—
76	Coment qu'Amors .. travaut	398	c																			—
77	Chascuns qui .... non	759	31a	224				108	64									229			Rich. de F.
78	Chascun an ...... renoveler	889	d																			—
79	Car me consoilliez ..... voie	1775	32b	304	193			144	158													—
80	Dame, cis vostre fins amis	1516	c	5	10	3	3		52				59	1							317	R. de N. ?
81	De ma dame souvenir	1467	d	11	15	6	6						61	5				4			316	R. de N.
82	Douce dame, ... pansement	714	33a	15	17	8							62	6				5			313	R. de N.
83	De grant joie ...... esmeüz	2126	c	17	18	9							63	7	180						314	R. de N.
84	Dame, ensinc .... aler	757	34b	19	20	75		154					64	8							315	R. de N.
85	De noveau m'estuet chanter	808	d	20	21	10							64	8							315	R. de N.
86	De touz max ...... plaisanz	275	35a	22	22	11							65	9				6			315	R. de N.
87	Dame, l'en dit .... joie	1727	b	53	34	26	12						76	13							319	R. de N.
88	De grant travail .... esploit	1843	d	29	27	15								14							318	R. de N.
89	Dou tres douz non ... Marie	1181	36c	32	28	16							67	15							315	R. de N.
90	Dame, merci .... demant	335	37a	33	37	17			51				67	15		137	139				318	R. de N.
91	Dex est ausi ...... pellicans	273	b	34	29	17							67	16						3	317	R. de N.
92	De bone amour .... beautez	407	38a	49	32	25	13	50	50	122		36	68 et 19	17	43	6		7		2		R. de N.
93	De chanter ne me puis tenir	1475	c	36	31	18							69	18							312	R. de N.
94	Dos or me vuil esjoir	1408	d										35									G. B. ?
95	Desconfortez .... d'ire	1498	39b	379	244	104	38		54				28	164		18						G. B.
96	De bien amer .... atent	643	d	59	46	29	18	2	55	14	49	30	25	161								G. B.
97	De la joie que desir tant	361	40b					24					27	163								G. B. ?
98	Douce dame .... ront	719	d	90	65	42	35		49	108	60		35			19						G. B.
99	De bone amour .... amie	1102	41b	79	58	37	29		58		56	10	31	167	84	20			220			G. B.
100	D'amours vient .. ausiment	663	d	228	156		111	106	60				7	105	9							Vid. de Ch.
101	Desconfortez .... partiz	1073	42c	213			58	103	129	53	129		178	98	115							G. d'Esp.
102	Dame, je verroie	1769	43a																			—
103	Dedanz mon cuor ..... ante	373	a																			—
104	Douce dame, mi grant desir	1400	b																			—
105	Dites, seignor, ... jugier	1283	d																			—
106	De cuer dolant .... d'ire	1500	44a																			—
107	Dex, com m'ont mort	341	c						91	160												C. M. ?
108	Devers Chastelvilain	123	d																			C. M. ?
109	De la procession	1881	45b																			C. M. ?
110	Dex saut ma .... joie	1735	d						52	21												G. B. ?
111	Desoremais est raisons	1885	46a				96		52	126			177		84			33				R. de S.
112	Douz est li maus ...... voie	1771	b						225			49		227	162							Ad. de la H.
113	En chantant...... descovrir	1397	d	3	9	2	2						59	3	176			1			314	R. de N.
114	Empereres .... pooir	1811	47b	25	24	13							74	43						4		R. de N.
115	En douz temps .... hore	1011	d	82	60	38	31	19	174		57		24	160		20						G. B.
116	En chantant ... complaindre	126	48a	380	245	105	38		16	52												G. B. ?
117	Encor ferai .... perdue	2071	c	258	174		126	88	7	7,99			17	104	116	26					230	Hug. de Br.
118	Ensi con cil ...... pesance	238	49a						10	108			17	104		26	158					Hug. de Br.
119	En mai par la matinée	530	c	397	255		182		67	73												—
120	En aventure ai chantei	408	d						66	50			20	121								Hug. de Br.

No	Incipit et rime	Rayn.	O	K	X	V	N	P	C	U	L	I	M	T	R	a	A	Z	H	B	S	Attributions
121	Encor a si grant poissance	242	50b	76	57	36	27	15	6	116	55		119	119								M. d'A.
122	En douce dolour	1972	c																			
123	Ennuiz et desesperance	214	d			118								60		99	22					Cuy.
124	En la douce saison d'estey	441	51a																			—
125	En esmai et en confort	1929	c																			—
126	Enz ou cuer ...... finement	675	d																			—
127	En chantant .... sopir	1464	52b			110					58		64 bis									
128	En mai .... rossigno(let)	967	c																			C. M.
129	Encor n'est raisons	1911	53a	295									106	27	36							Guill. le Vi.
130	En may ..... florissent prey	469	b																			—
131	Fuille ne flor .... chantant	324	53c	52	36	27	12		77	121			69	17	45	5				1	230	R. de N.
132	Fine amour ...... esperance	221	54a	74	55	114	26	14	81	42	54		43		37	12	153					G. B. ?
133	Fine amor .... heritage	26	b	250	169			122	109	78	98		86		51	27						Am. de Cr. ?
134	Flour ne verdour ...... pleü	2058	d		209		137															—
135	Foi et amor et lëautez	934	55b	150	102				81				134		117	91						G. de Bern.
136	Fine amours en esperance	223	c						80				146	55								Aud. le B,
137	Fine amors me fait chanter	815	56a																			—
138	Grant pieça que ne chantai	65	56b																			—
139	Grant pieça ... chantai mais	194	c						88													—
140	Haute chose a en amor	1954	56d	143	98		66	115	91						88							G. de Bern.
141	Helas, il n'est .... qui aint	149	57b					213				87	226	167	48	135						Ad. de la H.
142	J'aloie l'autrier errant ...	342	57c	2	9	1	2						13	2							375	R. de N.
143	Je ne puis ...... non chaloir	1800	58a	7	12	4	4						60	1		11					317	R. de N.
144	Je ne voi mais ... ne chant	315	c	18	19	9		48	85			35	63	7	1	6						R. de N.
145	Ja por ce se d'amer me dueil	997	59a						102				171	41						223		R. d'A. ?
146	Ja de chanter en ma vie	1229	c	303	193			144	158	107			38		88					220		M. d'A. ?
147	Iriez, destroiz et pansis	1590	60a	68	52	33	23	10	99		52			121						222		G. B. ?
148	Je n'oi pieça ...... chanter	801	c					21	107				32									G. B. ?
149	Ire d'amors .... repaire	171	61a	62	48	31	20	5	100	160	50											G. B.
150	Je ne puis pas si loing foïr	1414	c	87	63	40	33		100		59		27	163								G. B.
151	Je chantasse ....liement	700	62a	105	75	79		37	149	5			52	154		12	153	217				Ch. de C.
152	Ja nuns hons pris ... raison	1891	c	392	252		180		103	104												R. Rich.
153	Je n'ox chanter ..... sovent	733	63a	46	34	23		49	103	163			79	23								R. de N. ?
154	J'ai un joli sovenir	1470	c	167	112	90	54		106						154	96		15			320	P. d'A.
155	Je ne cuit ...... trahison(s)	1902	64a	260	175		127															J. de M.
156	Je ne cuidai mès chanter	823	b	265			130									79						J. E. ?
157	J'avoie lessié le chanter	822	d	266	181		131															C. le B.
158	Joie d'amors .... desirée	506	65a									53										—
159	Je sui espris doucement	656	c																			—
160	Joliz cuers et sovenance	253	d																			—
161	J'ai sovent d'Amors chantey	414	d	148	101	43	69		105													G. de Bern.
162	Il covient qu'en la chandoile	591	66b													97						P. d'A.
163	J'ai novel comandement	651	c																			—
164	Je n'ai autre retenance	248	d					212				46	225	164	47	134						Ad. de la H.
165	Joie et solaz .... chanter	817	67a																			—
166	J'ai oblié poinne et travaux	389	b	60	47	30	19	4	97		50		84			29						G. B. ?
167	J'osasse bien .... temps	285	d																			—
168	Je ne chant ..... renverdist	1648	68b																			—
169	Il me covient renvoisier	1300	d																			—
170	Je ne tieng mie a sage	37	d																			—
171	Il feroit trop bon morir	1428	69b	154	105	70	48	156	98	116					76							P. d'A.
172	Je soloie estre envoisiez	1347	c																			—
173	L'autre nuit en mon dormant	339	69d	4	10	2	3						59	3	176		1				317	R. de N.
174	Li douz pensers .... sovenirs	1469	70a	21	21	10							64	8	20 et 79	5						R. de N.
175	Li rossignoz chante tant	360	c	24	23	12				159			65	9	73 et 170				5			R. de N.
176	Les douces dolors	2032	71a	32	29	17							67	15							232	R. de N.
177	L'autrier .... vergier	1321	b	378	243																	—
178	Li plusor ont d'Amors chanté	413	d	80	59	37	30	24	121	43	57		26	162	35	18						G. B.
179	Las, por quoi ...... d'amer	762	72b	309	195		147	161														—
180	L'an que voi .... resplandre	633	d	78	58	36	28	16	199	25	56											G. B.

N°	Incipit et rime	Rayn.	O	K	X	V	N	P	C	U	L	I	M	T	R	a	A	Z	H	B	S	Attributions
181	L'an que fine fueille et flor	1977	73*b*	88	64	41	34	25	136		59		29	165	30							G. B.
182	Li noveax .... violete	986	*c*	95	69	75		30			62		53	155	129	13	155					Ch. de C.
183	L'an que rose ne fuille	1009	74*a*	100	72	77		34	130	24			54	156								Ch. de C.
184	La douce voiz ..... sauvage	40	*c*	99	71	76		33	135				54	157		13	154					Ch. de C.
185	L'autrier avint .... pais	1574	*d*	226			108	152	98	136		14	45	98							229	C. de Bét.
186	Lonc temps ai esté	433	75*b*	279	185		138		136	93												A. de S.
187	Li jolis maiz ..... blanchoie	1692	*c*	167	113	90	54		127	123					109	95		14			319	P. d'A.
188	Li tres douz .... novele	604	76*a*	276	182		136															L. F.
189	Li joliz temps d'estey	452	*c*																			—
190	Lons desirs .... atente	746	77*a*																			—
191	Léaus desirs et pensée jolie	1172	*b*			57			126	154		16			95	101						M. le B.
192	Li tres douz ...... j'endure	2094	*d*																			—
193	Lors que je voi .... verdure	2118	*d*	299		92	68								106	94		17				P. d'A.
194	Léaus amors .... mise	1635	78*a*						124	19												Al. de Ch.
195	Lors que rose ne fuille	1009	*c*						Même que N° 183, fol 74*a*													Ch. de C.
196	L'amours dont sui espris	1545	79*a*	114	80	107	42	41	57				143	92								Bl. de N.
197	Li joliz maux .... mie	1186	*b*			109		211		156		47	224	100		47	134					Ad. de la H.
198	Le brun temps voi resclarcir	1445	*c*																			
199	Li douz chanz de l'oiseillon	1877	80*a*																			
200	Lonc temps ai .... usey	475	*b*	191		91	60															M. de P.
201	Mi grant desir.....torment	741	80*d*	51	33	26	15	50	230	119		66 et 16	10	2	7			3		1	231	R. de N.
202	Mauvais arbres .... florir	1410	81*b*	27	25	14						75	13	76 et 188						4	375	R. de N.
203	Mont ai esté .... esbahiz	1536	*d*	97	70	76		32	144	6	62	32	33									Ch. de C.
204	Merci clamanz .... errement	671	82*c*	104	74	78		37	146	42			53	155	122	15	155					Ch. de C.
205	Mout m'est .... comencence	209	*d*	96	96	75		31	147	4	63		54	156	37	14	155					Ch. de C.
206	Mout longuement ..... ahue	2065	83*c*																			—
207	Mout m'a demoré	420	*d*	394	253		181															—
208	Ma douce dame .... croit	1839	84*a*						= R. 1846													D. de Br.
209	Mout m'abelit .... oiseillons	1910	*b*																			—
210	Ma douce dame et amours .	2025	*d*					220						229	102	52						Ad. de la H.
211	Ma dame me fait chanter ..	816	85*b*																			—
212	Nuls hons ..... reconforter.	884	85*c*	14	17	7	8						62	6	174						313	R. de N.
213	N'est pas a soi .. coralment	653	86*a*	63	49	31	21	6	159	22	51		95									G. B.
214	Ne me sont pas ... chanter	787	*c*	66	51	33	22	8	160	98	52			33							220	G. B.
215	Nuns hons ne seit ... valoir	1821	87*b*			96	47	88	159	172			104	50			158				231	Hug. de Br.
216	Ne me donne pas talant	739	*c*	400	256				162	52		118	117	112	45						221	M. d'A.
217	Ne rose ne flors de lis	1562	*d*	400	257				209					112								R. de N. ?
218	Neant plus que ...... raison	1892	88*b*	267	116	68	131							80						6		Eust. de R.
219	Novelle amors .... entrée	513	*d*	217			105	123	162	124					52	157						J. de Cys. ?
220	Ne lairai que je ne die	1131	89*b*				= Rayn. 1325						46	99	97							C. de Bét. ?
221	Ne sui pas si esbahiz	1538	*c*			56			99													P. d'A.
222	Oëz por quoi plaing et sopir	1465	89*d*	92	66	73	36	27	170		61	26	162									G. B.
223	Or ne puis je plus celer	773	90*a*																			—
224	Oimi, amours ...... departie	1125	*c*	93	67	74	39	29	1			46	100	40	23						227	C. de Bét.
225	Onques por esloingnement	672	91*a*	166	111	90	54															P. d'A.
226	Onques d'amours .... poinne	138	*c*	149	103	43	69							118								G. de Bern.
227	Onc ne sorent mon pensey	467	92*a*	274			135															Th. E.
228	Or seroit merciz de saison	1894	*b*						168			9	48									Best.
229	Outrecuidiez .... pensee	542	*d*						172			179										G. d'Esp.
230	On voit sovent .... amenrir	1391	93*a*	159	114	94	56								94			15				P. d'A.
231	Onques mais jor de ma vie	1224	*c*																			—
232	Or voi je bien .... souvient	1247	*c*			119		225			50		224	169	53							Ad. de la H.
233	Onques ne .... parcevoir	1803	*d*																			—
234	Pour froidure .... felon	1865	94*b*	7	12	4	4						60	4							317	R. de N.
235	Pour ce,se d'amer me dueil	996	*d*	8	13	4	5						60	1				11				R. de N.
236	Pour conforter ma pesance	237	95*b*	9	14	5	6						61	4				1				R. de N.
237	Pour mal temps ...... gelee	523	*c*	19	20	10							64	7	177							R. de N.
238	Phelippe, je vos demant	334	*d*	37	38	19							69	18	80						313	R. de N.
239	Phelippe, je vos demant	333	96*b*	37	38	19							70	18	81						230	R. de N.
240	Par Deu, sire .... Brie	1111	*d*	38	39	20							70	19							316	R. de N.

N°	Incipit et rime	Rays.	O	K	X	V	N	P	C	U	L	I	M	T	R	a	A	Z	H	B	S	Attribu…
241	Par quel forfait .. mesprison	1872	97c	101	2	77		34	181	41			170	41	46				226			Ch. de ll
242	Pour faire l'autrui volenté	477	98a																			G. B
243	Pansis d'amors vuil retraire	187	b	88	64	41	34	26	189	32	60		29	165		19						G. B
244	Pour mal .... gelée	522	c																			
245	Pour verdure no pour prée	549	99a	323		202	154	169					37									G. B.
246	Pluie ne .... froidure	2105	c	390	251		179						80	123								G. de V
247	Par grant .... chanter	782	d	393	252		180		185	109		18	174	93				227				Maih. le
248	Pansis .... corrouciez	1345	100c	397	255		182		94				79	23								J. de E
249	Puis qu'on .... seignorie	1208	d						186													G. d'E
250	Puis qu'il .... chanter	805	101b		192		104						12	95	7		131					Rich. de
251	Pour la moillor ..... nature	2108	d	264	180		130															J. le C
252	Puis que j'ai chançon meüe	2068	102b	277	182		137															Cae.
253	Pour le tens qui verdoie	1768	d	244	165		119	74/130/173	180	170		42										Gob. de
254	Puis qu'en chantant . deport	1931	103a																			
255	Puis que je sui .... loy	1661	104a			95		219	181	171		22		224	108/184	55						Ad. de la
256	Puis que li maux .... sentir	1457	c						193			37						23				
257	Pour demoror ...... retraire	185	d			112			192						59	100						M. le R
258	Poinne d'amors .... trai	106	105a									55	76		64							R. de M
259	Panser mi font et voillier	1317	c																			
260	Pour longue atente de merci	1057	d																			
261	Povre veillece m'asaut	390	106a																			
262	Pour quoi se .... nuns	2128	b			97		216				65		226	160							Ad. de la
263	Qui plus aimme, plus endure	2095	d	51	33	28/104	14		118				76	14	75							R. de
264	Quant fine Amors .... chant	306	107a	45	31	23	11	28	112	60			36									R. de
265	Quant foïllissent li boschaige	14	c	180	128	49	85	66	111	165			43	150				228				Vid. de C
266	Quant je voi .... venir	1486	108a	377	243																232	
267	Quant voi la flour boutener	772	c	83	61	39	31	18	206		58		23	159								G. B.
268	Quant je voi la noif remise	1638	109a	84	61	39	32	19	177		58		24	160								G. B.
269	Quant flors ..... s'esloingne	1779	b	70	53	113	24	11	45	8			37									G. B.
270	Quant noif .... froidure	2099	d	85	62	40	33	23	203	43	59		26	162								G. B.
271	Quant l'erbe .... cheoir	1795	110b	92	67	73	36	29	204	101	61		27	163	129							G. B.
272	Quant li rossignoz jolis	1559	c	103	73	77		35	202	69			83	126								Ch. de ll
273	Quant li temps renverdoie	1757	111a										28	165								G. B.
274	Quant bone dame ..... prie	1198	c	71	54	34	25	12		53			30	166								G. B.
275	Quant voi .... cler	838	112a	80	59		29	22		133	56		25	161								Ch. de C
276	Quant voi venir ...... flour	1982	b						196	10			55	157	34							
277	Quant je plus ....vie	1227	d	109	77	114	40		198	12			137	86	119		8	227				Bl. de
278	Quant li temps .... verdure	2115	113c	382	246				116													G. de
279	Quant oi tentir .... haut	396	114a	383	247		176						169	111								G. de
280	Quant naist ...... vermoille	568	c	386	249		177		204													Ch. de
281	Quant voi esté ..... revenir	1450	d	390			179		205	48												
282	Quant voi .... resoager	1297	115a	391	251		179		115					108		90						Bl. de
283	Qui bien vuet .... descrivre	1655	c	189	134		90	72	113	37			175	152	28	102		223				Ch. de
284	Quant voi renverdir	1453	116a	395	254		181															
285	Quant li oiseillon menu	2056	b	396	254		182															
286	Quant je voi esté venir	1477	c	124	87	81	73	63					18	107								T. de
287	Qui d'amors a remenbrance	244	117a		191			142	110	165				103								R. de
288	Quant li rossignoz jolis	1559	b			Même que N° 272, fol. 110 c																Ch. de ll
289	Qui or voudroit ..... trover	895	c						237				45	99								C. de
290	Quant voi .... aparoir	1784	d	211		102	117	200	80													G. d'
291	Quant voi en .... d'estey	438	118b	165	111	89	53															P. d'A
292	Quant je voi l'erbe amatir	1390	d	169	109	88	52															P. d'A
293	Quant voi le .... finey	460	119a	162	109	88	51								154							P. d'A
294	Quant li beax estez repaire	172	c	161	51	87	108															P. d'A
295	Quant la flor de l'espinete	979	120a		211										156							
296	Quant florist la prée	548	b	331	208		159	135														
297	Quant la saisons est passée	536	d	216			105	123	123				16	52	28							J. de Or
298	Quant voi .... la flour	1980	121a	325	204		156	172														
299	Qui porroit un guierredon	1868	c																			
300	Quant par .... novel	579	d																			

Nº	Incipit et rime	Rayn.	O	K	X	V	N	P	C	U	L	I	M	T	R	a	A	Z	H	B	S	Attributions
301	Quant voi .... changier	1262	122b																			—
302	Quant voi ...... flor d'esté	439	c																			—
303	Quant .... s'aseüre	2086	d	Même que Nº 14, fol. 6 d																	Ch. de C. ?
304	Qui seit .... Amors	2026	123b												1	9	152			5	319	R. de N.
305	Quant l'erbe .... cheoir	1795	c	Même que Nº 271, fol. 110 b.																	G. B.
306	Quant voi renverdir l'arbroie	1690	d																			—
307	Quant voi .... ramée	550	124b	71	54	35	25	12	116		54		9	47								Sauv. de B. ?
308	Quant voi le novel ... venir	1487	d																			—
309	Quant la saisons desirrée	505	d		60				124			34										—
310	Quar eüsse .... d'argent	641	125a																			Pistoleta
311	Quant je voi yver retorner	893	c																			C. M. ?
312	Qui sert de fause proiere	1332	d	75	56	73	27	15			55											G. B. ?
313	Quant li noveaus tens d'esté	454	d						196													G. de Brun.
314	Quant li beax estez repaire	172	126a	Même que Nº 294, fol. 119 c																	P. d'A.
315	Rois Thiebaut ... responnez	943	126c	44	43	22	10		215				72									R. de N.
316	Robert, veez de Perron	1878	127a	41	41	21	9						71	10	179						375	R. de N.
317	Seignor, sachiez .... s'en ira	6	127b	1	8	1	1						13	2							316	R. de N.
318	Sire, ne me celez mie	1185	d	41	40	21							71	20		134	137					R. de N.
319	Sire, loez moi a choisir	1393	128b	43	42	22	10						72									R. de N.
320	Sopris d'amours .... d'ire	1501	d	86	63	40	33	25	222		59		35									G. B.
321	Sans atente de guierredon	1867	129b	91	66	42	36		220		61		28	164								G. B.
322	S'onc ire d'amors enseigna	5	d	387	249	177																—
323	Sire Dex en tote guise	1629	130a	389	250	178				165			48									Best.
324	Se par force de merci	1059	b						221	132		6										G. d'Esp.
325	Se j'ai chanté .... avoir	1789	c	262	178	112	128		219	170			161	86	23						232	R. du Ch.
326	S'onques nuls ..... departie	1126	131a	106	75	79		38	221	99			103	123	26	158					226	Ch. de C. ?
327	Se j'ai chanté .... valu	2061	c																			—
328	Sovent m'ont ...... la gent	682	d																			—
329	Se valors vient .... vie	1218	d																			—
330	Sor toutes .... honorée	524	132b																			—
331	Tout autresi .... yvers	906	132c	13	16	7	8						62	5				5			313	R. de N.
332	Tout autresi .... venir	1479	133b	26	25	14			142				75	12	78/110					4	314	R. de N.
333	Tant sai .... en prent	715	d	255	172		125	81	236				43	151	128	23	160					P. de Mol. ?
334	Tant m'a mené .. seignorage	42	134b	81	60	38	30		241	159	57		24	160								G. B.
335	Tant ai en chantant proié	1095	d	120	84	72	45	45	233	40			140	89	52							Bl. de N.
336	Tant ai d'amors ... plaindre	130	135a	178	127	48	84	68	230	16						30						Vid. de Ch. ?
337	Touz esforciez .... sovent	728	d						232	14			179									G. d'Esp.
338	Tout autresi .... deçoit	1840	136a	212			102	118	231	14												G. d'Esp.
339	Tres haute Amor ... abaissie	1098	c	163	110	88	52						12	110	10	3						P. d'A.
340	Tant me plait a estre amis	1515	137a	151	103	44	70		233													G. de Bern.
341	Telx nuit qui ne puet aidier	1250	b		210			139														—
342	Tant ai .... longuement	711	d	47	36	24		47	229				74	44		8	152	2		1	230	R. de N.
343	Tant de solaz ...... chanter	826	138a	73	55		26	13	232	25	54		93/144									G. B.
344	Tres fine Amors ..... merci	1065	d																			—
345	Tout autresi .... rai	99	139a																			—
346	Tant ai d'Amors ... entendu	2054	c		113				231	135												Gad. d'A.
347	Trop m'abelit .... jor	1993	d																			—
348	Une chançon encor vuil	1002	140b	16	18	8							63	6	180						314	R. de N.
349	Une dolour ennuiouse	510	c	35	30	18							69	17	78							R. de N.
350	Une chose .... demant	332	d										73	11								R. de N.
351	Vuiz de j'oie, plains d'ennoi	1657	141c																			—

LISTE ALPHABÉTIQUE
DES TROUVÈRES ET DES ÉDITIONS
UTILISÉES POUR L'ÉTABLISSEMENT DES TEXTES

J. le Cuv. — Jehan le Cuvelier : 251.

L. F. — Lambert Ferri : 20, 188.

M. d'A. — Moniot d'Arras : 11, 16, 40, 121, 146?, 216. Edition : G. Raynaud, *Jean Moniot de Paris, trouvère du XIIIe siècle*, dans *Bulletin de la société de l'histoire de Paris et de l'Ile de France*, IX (1882), pp. 133—44, et dans *Mélanges de philologie romane*, pp. 332—43.

M. de Cr. — Morice de Craon : 12? Voyez Amauri de Craon.

M. de P. — Moniot de Paris : 200. Voyez Moniot d'Arras.

M. le B. — Martin le Beguin : 191, 257.

Maih. le J. — Maihieu le Juif : 247? Edition : Hans Wolff, *Dichtungen von Mattäus dem Juden und Mattäus von Gent*. (Diss. Greifswald), 1914.

P. d'A. — Perrin d'Angecourt : 19, 154, 162, 171, 187, 193, 221, 225, 230, 291, 292, 293, 294, 314, 339. Edition : G. Steffens, *Die Lieder des Troveors Perrin von Angicourt*, Halle, 1905, (*Rom. Bibl.*, XVIII).

P. de Mol. — Pierre de Molaines : 333. Edition : A. Jeanroy et A. Långfors, *Chansons satiriques et bachiques du XIIIe siècle*, Paris 1921 (*Les Classiques Français du Moyen Age*, n° 23).

Pistoleta : 310. Edition : E. Niestroy, *Der Trobador Pistoleta*, Halle, 1914.

R. d'A. — Roger d'Andeli : 145.

R. de M. — Robert de Memberoles : 287.

R. de N. — Le Roi de Navarre : 1, 2, 3, 4, 36, 37, 38, 54, 55, 56, 57, 58, 71, 80, 81, 82, 83, 84, 85, 86, 87, 88, 89, 90, 91, 92, 93, 113, 114, 131, 142, 143, 144, 153, 173, 174, 175, 176, 201, 202, 212, 217, 234, 235, 236, 237, 238, 239, 240, 258, 263, 264, 304, 315, 316, 317, 318, 319, 331, 332, 342, 348, 349, 350. Edition : A. Wallensköld, *Les chansons de Thibaut de Champagne, Roi de Navarre*, Paris, 1925, (*Société des anciens textes français*).

R. de S. — Raoul de Soissons : 30, 111, Edition : E. Winckler, *Die Lieder Raouls von Soissons*, Halle, 1914.

R. du Ch. — Robert ou Robin du Chastel : 23, 325. Edition : Angelica Hoffmann, *Robert de la Piere*, Halle, 1917 (diss.).

R. Rich. — Le Roi Richart : 152.

Rich. de F. — Richart de Fournival : 77, 250. Edition : P. Zarifopol, *Kritischer Text der Lieder Richard's de Fournival*, Halle, 1904 (diss.).

Sauv. de B. — Sauvage de Betune : 307?

T. de B. — Thibaut de Blason : 13, 62, 286.

Th. Er. — Thomas Erier : 227.

Vid. de Ch. — Le Vidame de Chartres : 100? 265, 336? Edition : L. Lacour, *Chansons et saluts d'amour de Guillaume de Ferrières, dit le Vidame de Chartres*, Paris, 1856.

Les chansons d'auteurs inconnus sont énumérées plus haut, p. XX. A. Jeanroy et A. Långfors les ont publiées dans le *Archivium Romanicum*, II, p. 296—324 et III, 1—32.

Quelques chansons se trouvent éparses dans des recueils collectifs ou par genres ; en voici les titres, dans l'ordre alphabétique des éditeurs, avec indication des Chansons du Ms. Cangé qui s'y trouvent :

J. Bédier et P. Aubry, *Les Chansons de croisade*, Paris, 1909 : n°ˢ 25, 39, 85, 97, 107, 119, 167, 175, 187 et 197.

J. Brackelmann, *Les plus anciens chansonniers français*, Marburg, 1896 (*Ausg. u. Abhandl.*, n° XCIV) : donne les chansons n°ˢ 13, 14 et 303, 43, 62, 100, 136, 145, 172, 166, 272 et 288, 286, 336.

L. Brandin, *Inedita der altfranzösischen Liederhandschrift Pb⁵*, (Diss. de Greifswald, 1900).

A. Jeanroy, *Les origines de la poésie lyrique en France au moyen âge*, Paris, 1889 (3e éd., 1925) : les chansons n°ˢ 77, 79, 105, 169, 172, 177, 261, 311.

A. Jeanroy, L. Brandin et P. Aubry, *Lais et descorts français du XIIIe siècle*, Paris, 1901, renferme le n° 254 du ms. Cangé.

A. Jeanroy, *Chansons, jeux partis et refrains inédits*, Toulouse et Paris, 1902, donne le texte des chansons n°ˢ 22 et 27.

A. Jeanroy et A. Långfors, *Chansons inédites du Ms. fr. 846* (*Archivium Romanicum*, II, 296—324 ; III, 1—32 et 355—367), donne le texte de 58 chansons.

A. Jeanroy et A. Långfors, *Chansons satiriques et bachiques du XIIIe siècle*, Paris, 1921, (*Classiques Français du Moyen Age* n° 23) contient les n°ˢ 139, 169, 247, 253, 283 et 333 du ms. Cangé.

A. Långfors, A. Jeanroy et L. Brandin, *Recueil général des jeux partis français* (*Société des anciens textes français*), 1926, donne un texte critique des n°ˢ 34, 37, 38, 46, 58, 238, 315, 318, 319, et 350 du ms. Cangé.

F. Noack, *Der Strophenausgang… in der altfranz. Lyrik*, Marburg, 1899 (Ausg. und Abhandl., n° 98) imprime le texte des n°ˢ 24, 69, 122, 189, 200, 273, 291 et 298.

H. Spanke, *Eine altfr. Liedersammlung*, Halle 1925 (*Rom. Bibl.* XXII) donne 33 chansons de notre recueil : ce sont les n°ˢ 10, 15, 24, 33, 40, 42, 44, 68, 69, 79, 134, 146, 152, 177, 179, 190, 207, 216, 217, 247, 248, 266, 278, 279, 281, 284, 285, 295, 296, 298, 322, 323 et 341. L'édition de Mr. Spanke donne, en plus, 42 chansons avec leurs mélodies, transcrites assez judicieusement d'après le système modal, malheureusement sans commentaires.

XXIX

TABLE DE CONCORDANCE

DES NUMÉROS DE RAYNAUD, AVEC LES NUMÉROS D'ORDRE DU MS. CANGÉ.

5 **322**	*6* **317**	*14* **265**	*21* **68**	*26* **133**	*37* **170**	*40* **184**	*42* **334**	*65* **138**	*84* **57**	*99* **345**	*106* **258**	*116* **52**	*123* **108**	*126* **116**	*130* **336**	*132* **69**	*137* **15**	*138* **226**	*149* **141**	*171* **149**	*172* *294* **314**	*180* **47**
185 **257**	*187* **243**	*194* **139**	*199* **18**	*209* **205**	*214* **123**	*221* **132**	*223* **136**	*237* **236**	*238* **118**	*242* **121**	*244* **287**	*248* **164**	*253* **160**	*265* **42**	*273* **91**	*275* **86**	*285* **167**	*294* **38**	*306* **264**	*315* **144**	*324* **131**	*332* **350**
333 **239**	*334* **238**	*335* **90**	*339* **173**	*341* **107**	*342* **142**	*360* **175**	*361* **97**	*365* **34**	*373* **103**	*389* **166**	*390* **261**	*396* **279**	*398* **76**	*407* **92**	*408* **120**	*413* **178**	*414* **161**	*420* **207**	*433* **186**	*437* **6**	*438* **291**	*439* **302**
441 **124**	*452* **189**	*454* **313**	*460* **293**	*467* **227**	*469* **130**	*475* **200**	*477* **242**	*480* **10**	*505* **309**	*506* **158**	*510* **349**	*513* **219**	*522* **244**	*523* **237**	*524* **330**	*530* **119**	*536* **297**	*542* **229**	*548* **296**	*549* **245**	*550* **307**	*565* **63**
566 **33**	*568* **280**	*579* **300**	*581* **26**	*590* **70**	*591* **162**	*604* **188**	*620* **17**	*633* **180**	*641* **310**	*643* **96**	*651* **163**	*653* **213**	*656* **159**	*663* **100**	*671* **204**	*672* **225**	*675* **126**	*679* **9**	*682* **328**	*700* **151**	*711* **342**	*714* **82**
715 **333**	*719* **98**	*728* **337**	*733* **153**	*738* **43**	*739* **216**	*741* **201**	*746* **190**	*757* **84**	*759* **77**	*762* **179**	*772* **267**	*773* **223**	*782* **247**	*784* **50**	*786* **28**	*787* **214**	*801* **148**	*805* **250**	*808* **85**	*815* **137**	*816* **211**	*817* **165**
822 **157**	*823* **156**	*826* **343**	*838* **275**	*840* **46**	*843* **32**	*857* **60**	*863* **40**	*867* **66**	*884* **212**	*889* **78**	*893* **311**	*895* **289**	*905* **49**	*906* **331**	*934* **135**	*943* **315**	*960* **35**	*967* **128**	*979* **295**	*986* **182**	*996* **235**	*997* **145**
1001 **62**	*1002* **348**	*1006* **39**	*1007* **67**	*1009* **195** **183**	*1010* **64**	*1011* **115**	*1028* **22**	*1050* **27**	*1057* **260**	*1059* **324**	*1062* **29**	*1065* **344**	*1073* **101**	*1087* **16**	*1095* **335**	*1097* **58**	*1098* **339**	*1102* **99**	*1110* **20**	*1111* **240**	*1118* **19**	*1125* **224**
1126 **326**	*1131* **220**	*1143* **74**	*1152* **4**	*1154* **30**	*1172* **191**	*1181* **89**	*1185* **318**	*1186* **197**	*1196* **11**	*1198* **274**	*1208* **249**	*1218* **329**	*1224* **231**	*1227* **277**	*1229* **146**	*1247* **232**	*1250* **341**	*1262* **301**	*1268* **2**	*1283* **105**	*1297* **282**	*1300* **169**
1314 **45**	*1317* **259**	*1321* **177**	*1332* **312**	*1345* **248**	*1347* **172**	*1387* **12**	*1390* **292**	*1391* **230**	*1393* **319**	*1397* **113**	*1400* **104**	*1402* **13**	*1408* **94**	*1410* **202**	*1414* **150**	*1417* **44**	*1428* **171**	*1429* **59**	*1440* **36**	*1445* **198**	*1450* **281**	*1453* **284**
1457 **256**	*1463* **65**	*1464* **127**	*1465* **222**	*1467* **81**	*1469* **174**	*1470* **154**	*1475* **93**	*1476* **56**	*1477* **286**	*1479* **332**	*1486* **266**	*1487* **308**	*1498* **95**	*1500* **106**	*1501* **320**	*1515* **340**	*1516* **80**	*1521* **3**	*1532* **53**	*1536* **203**	*1538* **221**	*1545* **196**
1559 **272** **288**	*1562* **217**	*1569* **48**	*1572* **61**	*1574* **185**	*1590* **147**	*1591* **7**	*1596* **55**	*1619* **21**	*1620* **54**	*1629* **323**	*1635* **194**	*1638* **268**	*1648* **168**	*1655* **283**	*1657* **351**	*1661* **255**	*1666* **37**	*1690* **306**	*1692* **187**	*1722* **23**	*1727* **87**	*1735* **110**
1754 **5**	*1755* **51**	*1757* **273**	*1768* **253**	*1769* **102**	*1771* **112**	*1775* **79**	*1779* **269**	*1784* **290**	*1789* **325**	*1795* **271** **305**	*1800* **143**	*1803* **233**	*1811* **114**	*1821* **215**	*1839* **208**	*1840* **338**	*1843* **88**	*1865* **234**	*1867* **321**	*1868* **299**	*1872* **241**	*1877* **199**
1878 **316**	*1880* **71**	*1881* **109**	*1885* **111**	*1891* **152**	*1892* **218**	*1893* **8**	*1894* **228**	*1901* **72**	*1902* **155**	*1906* **31**	*1910* **209**	*1911* **129**	*1922* **73**	*1929* **125**	*1931* **254**	*1954* **140**	*1960* **25**	*1965* **41**	*1972* **122**	*1977* **181**	*1980* **298**	*1982* **276**
1993 **347**	*2010* **24**	*2025* **210**	*2026* **304**	*2032* **176**	*2054* **346**	*2056* **285**	*2058* **134**	*2061* **327**	*2065* **206**	*2068* **252**	*2071* **117**	*2075* **1**	*2086* **14** **303**	*2094* **192**	*2095* **263**	*2099* **270**	*2105* **246**	*2108* **251**	*2115* **278**	*2118* **193**	*2123* **75**	*2126* **83**
2128 **262**																						

Afin de faciliter aux travailleurs l'identification des Chansons de notre manuscrit à l'aide des numéros de RAYNAUD, nous dressons ici une Table de Concordance. Les chiffres *en italiques* indiquent les numéros d'après la BIBLIOGRAPHIE de RAYNAUD et les chiffres gras les numéros d'ordre de ces pièces dans le Ms. Cangé, et de leurs transcriptions au tome second

TABLE DES MATIÈRES

qnt ie men mut lors sui mengr.
sans mellicou en la douce char
tre en prison. dont li pilei sut.
de talante. il buis sut de briait
ncour. ce li anel de bon espoir.

e la chartre a la clef amors
et si ia uns. ui portiers. beau se
blaut. a uou li premiers. 1 beau
tez cef en fait seignors. donger
amis akris den aue un ort felo
uilain puant. qui mlt est mauf
1 pautomiers. cil troi sumrt pu
et hardi. mout tost ont iamie
saisi Qui porroir soffrir les
trestours 1 les esslanz de cef buif
siers ouques rolanz ne oliuerf
ne uainquirer si forz estourf. il
uanqirent en contaitante maif
cef ueure ou humiliant soffmr
en est e nfamomens en cest ef
tour doit de uof di. na nul se
cours fors de merri. amie
ie ne dout mais riens ples furs
tant que faille a uof amer. car
ai apris demourer. que ie suis
ures tout ples. et se il nes en
pesoit bien. ne men puis ie p
tir pour rien. q te uaic le reme
brerr que mes cuerf ne soit adef
en la prson et de moi pes Came
qnt ie ne sai guit menf seruir de
satsom maif de softenir si griuiouf
fais

cier une chançon nouele. quele

me uuet enseignier a amer la pr

bele qui soit ou mont uiuast cest

la bele au cors gent. cest cele dot

ie chant der mien uolur cel no

uele. qui soit a mon talant. que

menu et souuent mes alers por
ieu me poruoit
auancier ma dou
li sautele. ce dame bele. se le me
uoloit aidier a ceste chançone
le. ie nain nule rien tant come
li soulement z son afaitement
q̃ mon cuer renouele. amours
me lace z prent et fait lie z ioi
ant por ce qua soi mapele. :-
Quant fine amour me semont
mout me plait z agree. q cest
la rienf en cest mont q iai pluf
desirre. or la mestuet seruir ne
men puis plus tenir z du tout

obeir plus que rien qui soit nee.
se le me fait languir z uois ius
quau mont mame en sera sau
uee. c la mieudre de ce mot
ne ma sauiour donee. tuit li a
moreus diront ci a fort destine
e. sa ce puis ia uenir que ie faz
repentir. ma ioie z mo plaisir
de li quai tant amee. lor diront
sanz mentir qua iai tot mo de
sir. et maquestx acheuee Bele
por cui sopir la blonde coronee.
puet bien dire z iehir que por
li sanz mentir sest amours mle
bastee.   R. de Nauarre.

enuiz seue mal qui ne la

apris. garir lestuet ou morir

ou remaindre. et li mienf max

laf dont ie ne mos plaindre ial

p est sor touz poesteiz. morir

eu uuil mes q̃t me uient de

uant lesperance de la grat ioie

a ta uidie. que me confort uoure
qui poist tant soffrir en pes mes
Et al qui
est damors
ne puis ce mest uis. si entreps
quil te estuer a sa uolure main
dre. mout me niueil samours
se puet tant faindre. iis moi q
sui a ma dame ententis. des puis
que in son biau cors uiure et
gent i so cler uis qui trop me
set destraindre. nou cudai pas
trouer si deceuant com il estoit
encor men ua il pris. Mais cil
qui sert i qui miel atent. cil doit
auoir ioie fine i entiere. i ie q
nos uis li faire prere. tant p re
dout son escondissement. ten de
uise par uoue p fois. mes ie ne
pius ueoir en quel meniere es
tre ne puet einsi ali moiutroi.
que mon dongier nest ele ue
uoiante. Del ore mais iuil prier
en chantant. i se li plaist ne me
sera tant fiere. que ie ne cuit
que nuis hons qui requiere in
ci damour quil nait le cuer plo
rant. et se pitiez li chiet es piez
por moi. si dout ie mout q ele
ne lan quiere. ainsi ne sai se fai
sen ou folie. car cist esgarz nia

pas son ingenit. Se ma dame
nue prent encor confor de moie
latin p li grant conuoitise. mout
la desir et sele me despise uoie
suit sui qui moi a tot p son uoi
nez sui pres loinz est ma garison
sentendrau ie tous iorsa son ser
uile. seruir doi bien por li grant
guerredon. mout uoudroie ille
en seust ma foi. Dame mi
ei quate de uos pdon se ie uos
aim et a fole entreprise ie ne pui
pas bien courir nia raison. si le
saurez encor si con ie croi.

R. de Navarre.
N.

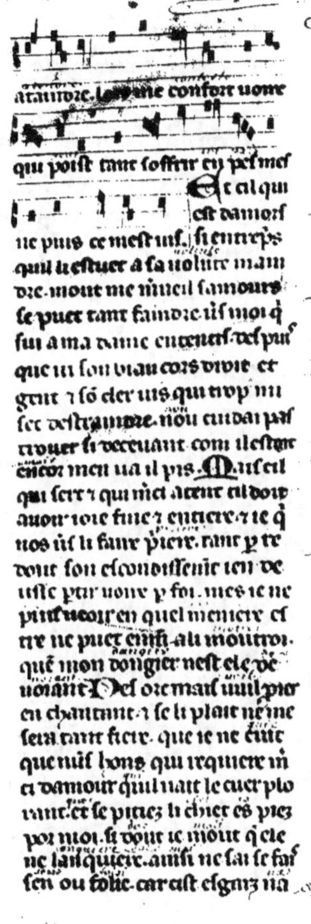

Li reaumes de Surie
nos dit z crie a haut
chancon. con. se nos ne nos ame
con. por deu que ni alons mie mi
ferions se mal non. dex aime sin
quier droiturier. de ceus se muet
il a dieu. el estancevoit son no
ri conquerront sa maison. Encor
ain mieuz toute voie demorer
au saint pais. que aler pou ref
chautis la ou ia solaz n auroie.
phelippe on doit paradis con
querre p mesaise auoir q uos
ni trouerroiz ia uoir bon estre
ne ieu ne ris q uos amier a pris.

mours a conu eu proie z si
men moine tot ps. en lostel
ce mest auis dout ia issir ne
querroie sil estoit en mon de
uis. dame de cui beautez fait
boir ia de priso nistrai uis sic
morrai loiaus amis. Dame
moi couient remaindre de uos
ne rien quier ptir de uos ami
z seruir ne me soi onqs ior fai
dre. si me uaut bien i. mour la
mors qui messaut souent. a def
me niet atent que bien ne me
puet uenir se nest p une plai
sir. Lancon ua me dire lo
iaue qui se gart bien outreeme
de gnt folie eniuir. que hu a
uoie fait nitir.

A la doucour dou tens qui
reuerdoie chantent oisel et flo 
rissent uergier. mes ie ne sai
dont resioir me doie quanta
merci fail la ou plus la quier.
si chanterai sanz ioie z sanz proi
ier. quant ma mort uoi z fail
lir ni porroie que amors uiet
que contre moi la croie.

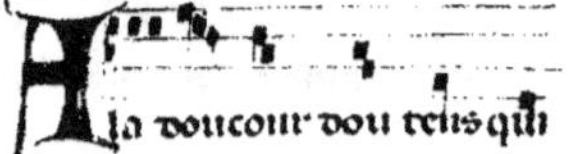

Ex quia amors qui touz les
suens guerroie. cef quele puet
greuer z maistroier. li beau se
blant que ma dame ueoie. mi
ont greue si ne ma riel aidie.
que sel me fust cruelr au cou
roier. si sai de uoir qua son
tort mi maistroie. mais il con
uient qua sa uolonte soie.

Puis quainsi est quali ne
puis contredire. ou uuille ou

tion amer lame conuient qui
cuide auoir g[ra]nt ioie por atend
bien doit seruir mais cil q fail
lir crient est mout destroiz q[ue]
secours ne li uient mais ie ne
puis mon en mon cuer desfendre
de plus uoloir q[ue] mours ne pu
ent tendre (C) mout pechie fait
q[ue] son ami uuet p[re]ndre p[ar]
biau semblant mostrer tant
que bien tient por ce me fait
ma dame ali entendre q[ue] lerme
fait cuidier que ce deuient en
dormant ua z en uoillac iruec
sen est lamors que ia nul ior
mett mamore que si me fait
enflamer z esprendre. Ie ne
tieng pas a droit lamour prie
dont il couuent morir ou trop a
mer si me couuent que morast
chant et rie et fais semblant
de ma ioie p[en]ser. amors me
dit quainsi doit en durer mort
esperant z en atendant uie mo
rir en puis. mes ne sai que ieu
die. Dame ualour beaute z
cortoisie a tant en uos ni ser
q[ue] mener. sauuec ces biens a
cuillie: felonie p achoisō de
urē ami greū urē fin cuer z
en ferie: blasmer q urēs sui
en urē seignorie. en urē amor
qui donra mort ou uie. Li
cuens de blois deuroit bien
merrter force damour qui li

dona amie amer por il mesu
ne mouuc amie.

[L]u renouel de la douceor
oeste que rechtrast la poie en
la fontaine et que soue uerr
uois z uergier et pre. li uoliert
en mai fleurist et grauue. lors
chanterai que trop maura du
ir z chnaiz qui mest au cuer
proclame. car fins amis a
tort achoisones. est mout so
[V]ours
ueut de legier estriues. mours
ma a destroi mene. mais mlt
mest bel qua son talar me moi
ne. car seli plaist encor me fa

uns gre de mon seruise r de ma
longue poine · mais piourai q
nemait obliee p le conroi de la
fause gent uasimie dont li cor
est conerz r prouez qua poine
sui sanz morir eschaper · Ant
si damours mon fin cuer espile
que ia sanz li naurai ioie certai
ne · tant p sui touz nus a sa uo
lunte · que nus trauauz mon de
sir ne refraigne · qsit plus me
trauz periliez esgarez · plus me
recort es biens dont ele est plai
ne · et uos seignor qui proiez et
amez faites ainsi se ioir en uolez ·
Douce dame tant mot achoi
sone faus tricheor r lor parole
uaine que lonc delai mort si des
conforte · pis ne mot mort der
lor donne male estroinez mau
gre lor · il ie mo cuer gai de plai
de lamor qui ia nen iert loitai
ne · tant sest en uos finemnet es
merez que li louax niert mais
quis ne trouez · dame incerti
car mourroiez por deu · r douz
respons de uos en la semaine ·
si atendrai p ceste seurte ioie
r mei se gnz eurs lamaine · et
mbre uos q laide cruaute fait
q ocist son lige home demaine ·
dame por deu dorguil uos des
fendez · ne trahissiez uoz bienf
ne uoz biautez · Enez chancon
ia ne me resgardez p mo seign

noblet uos reclamez r dites li
de male hore fu nez qui touz
iors aime rij ia niere amez ·

Amours qui a son oes ma

pris me fait enuoisier r chanter

pour uos dame ou iai mon cuer

mis dont ie ne puis ne quier os

ter · ami uos uuil seruir r amer

de cuer loial entier sanz tricheir

e que dautre amour nai talant

ne enuie · r der me donit faire et

tant ualoir que uos uuilliez de

moi merci auoir car en uos est

ou ma mort ou ma uie · ·

Dame uoſ maueʒ ſi conqs q(ue)
ie ne puis aillorſ penſer· ⁊ iai
ſi leaument emps de uoſ ſeruir
et honorer· que ia ne mi uroꜩ
fauſer· mon cuer auez tot a uré
baillie· ſaitez ſor moi pooir· et
ſeignorie· ne iamez tor naurai
autre uoloir· ainz ſeruirai de tu
er en bon eſpoir· uoſ ⁊ amourſ
qui teſt de moi ſaiſie· Se de
uoſ amer ſui ſopriſ que puiſ
ie quant toi tanc loer· uré grant
beautec· uré priſ· uré ſen uoſtre
bel pler· uré ſemblât uré acceſ
mer· uré ualour· ⁊ uré cortoiſie·
uré cors gent que mes fis cuerſ
noblie· me fait ſouent ſopirer
⁊ doloir· ⁊ tant uoſ dout ⁊ ain
ſanz deceuoir· que mar uoſ ui
ſe de uoſ nait aie· Dame onqs
mo cuer ne uoſ dis ⁊ toꝛ iorſ le
uoſ cuit celer· et ſai ie aucune
toꝛ empriſ que ie uoſ endoie
moſtrer· mes qſir ien uuil a uoſ
parler· li ſens me faut la pole
me lie· ie nai pooir q nule rien
uos die· ſi ne uoi pas q le puiſ
ſiez ſauoir· ſe uréſ ſens nel uoſ
fait pceuoir· la bone amour q
eſt en moi noꝛrie· Souant ſui
uriez ⁊ penſis qñt ie ne puis q
uoſ pler· poꝛ felonſ de uré puis
uoſ uenir· iiſ uos ne aler· aiſi
me couient couter· gief mal
poꝛ uoſ· ⁊ ſi nou ſauez mie· mes

ie uul bñ que ma chancoſ ubiſ
oie q bien poez conoiſtre ⁊ parte
uoir a mon ſemblât qñr ie uoſ
puis ueoir q pluſ uoſ ain q
rien qui ſoit en uie· Douce da
me cui uoſ nomer amie· deſ q
ie nai hardement ne pooir de
uoſ moſtrer mō mal ⁊ mon uo
lour· en lieu de moi ceſte chã conſ
uoſ prie· D un chaſtelan uuil
q ma chancons oie· huon quil
paut damer ⁊ de ualour reſloig
nier touꜩ cel a ſo pooir q ſonc
uilam ⁊ plom de felonie

vuil amer et si vuil ceste honor.
Mout mont grieue li tricheour
felon. mais il ont droit conques
nes amarrioz. lor deuiner et lor
fausse achoison fist ia cuidier q
ie fusse des lor. ioie en poi. si en
crut ma dolor. car ne nul soi gar
der de traïson. encor en dout felos
et traitours. Entre tel gent ne
me sai contenir qui toute bon
laissent a lor pooir. tant con te
maing les me couuent hair. ou
ie faudrai a ma gïst ioie auoir.
cest granz ennuiz que daus a
mentreuoir. bien me deuroit iis
li grant los tenir ma leautez q
ne puet remenoir. mes ie ne puis
encor aperceuoir quele des biens
me vuille nuis menir. dont iai so
ffert les maus en bon espoir.
Ie nen puis mes se ma dame
consent. en ceste amour son ho
me a engignier. car iai apris le
aument a amer. ne iai mul iour
repentir ne me quier. si me de
uvir a son pooir aidier. ce quele
lain. si amoreusemt naure ne
puis uie amer ne proier. Li
cuens iofroiz qui me doit consoil
lier. dist quil nest pas amis en
tierement qui nule foiz pense
a amour laissier.

Mestant les he que ne mein puis tenir
Ja leur mestier ne lairont dechair.

Or mi dont dex ma dame tant servir
Quils aient duel de ma joie veoir
bien me deuroit &c

A vous amours plus qua
nule autre gent est bien raison
que ma volour o plaigne quar
il m'estuet partir outreement des
seurer de ma leaul compaigne
et quant la pert nest riens qui
me remaigne. si sachiez bien
amours certeinement saiz nuis
amour por auoir cuer dolant ia
mes p moi nier leuz uers ne
beau sire dex que iert
donc et comit terr rex la
lais. fins qil mestuet congie
prendre. oil y veu ne puet estre
autrenoit sanz li mestuer aler

en tre estrige · or ne cuit mie que
griz duchr me sostaigne · qilr de
li nai confort ne garison · ne de
nule autre auoir toie natet · pl'
que deli ne sai se cuert iamais ·
Beau sire der que iert du desir
rer · dou doulz solaz i de la ompaig
nie · i de lamour que me soloit
mostrer · cele qui mest ompaigne
i amie · erqfie recort sa siple cor
toisie i les doulz moz · donc suet
a moi pler · conit mie puet li cuer
ou cors diurr · que ne me part
certes mie est mauuais · Re
me uuet der pas por nouit tro
uer · trestouz les biens quai euz
en maue · ainz les me fait chie
rement comparer · sai grit paour
ses loiers ne moeie · si fera il sai
der fist uiloiuie · que uilaif faz
bone amor desseurer · i ie ne p
puis lamor de moi oster · et si
mestuet q ie ma dame lais ·
Je men uois dame a deu le
criatour uos lais qui soit a uos
ou que ie soie · ne sai se ia uer
roiz mais mo retor · aueture i
q iames uos reuoie · por deu uos
pri ql part q li cors traie q uos
pensez au cuer uoisigue ou demor
ie si ferai se der me doit honor
que ie uosai este amis uerais ·
Or seront lie li faus losageor
cui tant pesoit des bies quauoir
soloie · mes ia de ce nucre peleris

tor q ie tes auf bone uolente que
sen poiiai bien tote perdre ma
uoie · q tant mot fait de mal li
traitor se der uoloit ql euisept
mamor · ne me porroit chang'
nul greignor fais ·

La doucor des oiseaur
donc refraignent li boisson me
croist ioie et riuiaus a lentrant
de la saison · der tant mest li pen
sers biaus donc ia nenaurai le
non · i li iors touz taus n oueaus
que de samour me fist don · pou
la uoi si fin aues dou cors loing ·
Je soloie as ses samour por
et dou cuer pres · auuel gez man
tenir · mais or cuit mlt pou sa
uoir por si haute amour seruir

tanc maintenu en bon espoir. mais
ne li porroit venir. non porquant
autre teu poir sui dou tout a son
voloir. pou la voi. De la rien
voir plus mesmai vuil ma da
me mout proier. se ie tant de
sen ne ai qua li me saiche acoi
tier. i ie son voloir ne sai bien
le me doit enseignier. i ie cer
tes le ferm de bon euer i volu
tiers. pou la voi. Se tant mi
puis demorer. q chascuis de vos
voudroit. merci li voudrai en
er. ne ia blasm ne len doit car
por vre amour celer le fais pl'
que autir endroit. car tat i por
roie ester quele blasmee en se
toit. pou En touz les lieus
ou ie sui mes corages est a li.
ligement se part dautrui. tos
iors sui en la miei. por quant
se li cors sont dui. li euer du tor
sont en un. ne de ioie ne demui
nauons entre nos pti. pou
Onques mes ne fu soupris de
nule amour ne destroiz. mais
oi mont dou tot q quis ses ses
i sa bone foi. cors a genti i cler
le uis. blanches mais i longues
voi3. voi3 semblanc i simple
ris. bien est faite en tou3 en
droi3. pou Qui quait les
mo3 aioste3. goutiers les met
en escau i seront li brief porte
ma dame au cors de respit der

com de bone hore ne3 fui. sele
mon message rir. ou ter soir
la voliitez quem cest present
se delir. pour deu me laie ue
nir si pres que. i. soul ior la uoi
e a des.

Amours me semont
que ie chanc. mais ma dolors
le me deffanc. si est bien droi3
que ie die son calanc. mes aubp
me fait le cuer dolant. pour u
ne que iai guerpie. i si ne cui
dasse mie. que pour mile rien
uiuant laissasse sa opaignie.
Tant mestier aurroir dahie
qui ce seur q iai soffert tant
longuemir. nencor ne reevu ie
mie. aincois atent i atendrai
tot mo uiuant une fause pro

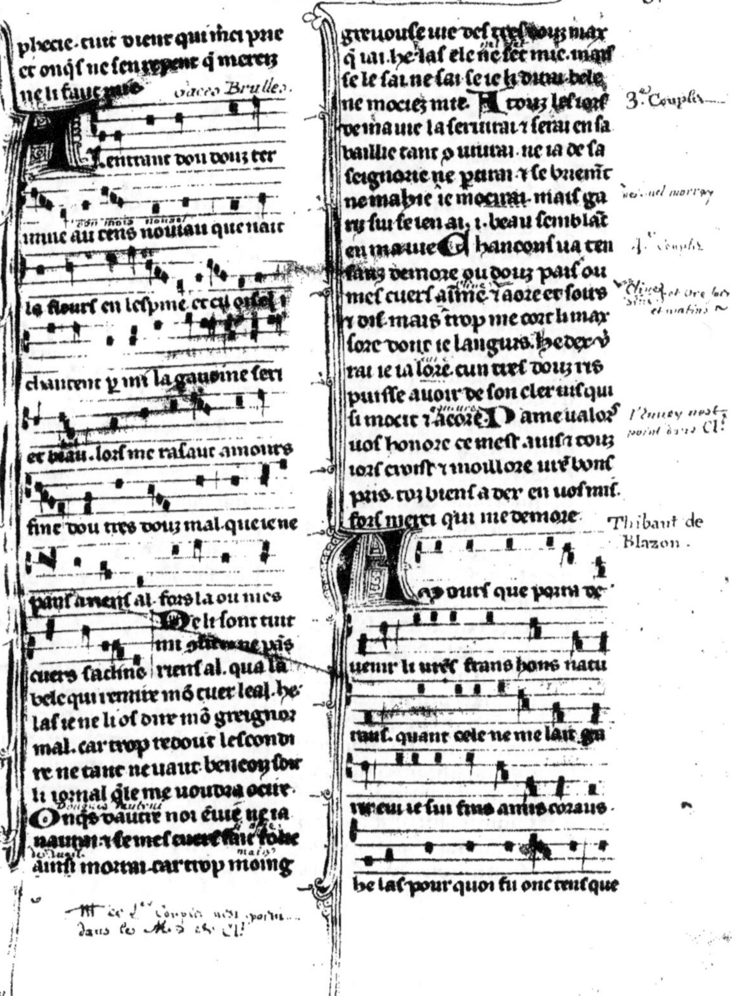

phecie. tuir vient qui mhci prie
et onques ne sen repent q merci
ne li faut mie. Gaces Brulles.

Lentraint dou douz ter
mine au tens nouiau que nait
la flours en lespine. et cil oisel
chantent y mi la gaudine seri
et biau. lors me rasaut amours
fine dou tres douz mal que ie ne
puis amenr al. fors la ou mes
cuers sachns riens al. qua la
bele qui remir mo cuer leal. he
las ie ne li os dire mo greignor
mal. car trop redout lescondi
re ne tant ne uaut bericoys dir
li iomal qle me nouvra ocir.
Onques dautre noi euue ne ta
nautri. se mes cuers fait folie
ainsi mortal. car trop moing

griuouse uie des tres douz max
q iai. he las ele ne set mie. mais
se le sai ne sai se ie li dirai bele
ne mociez mie. A touz les iors
de ma uie la seruirai r serai en sa
baillie tant p uiurai. ne ia de sa
seignorie ne partiai r se brient
ne mabrie ie mociriai. mais ga
ry sui se ien ai. r beau semblat
en ma uie. Chancon ua ten
lauz demore ou douz pais ou
mes cuers aime r aoze et sous
pir dit. mais trop me cort li max
loze dont ie languis. he de ce ur
rai ie la loze cun tiel douz ris
puisse auoir de son cler uis qui
si mocirt r acore. Dame ualoz
uos honore ce mest auis. touz
iors cuoist r moillore uire bone
pris. toz biens a uer en uos mis.
fors merci qui me demore.

Las oure que poira ve
uenir li tres frans bons natu
raul. quant cele ne me lait gua
rir eu ie sui fius amis cozaus.
he las pour quoi fu onc tens que

it osar descourir les maus qi me
fair senar vont touz iors mest

lanc a leaur couen
plus cruaus. droit il alt servir
que ie ne sui a cent traus mais
ie sui cil qui plus desir a faire tor
son platsir a qui plus sis li sui
feaus a sai mieuz celer mes mar
a engir prendre. Mout pli sier
bien son couttr a mout li siet bie
li manteaus aus mest qii ie la
la remir qi soit anges espiratil
quel vois celestiaus a fait de sel
ciels venir. por amor lame to
lir qui li sui amis leaus. n
qtaut ua chaiscuns uassaut qi
cele est por cui ie sopir a lor qii
tient les desleaus maus laisser
moi uiuir ou morir. bie me de
uroit der hair sestoie si o mui
naus que riens deisse encor aus
tout maus me deust uenir. Aisi
me lauroit deptir les membres
detraire a cheuaus que puisset
enquerre noir que iaime rien
chamaul. q li mondes est si faur
q luns uuet lautre traiir mais
aiz sauront sanz mitir de quoi i
uoit li graaus. a douce dame
leaus qui semblez aps dormir la

rose qui uuet flomr. alegiez mou
mes douz maus.

La saison dou tens qui
fa seiut que beix ester se mfeume
et esclaur a toute riens a sa dou
ce natur uient et retrair se mle
nest de mal aire. chanter mestuer
que plus ne men puis tenir pour
conforter ma cruel auenture qui
mest tornee a graut desconfiture.
I aim et desir cele qui ne a cure.
der ie li dis quamours le me fist
faire. or me het plus que nule cre
ature. a as autres la uoi si detoua
ir. der por quoi lam qsie ie ne li
puis plaire. or ai ie dit folie et
desmesure. qn bien qui ne true
ue len droiture. Enuers dolor
na mestier couitur. caut sui

menez que ne men puis retrai
re en resgarder sa tres bele faitu
re et son gent cors r son uis debo
naire qui ce me fait que nus ne
puet destaire. der por quest ce q
ele uis moi si dure a lamour sui
sainsi longuement dure Que cru
elx fait li cuers que li outroie de
moi greu dont la uoi si certai
ne que tot le mont plus ne de
mandoroie fors q samour qui
a la mort me moine. sele moert
trop fera que uilaine r sainsi
est q por li morir donc ce est la
mort dont mieuz morir uou
droie

mais mour ma este cest amors
uilaime. ia ne p tirai. car en tel
panser fais ma quatuncainne
Li bcualters sanz faille aisi au
anon. mais p deuinaille nos grie
uent felon. por ce ne uolon que
mt assambiaille saiche se nos
non. que lor traison noz fins ?
cuers n assaille Bele der uous
uaille a ce que panso de maus
ne nos chaille. mais a desseruon
car ainsi uaincron amourssaz
bataille se poine imetou. qui a
taine tel uou. a droit se t aille
q has la ioie qui el uiet damors.
griz maus traiz apaie r oste do
lours r li suens secours toute ho
noz mais uoie en fin cuer ioiouf.
si uolons touz iorz estre en sa me
naie. Bele se iauoie pooir a
est uous. en fin destruiroie felos
r ialous. trop sont en uous ne
mis qui les croie miert ia amo
rous. por deu nos penons ualer
droite uoie.

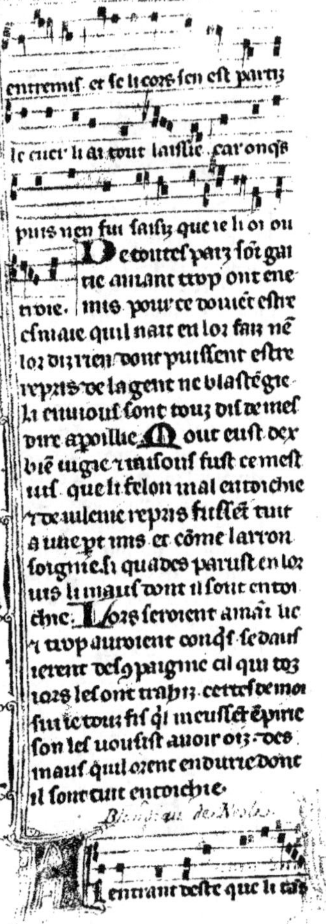

entremis. et se li cors sen est partiz
le cuer li ai tout laissie. car onqs
puis nen fui saisiz que ie li oi ou
De toutes parz soit gar-
nie amant trop ont ene-
mis. pour ce doiuet estre
esmaie quil nait en lor faiz ne
lor diz rien dont puissent estre
repris de la gent ne blastegie
li enuious sont touz dit de mesdire apoillie. Mout eust der
bien tigie raisons fust ce mestuis. que li felon mal entoichie
de uilenie repris fussent tuit
a une pt ims et come larron
soignie. si quades parust en lor
uis li maus dont il sont entoichie. Lors seroient amai lie
trop auroient conqs se daus-
ierent desp aigne al qui toz
iors les ont trahiz. ce trs de moi
fui ie tour fiz qi meusset espine
son les uousist auoir oiz. des
maus quil orent endurie donc
il sont tant entoichie.

Blondiaus de Neele.

Lentrant deste que li tans

comence quanrioi eel oiseaus
soi la flour tentir. sopris sui da
mours dont mes cuers balance.
der men doint ioir tot a mon
plaisir ou autrement crien mo
rir sanz dotance. car ie nai ou
mon autre soustenance amors
est la riens que ie plus desir.
Navroit en amours q les biess
en sente. al qui nuis del maus
nen puet sostenir. changiez toz
les ma en ma penitence la bele
qui bie le me puet metre touz
les maus bu an p une semblance masouageroit mlt a grant
puissance. cele qui me fait pl
tarsir. Vn autre home en fust
preca la mort prise sil alasdi
ainsi con ia fait touz iors. car

onques ne poi p(ar) mon beau seruise
auoir biau semblant si con ien
vamours. ia en beau semblant
naurai mes fiance se ien lamor
p(ou)r iai matendance asseur(er)
ma la flors de morir. He las ie
laim tant de cuer sanz faintise.
auira ia de moi niet bone amor
mout y ai ma poine en biau
lieu assise. mais trop mi demo
re ioie 7 secors. aiz mes fins a
manz en tel esperance natendoi
vamours la reconoissance. cil a
fait est las a si g(ra)nt dolor. Le
chant 7 respon. dame 7 douce
amie. 7 a li panser me conforte la
nuit. der uerrai ia le ior q(ue) ma
dame die amis. ie uos ain. nenil
uoir ce cuit. amors me conforte
ou iai esperance. a ce q(ue) ie sai
quele est bele 7 blanche ne men
p(ar)tirai for mauoir desiruit. ∴
qui ne doit amors seruir en
doutance. car a chascui uent se
lonc sa uaillance. blondel a
de morir a uie conduit.   Gauthier
d'Elpinois.

se li monz fust uire en pais nan

ie poour ne doutance que de

li confort 7 bone atendance ce

si bone esperance uos ain mie

autrel iames. mais p(ar) faute de

merci mi sunt. a bien pres fail

mier sil uos plait mer ce que

H ay lose
gier fuarf
iai lonc tens serui de uilonie
citars. de faire ennui et pesance
af ameours de uaillance fine
rez uos ia mauuais. nenil uoir
ainz iere anisi. de uilain oiseau
luit en. 7 de felon mal uoilla(n)
ce. non q(ue)s de uaisseau porri
nule bone odors nissi. Il nest
ennuiz ne esmaiz q(ui)t nie me(m)
bre des ieuiz gaiz. 7 de sa douce
semblance que ne mete en obli
ance quant ie puis sofire gref
fais. ainz riens tant ne mabe
lit q le remembrer de li 7 la dou
ce soutenance. mais si me truis
esbahi que le pler en obli. ∴
Douce dame ne puis mais
vamours soffrir les assauz. car

Perrin
d'Angecort
Lambert de Ferri
en sa baillie

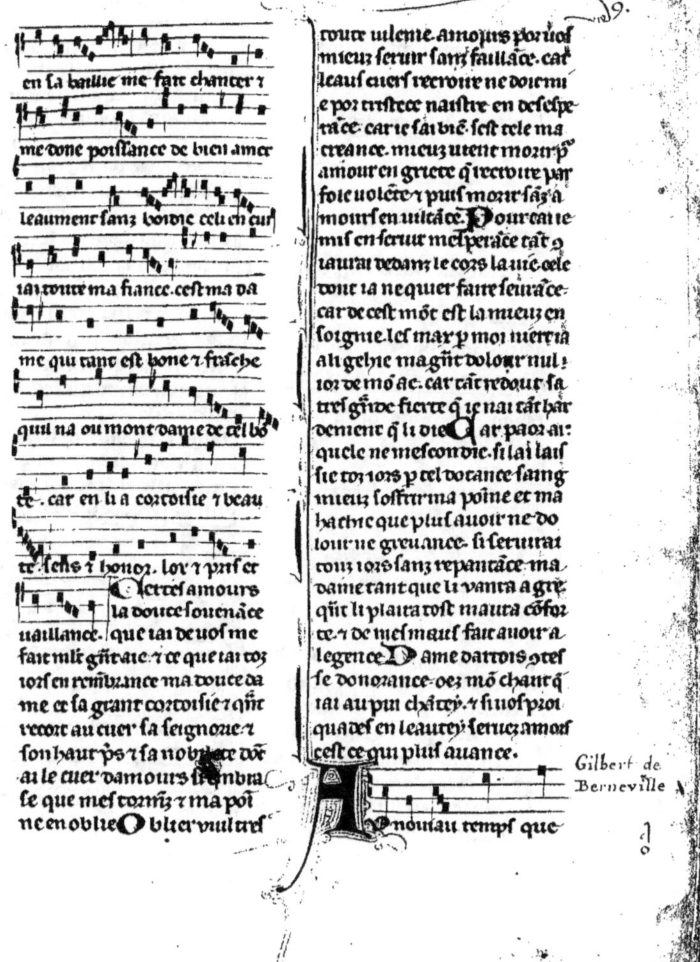
Gilbert de
Berneville

premiers se deuise que rossignol
chantent a main et soir de bien
amera nief cuers fait emprise
cele a cui sui liges sanz dece
uoir. p ma chancon li ferai a
sauoir ma grant ioie z mon
mortel ior se. or soir dou
roiit en son cortois uoloir.

Douce dame amee sanz fain
tise de cuer. de cors. de desir.
de uoloir. iai bien ma mort et
porchacie z quise. se de uos nai
qui me face ualoir. pe franche
rienf ou iai mis mon espoir a
legiez moi p uire gentilise les
cruelx maus q me faitsauoir.
Auciis se plait damors qui
le iustise z rien sui liez plus q
de nul auoir. q iam ma dame

a des en itel guise qit pis me
fait z pis uoudroie auoir. q bie
aime il doit bien receuoir les
maus damer. car il a tel fran
chise q nuis sanz li ne puet gne
ioie auoir. Ia mautre ualors da
me sest en uos mise. plus en t
a quel chat dauud dauoir. cil
moat bien qui deuant moi !
uos prise. quant ie de uosue
puis neant auoir. he bone amor
ie fis de uos mon hoir. tot uos
donai qit ie uos oi apse. itel
maistre deuroit chasaili auoir
De cele amor qui malume z
atise ne me quier ia ptir ne re
mouoir en mo cuer est gaim
anz assise. ne mis fors deu de
loster na pooir. tot li ferai son
bon z son uoloir ne ia p moi
miert autremit reqse. atedanz
sui et serai de lauoir. *Gilbert
Berneuille.*

resoing uoir on la
ini. pieca que cest recorde sor
ne fait amours pour mi tant
que iaie .i. chant troue. te

...rvi que iamais nistrai de pri
son. aiuz imorrai. cele qui ma
quis ceanz ele a fait ses sairens
que iamais ne mangerai ne
prirai de la prison sauiai tro
Amors ie uos
cri merci que
uee chancon. me donez tel
panse quauiai nouel chatio
li li puisse faire a son gira ce
gst besoing que iai autreahi
e que nosnai. uos estes mes
saunemenz. ni naue cosins.
ne parenz. ia pauf nen gari
rai tant garderai ceste priso
quainiai trouee chancon.
Or me metez en obliamos
iai mo tens fine z se me gitez
de ci maniie gst ioluietoi. en
core pour uos ferrz. a cest be
soig nomeiriz. beatrix bieme
porpans oz est doublez touz
mes sens. hamais au chat
ne faudiai poit ne mefmai
de la prison de legier ferai.

chancon. Prison ne me puet
tenir. ien sui touz asseurez ne
autres maus auenir. qsie li hauz
nons est nomez. dame daude
narde ps me tenez en uo pais
mais ne sui paseſmaiez uo p
son ne mest pas griez car en
lieu destre greuez sui honorez
en la priso. de legier ferai chico.
Amours qui mout mi
guerroie me fait a cele panser
dont partir ne me porroie. mais
touz iozs la uuil amer er ſolie
ment chanter por li ſaiegiez ſe
roie. touz mes maus oblieroie
se mi doignoit esgarder en riaf
Las a liaie
me ſaurroie des
maus q iai do
loser. mais iai espoir dauoir
iore. ce mi fait reconfort. dame

Robins
dou Chastel.

ne uos doit peser: se mes cuers
a uos soutroie. fins cuers n'est ul
nus qui uoie son loial ami grer
uer. ne despire ne blas gaber.
Dame uoz douce simplece
me fait. i desir auoir q tant
me destruit et blece q ie sai bie
tor deuoir: que mort mestuet
receuoir. se priez en uos nadre
ce. ne porquit ia por destrece ne
lairai q mais i soir ne uos serue
a mo pooir. S ele est i de grat
hautece. i ploine de grant sa
uoir. por ce la uuil sanz parece
ce seruir sanz ia remouoir. et
se ce mi puet ualoir. q uest de
aurai leesce. nest pas raison
quele mete so ami en non cha
loir qui laime de fin uoloir.

Tant est ma dame garnie
de biaute i de ualor q i mielz
aim perdre la uie que ie retrai
e mamor. tat la uoi de bel ator
plaisant i bien esoignie. se ie
nai de li aie bie fai de ceste do
lor ne garirai a nul ior.

... ons ai que chantant

plour plus quen nule guise

pour abatre ma dolour que ti

me iustise. cent copris fais

chascun ior. cest ma rente assi

se i le bien que iai damours

cest p mon seruise. Chascuns

dit que ie foloi. mais nus nel
Mes cuers
a raison eu
fer mieuz de moi. uoir sen li
met mentere. car a chascu q
la uoit plait i atalente. nus
nen dit bien qui ni soit ne mal
qui ne mente. gariz iert qui
la tendroit en chabre ou soz
cente. Chascus dit. S a hau
tece i son uis cler crien ou ti
se fie. la s el ne mi uuet. mer
ci ne sen troublie. trop a en
moi pouir per a si bel camie
mais ce me fait q fort q mois
neslit mie. Chascus Moutt
la pris i moutt la lo. crien q l
nen soit plus fiere. auis mest
q ie doi pou tat la mes cuerl
chiere. bien uoi q trop haut s
menerou. mais mout uaut

proiere. aigue pere oiu chail
lou. por qu a des rkicir. Chaſoſ
oit. Meſaiers ne me fair nul
vien forſ poine rdoinage. la
nou ueirai lige mien en toue
mon aaige. cuerſ tu folef coz
ten tieng. oi ai oit ourraige.
meſ ſer la ſoz toute ne quele
eſt prouz et ſaige. Chaſcus.

vuillanz. puiſ que beautez fait
oe li mireour. i en touz biens?
ſont ſi entendenit oer o ſerui
renoiſteʒ ioianʒ ſe ia nultoz
enuſ moi ſumelie que p ſon
gre loſ a peler anne. Faitme
oelu en leſpoir que li ai ſi oou
cenit quil meſt ſouent mus.
quele moutroit ſamour oe
cuer nean. maiſ toſt me reſt
eiſt oout eſpoirs failu. oe pi
our ſui uiei i mai baillz. i oe
raiſon ſele miet ſen rete ſanʒ
eſtre amez cuit moure a ten
te. Et ne porqſit touz lozs
la ſeruirai ſanz fauſere. me
leur amis. car meſ fiſ cuers
ne ooit eſtr auec moi puis
ql ſeſt en ſi baur lieu aſſiſ. alz
ooit panſer conit ſoit oeſtiiz
li trcſ granʒ biens ou il a mis
ſon cuer ne la poz mal ql ait
ne ſe repente. Il meſt aius
qui aooit unet uigier. que
nuſ ne ooit oe boneamoz pne
que moue pou oore reiit ele
tel loier. que nuſ naurroit po
oir oou oeſeruir. poz ce la vuil
bonemit obeir i vuil pier a
ma oame honozee. qua oue
beauteʒ ſoit pitieʒ aſſamble
e.

nouel que faifons uient en dou
cour. prez funt uert z aubriffel
foillolent et mainte flour. plof
ne de tres douce oudour pointe
nature fanz pincel. cil oifel :
chantent p amour. z ie que ce
Quit cil fift mainte
bel ioel cil ie roing
fui des lor. a creator ne fift il o
quef tant bel por faire maif a
mcor. o celi qua tel honor qte
prent tot a ratel fanz cem bel.
et cuer e feignor qui uif li fait de
luel tor Bonc amor ma fi na
ure enz du cuer p fon denfir que
iamief ioie nautrey fcn fa met
ne me prer. ma dame au cors
auenant ou dex mift tar de be
aute. de bote. de grenemic que
nule autre nen a tant De ce
roi fauoir bon gre a la malp
liere gent. car il li reporcet que
te lain enrreremt. bie lef puet
croire de tant fanz fourenir de
uertey. car fante ne ioie nateu
fort que de li foulemte On fuer
dire en rxpuier. ce que euly ne
uoit cuerf ne duet. ie le foloie
cuidier. maif or uoi queftre ne
puet. car adef doloir eftuer ce
lui qualme fanz trichier. iofti
fter. trop fornir me trueble max
bpou cuer me muer.
AB douz moif de mai io
li tocr men alai une paftore oi
qui crioit ahai laifle que ferai
fe tai pdu mon ami. iamef na
meral home de cuer gai Que
la paftore entendoi cele pr tor
nai. ele auoir le cuer marri fi
la conforta. z li demadai pour
quele difoit enfi. iamaif name
rai. La paftore refpodi ie le
uos dirai. robif a dauttui de
rai pris chapel de glai. fi grnc
duel en ai. que fil me met en
obli. iamef. Cele puis ql eft
enfi ure ami ferai. a robin a

robin aues failli tantost lem
bracai. tel don li uoliai 2ques
puis ne die enfi iames. La pa
store or cuer ioli. mignotoi ri
gay. ri mout me ploc ri abelit
ce que fait li ai. douce la tro
uai. adonqs me dit eusi ie 2
ameiai touz iors de cuer urai.

Aucune gent ont dit par
felonie. que ie ne sai chanter fors
p autrui. il dient uoir ie nes en
desdi mie conques. 7. lor sirs de
moi ne fu. et sil vuelent sauoir
a cui ie fu. ie lor dirai p ma grie
cortoisie. quamors ma si dou
cour en sa baillie que ie nai
sen. uolente ne raison que ie
sanz li puisse faire chancon.
D comencier
de totes mes chancons vull re-
quamours soit tos iours en
maliie. car moi aidier ne puet
autre raisons. ne nuls ne puet
faire chancon ioliseul nest so
pris damours qui puent d
mie. car riches hons sdz amor
ne fait fors que muser. ne li
poures nese set oforteer. Ie
nou di pas por ce quaicachoi
son veuenit chanter p mig
loreure 7 esmaiz mest touz
iors de saisô. poinc 7 tormé
sont de sa opaignie. en desco
fort mestuet user ma uie. qñt
ma dame a cui ie fui ne me 7
vuet conforter ie ne puis ne
ne vuil autre ani. Amours
ma ps 7mis en sa prisô. tant
ouremt plor ai ne mocie. q

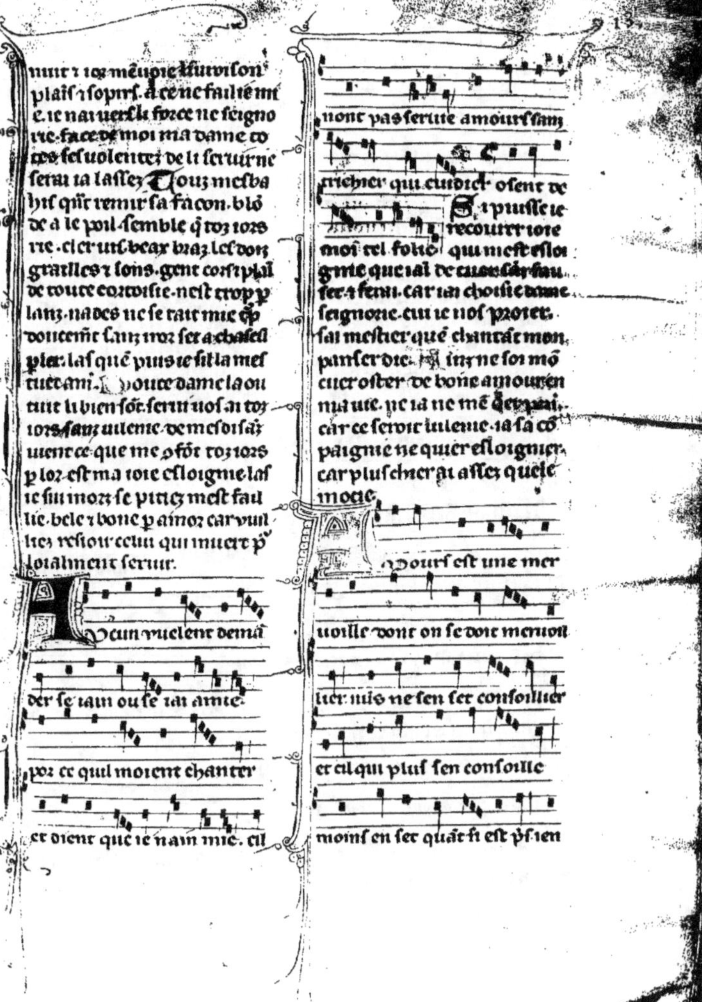

nuit z tor memoire lauuison
plais z sopirs. a ce ne faille mi
e. ie nai uerfli force ne seigno
rie. face de moi ma dame co
tos ses uolentez. de li seruir ne
serai ia lasse. Touz mesba
his qui remir sa facon. blo
de a le poil semble q tozios
rie. clercurs bear bras les dois
grailles z lons. gent corsz pl..
de toute cortoisie. nest trop p
lanz. na des ne se tait mie q
doucemet lous tioz ser a chascd
plet. las que puis ie sit la mes
tut et ami. Douce dame la ou
tut li bien sot serui uos ai tos
iors. sauz uilenie de mesdisaz
uent ce que me por tozios
p loz est ma ioie esloigne las
ie sui mozs se pitiez mest fau
lie. bele z bone p amor caruul
liez resiour celui qui uuiert p
loialmet seruir.

ecun uuelent dema

der se iai ou se iai amie

por ce quil moient chanter

et dient que ie naim mie. cil

uont passerue amours sanz

richier qui cuidiet osent de
moi tel folie qui mest esloi
gnie que iai de cuer car sau
fer z serui. car ian choisie dame
seignorie. cui ie uos protec
sai mestier que chantar mon
panser die. in ne soi mo
cuer oster de bone amour en
nui uie. ne ia ne me dez...ai
car ce seruir uilenie. ia la co
paignie ne quier esloignier
car plus cher ai asses quele
moie.

ourf est une mer

uoille dont on se doit meruoil

lier nus ne sen set consoillier

et cil qui plus sen consoille

moins en set quar fi est pf ien

cuidai auoir apris tant con nus
en puet aprendre ⁊ si ne men
en sopir so
uent et uoille
sai deffendre car amors me
font uoillier paser rage uoil
lier et qnt le plus magenoil
le deuant la bele au cler uis
lors me muir cemest auis car
iene sai raison rendre dont
elle me uuille entendre
mis quelx est li mieuz
uaillanz ou cil qui gist tote
la nuit auec samie a grant
desduit ⁊ sanz faire touz ses
talanz ou cil qui tost meut
⁊ tost prent et qnt il a fait si
sen fuit ne bee pas au reuenr
nair amrz queur la flor et
mie re q
mes cuerl sent
laist le fruit vos dirai mes
ne uos emir dou faire uie
nent li geu tuit car cil qui
tost uient ⁊ tost prent pur se
puet legierement car tuich au
tre geu sont uuic sil nou fair
apres ou deuant vos ualit
mieuz li faire ce cuit Amis
mieuz uaut li deporter sa li
ueours li sentirs li bai sers
⁊ li acolers ⁊ li parlers et lue
nirs quil tost faire ⁊ plus
aler sau faire nest li gius loi
sirs car trop douz li demo
rers ⁊ trop est griez li depart
Dtans vgoust q fuil
le de boscher chier ⁊ matist a
petit de uenrec flourf na dit
ree uerdure est passee remaie
chant doisel blanche ialee a la

matinee sa pere ou pradel. ·ꝛ·
Et donc montai sor mõ cheual morel. si men entrai tout
le fonz dun vaucel. gii trassi
blee danfanz ai trouce deios
ce vn ormel. la reposec ont
enqui iuure deles le pradel.
Nia celui nait flaciustre ou
frestel. tuit en iront es noue
faint marcel. robins pince
sa teste a uiure quila de nouel
pype achetce. fi sera tonce sil
puet a grit truel. Cla dit
luyns uo q̃ ottres mal robit.
la mautes fleustre ne frestel.
mais blanche espee. ma cue
cloce. blanz ganz ut chapel.
au fil aubree sil moine ponce. en ferez .i. cembel. Cla dit
robins nos ottres mal hinel.
ou fil aubree a mour beau
damoisel. su li a gree et ele a
lui bec soffrez loz auel. quia
mors deuice desirre mel-
lee. hutin et trumel. buffe
colee. ioee. a dentee. tel sunt
loz auel.

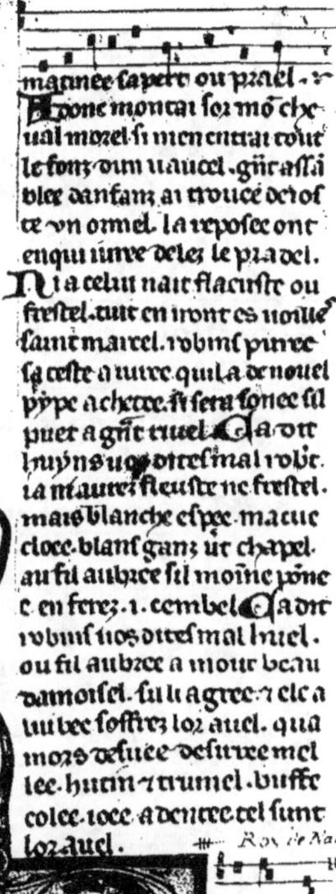

Nuis ne doit amors trahir sel
nest garcons ou ribauz et sil
voit pson plaisir la ne quier
dont bas ne haut. ainz vueil
quele me truit baut. saz chan
gier et sanz faillir se ie puis a
consuir le cerf qui tant puet
fuir. nuis mert voianz q̃ tluc
bault. Ii cers est auenturous
car il est blãs qme noif. et si a
les crins andous. plus soiz que
ors esperoit. li cerfest en vn
deschois. a entrer mlt pillous.
car il est garder de louf. ce sõt

et tel sēblant uienēt de deceuā
ce. asses trueue on qui set faire
semblance. de bié ans saint gīt
dolour soffir. mais fins amis ne
puet son mal couir qil ne die ce
dont au cuer li uient p langois
se dou mal qil sostient. Clers
ie uoi bien que hast uos uoles
et bien est droiz que clers ait
abstinence. mais seruoiez au
tant con dit auez n ou diroie
por qanquil a en fiice. car estre
lon est deuant li en presence a
donc uienent trebler t gief so
pir. t li cuers fait q doit la bou
che ourir. nest pas amis qui
sa uaine ne cirent. car la cre
mours de la gīt dolor uient.
Par deu sire pou seres ce mest
uis la gīt dolour le mal et le
ioisse que nuit t ior trait fis
le car amis. ne sauez pas onit
amors uistise. ce q suen ester
en la omaoise. ie sai de uoir
que se le seussiez. ia dou dire
ne me reprcisliez. car por ce
fait amors ami doloir qui de
son mal regeisle ie non Cler
ie uoi bien q tant estes apris
que la corone est bien en uos
assise. qīt dou proier p estes
si hartiz. ce fait li miax des rois
qui uos atise. icelr amours
nest pas ou cuer assise. dites
li tost qīc si uos angoissiez.

dou tost laies ou uos tost la lais
siez qūe bien puet on a uoz dir
preuoir qūllors uoler changier
uirē uoloir. Par deu sire iain
de cuer sanz faintise. mais uos
guilez amors. por ce cuidier q ie
soie au linequies tost changiez
con uos estes qui mis a nō cha
loir auez amors t ces de son po
oir Clers puis quaint auez
tel guerre prise. t uos de rien
mon consoil ne prisiez. criez ni
ci mains ioītes a ses piez t li
pites cor qūque uos uoudroiz. R. de Nauarre
                                    N. R.

B audoyn il

lume dui amant qui aiment

de cuer sanz trichier une pu

cele de iouenr li quelr la doit

mieuz destraignier. li uns lai

me por ses ualors t por sa cor

tosie aussi. li autres la fme p

amours por la grant beaute
...re sachiez cer
tainnement que
qu'est en li. celui doit tenir pl'
chier qui por son bon enseig
nement l'aime de leal cuer en
tier. car cortoisie 7 granz honors
plaisent plus a leal ami que be
autez ne frische colors ou il
n'a pitie ne merci. Gaudoin
la tres grant beautez a valor
et mainte vtu. sele disoit granz
mestrez. onques si cortois mor
ne fu. granz beautez fait cuer
forssener plus qu'nule autre
rien vivant. ne nus ne puet
son cuer doner se la beautez
ni est avant. ...re sachiez
de verite. beautez a tout son
non pou. puis que valors a
esleue a dame son non retenu.
car cortoisie fait loer dame 7
bear a cointement 7 toz jors
en bon pris moriter. ce dont
beautez ne fait noiant. Bau
doyn assez truevue l'en vielles
plus laides que nus chiens
qui ont cortoisie 7 granz sens.
mais au couch ne valent riens
si l'a fait or si bon ami por ce que
bel vos plera. la bele ne puet
mal pler. ainz est bon qu'ngle
vira. ...re ce ne dirai oiant

qu'a vielle soit. ne ja siiens
ne serai. mais si con l'entent
blani me volez les granz biens
que bele dame set moutrer qui
cortoisie et bon p's a. mieuz de
uitrez celui blami qui por beau
te valour laira. Baudoyn.
soul dun douz resgart 7 dun
ris qu'il le me fera la bele que
je non non nommer vaut qu'nq
la laide dona. ...re li intenf
cuers reunier de cele qu'il a 7
valors la fait emprisoner cui
cortoisie li dona.

Biaus m'est estez quant
retentist la bruille que li oisel
chantent per le boschage 7 l'erbe
vert de rosee se moille q' respla
dir la fait les le rivage de lone
amour vuil que mescuers sel
voille que nus fors moi na

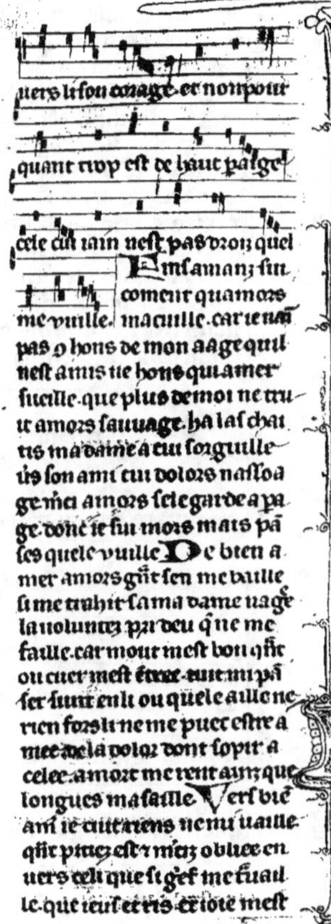

quers li son coraige. et nompout

quant trop est de haut paraige

cele cui tain nest pas droit quel

Em samanz sui
comenr quamors
me vuille. maruille. car ie nui
pas o hons de mon aage quil
nest amis ne bons quiamer
sueille. que plus demoi ne tru
it amors sauuage. ha las chai
tis ma dame a cui sorguille
us son ami cui dolors nasloa
ge mei amors se le garde a pa
ge donc ie sui mors mais par
ces quele vuille De bien a
mer amors qui sen me baille
si me trahit sa ma dame nage
la uolunter par deu q ne me
faille. car mour mest bon qfit
ou cuer mest etree sut mi pa
ser sunt en li ou quele aille ne
rien forsli ne me puet estre a
mee dela dolor dont sopir a
celee. amort me rent ainz que
longues ma faille Vers bie
ami ie cuit riens ne mi uaille
qfir priter est r mier obliee en
uers celi que si gief me truail
le. que teul et ris er ioie mest

uace. he las chatis si dure desse
uraille de ioie pr. r la dolors ma
gire donc ie sopir coient a celee
si me rest bien coint quamors
mesraille En mon fin cuer
me uient a grant muoille qui
demoi uief. r si me vyet ocite
fiers est li cuers quen si haut
lieu mauaille. donc ma dolor
ne saurpie pas dire. ensinc sui
mon. lamours ne mi consoille
car onques noi plu fors poine
et ire. mais mesure est si ne
los escondire. amer mestuer
puis quil si apoille M mie
nuit une dolors mesuoille que
lendemain me tole ioer et rire
qua droit consoil ma dit dedar
loroille que tain celi pour cui
muir a marure. si fais ie uoir
mes el nest pas froille us son
ami qui de samour cosire. de li
amer ne me doi esdoire. nou
pms noier mes cuer si apoil
le Gui de pontiaux. as cor
ne sei que dire. li der damors
malement nos consoille.

Boutax de
dirgi.

Se tot puet amors

guerredoner les max quele

ma fait sentir. mainte loñe tor

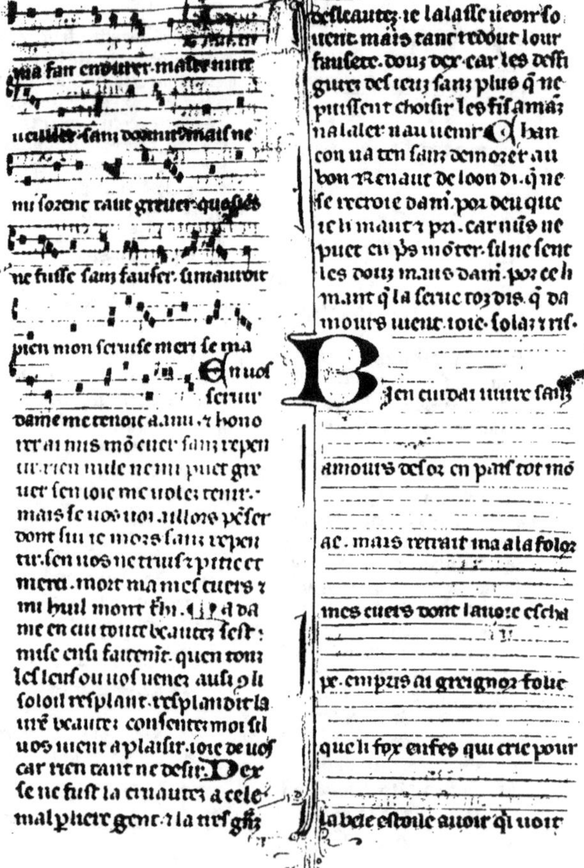

ma fait endurer. mais ne uit
uoillies sans dounr. mais ne
mi sorent taut greuer quasses
ne fusse sanz fauser. si mauuoit
pleu mon seruise mieri se ma
dame me tenoir a.mi. et bono
rer ai mis mô euer sanz repen
tir. rien nule ne mi puet gre
uer. sen ioie me uoles remir.
mais se uos uoi. aillors peser
dont sui ie mors sanz repen
tir. sen uos ne truis pitie et
merci. mort ma mes cuers et
mi buil mont fin. Et da
me en cui toute beautes fest
mise ensi faitemir. quen tout
les leus ou uos uenes aussi li
soloil resplant. resplandoit la
ure beautes. consentes moi si
uos uient a plaisir. ioie de uos
car rien tant ne desir. Der
se ne fust la cruautes a cele
mal plucir gent. et la urs gfz

de beautes. ie la lasse ueoir so
uient. mais tant redoue lour
fausete. douz der. car les desfi
gures des ieuz sanz plus q ne
puissent choisir les fis amaz
na laler. n au uenir. Chan
con ua ten sanz demorer au
bon Renaut de loon di. q ne
se recroie dami. por deu que
ie li manur pri. car nus ne
puet en pis moter. sil ne sent
les douz maus dami. por ce li
mant q la serue toz dis. q da
mours uient. ioie. solaz et ris.

Bien cuidai uiure sanz

amours desor en pais tot mô

ac. mais retrait ma a la folor

mes cuers dont lauoie eschai

pe. empris ai grignor folie

que li fox enfes qui crie pour

La uete estoile auoir q uoit

Coment
...que me des
...leoir. espoir bien
ma amors guerredone ce que
ie lat a mon pooir seruie sanz
desleaute que roi me fait de fo
lie. si se gart bien qui si fie. de
si haut merite d'uoir. mais ne
puis mo cuer mouoir. N'est
meruoille se ie m'ahir uers a
mors qui tant ma greue. ber
cor la peusse tenir. i. soul roi a
ma uolente. el comparroit sa
folie. si me face der a hie a mo
rir la couendroit se ma dame
ne uientquore. H'ai. fils euers
que tant conoit. ne baez a ma
folete. bien sai que uos amer
nai droit sa mors ne mi eust
done. mais desforcier fait fo
lie. si con fait nois que uenz
guie. qui ua la ou il l'emport
si que toute esmie er fraint
Ma dame ou nuls biens ne
se faint merti por franchise er
por gre. puis que uos sui tuit
mal estamr. i tuit bie uif. i a
lume. conoissiez donc la folu
e me uient qui me tolt la uie
e. qua rien nos faire clamot
sa uos non de ma uolox. O han
con ma bele folie me salue
et si li prie que por deu i por
s'onour nait ta his de traitot
que bien seuent li plaisor que

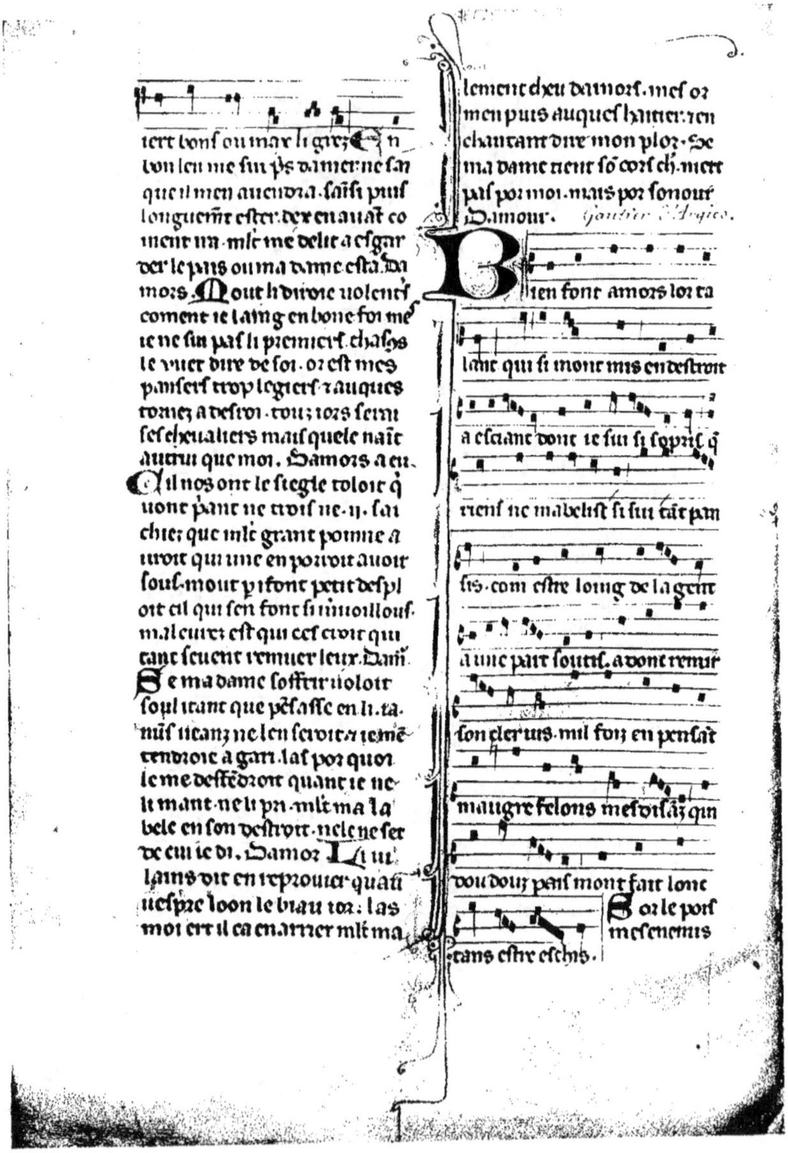
iert bons ou mar li giet. En
bon len me sui ps damer: ne sai
que il men auendra. sai si puis
longuement ester. Dex en auant co
ment ira. mlt me delit a esgar
der le pais ou ma dame esta. Da
mors. Mout li dirole uolentiers
coment ie laing en bone foi me
ie ne sui pas li premiers. chascuns
le viuet dire de soi. or est mes
pansers trop legiers. Et auques
tornez a desroi. tout iors seront
ses cheualiers mais quele nait
autrui que moi. Damors a eu.
Cil nos ont le siegle toloit q
uont parlant ne trois ne. ij. sai
chiez que mlt grant poinne a
uroit qui une en poroit auoir
sous. mout y font petit desp
oit cil qui sen font si ianoillous.
maleurez est qui ces croit qui
tant seuent remuer leur. Dam.
Se ma dame soffrir uoloit
soul itant que pensasse en li. tā
mais itant ne len seroit et ie me
tendroie a gari. las por quoi
le me deffendroit quant ie ne
li mant ne li pri. mlt ma la
bele en son destroit. ne le ne ser
de cui ie di. Damor. Li ui
lains dit en reprouier quant
uespre loon le biau ior. las
moi ert il ca en arrier mlt ma
lement chieu damors. mes or
men puis auques haitier. et en
chantant dire mon plor. Se
ma dame tient son cors chier et
pas por moi. mais por sonour
Damour.
Gautier d'Argies.
Bien font amors lor ta
lant qui si mont mis en destroit
a escient dont ie sui si sorpris q
riens ne mabelist si sui tant pen
sis. com estre loing de la gent
a une part soutis. a dont remir
son cler uis. mil foiz en pensant
maugre felons mesdisanz qui
dou douz penser mont fait lonc
tans estre eschis.
Sor le pors
me senemis

fui iolanz quar te regart son cler
uis amorous ziiant. mon cuer
a lie i pris si finement. q tout
le mont sui enclins frans i hu
miliauz. der tant sunt li mal
plaisant dont te sui espis. se can
ois con te sui uis. i son beau sen
blant enauoie amon uiuant.
Dex forfait feroie grit sauoi
e quif ne son fin mal ne son gan.
a dame de si haut pris. mais se
der mauancoir tant qi fust p
mis plus en seroie iolanz que
restre en plois. q rose ne floif
de lis a li ne se prent. i de son a
faitement portroient bien auf
dix uiuie a honor ce meit uis.
Et se te soffre por li mal ne cor
ment de rien ne me esbahi. q
pris lai longuemit. et te g fins
amis sui si desiranz. ma dame
laura conquis blasme de la
gent. et diront q cruelnir mati
ocis conques rien ne li forfisna
mon uiuat nen traiiai. autre
gairut. Ma dame est si conoif
sanz sauoir enquis con te la ser
leaument til ne men seroir pis.
mes felon mi uont nuisant q
ont empris mo mortel destrui
ement. ainz seroie eclateu que
pchehement ne qisse negeme
de cel qui mont quif p quoi de
li sui faidiz. Dame de tant
meslois que fai ueraiemit qou

mieux dou mont sanz corens
sest mes cuers assis maugre to
mes enemis.

Quenes de
Bethune

uaillanz et si en puis faire uouz
uentance. que ie fail plus por deu
que nuls amanz. si en fin mour
endroit larme ioianz. mais iai
dou cors.7 pitie et pesance. ::~
Ne ia pour nul desirrier ne re
mambrau auerques cest tiranz q̄
sont croisie a loier por don'clers
et bonois 7 serianz. plus en croit
sa couoitie que crainee.7 q̄it la
crviz nen puet estre garniz a telx
croisiez sera der moue sostianz.
se ne seu uengt a pou de demo
rance On se doit bien essorcier
de deu seruir.iani soit li talaz en
la char uemar 7 plaissier.qui
de pechier est adef desiruiz.adõe
uoit der la double penitece.ha
las se mis se doit sauuer dolaz.
done doit estre li meritef moue
grf.car si dolaiz meisne se part
de fiiee Qui les barõs epniez
sert sanz cur.ia tant n.iuiu ser
ui quil loz en preigne pitiez.por
ce doit on deu siur 7 amer.que ie

di quil ni content ne cur ne che
ance. mais qui mieuz sert 7 mieuz
li est meri. car pleust deu q̄ mors
feist ausi. enuers touz ces qui en
li ont fiance. D abait li bers q̄
est de tel semblance cõ li oiseax
qui cõchie son ni. pou en ia nait
son regne hom. por tãt quil ait
lor ses homes poissãce. Or ai
ie dit des barons ma soũblãce
se lor en poise de ce que ie le di.
si sen preignent a mõ maistre
doili qui m. a apris a chanté de sen
fance.

Li Cuens de Bretaigne.

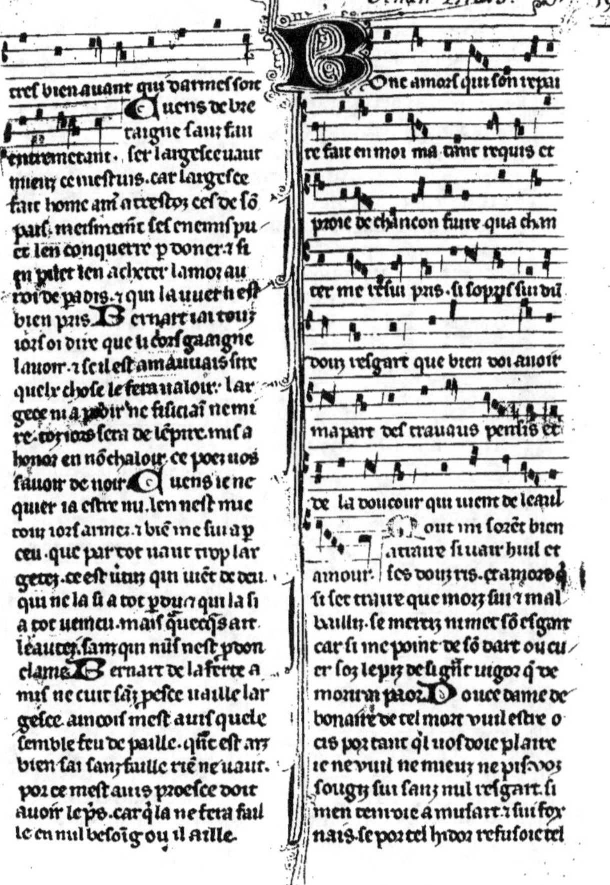

tres bien auant qui darmes soit
Quens de bre
taigne sanz faill
entremetant . fer largesce uaut
mieuz ce mest uis . car largesce
fait home ami a trestoz ces de so
pais . mesmement ses enemis pu
et len conquerre p doner . et si
en puet len acheter lamor au
roi de paris . et qui lauuer ti est
bien pris Bernart iai touz
iors oi dire que li cors gaaigne
lanor . et se il est amauuais stre
quelx chose le fera ualoir . lar
gece ni a pooir ne suffiai nemi
re . couoious sera de lespire . mis a
honor en no chalour . ce poez uos
sauoir de uoir Quens ie ne
quier ia estre nu . len nest mie
touz iors armez . et bie me sui a p
ceu . que par tot uaut trop lar
getez . ce est uirtuz qui uiet de deu
qui ne la fu a tot pouer qui la fi
a tot ueincu . mais q uecestsait
leautez . sanz qui nus nest pdon
clame Bernart de la serte a
mis ne cuir saiz pesce uaille lar
gesce aincois mest auis quele
semble feu de paille . qui est ar
bien fai sanz faille rie ne uaut .
por ce mest auis proesce doit
auoir le pio . car q la ne feia fail
le en nul besoig ou il aille .

Bone amors qui son repai
re fait en moi ma uint requis et
proie de chancon faire quia cha
cer me resui pris . si soppns sun du
douz resgart que bien uoi auoir
ma part des trauaus penus et
de la doucour qui uient de leaul
Mout mi soret bien
amaire si uair huil et
amour . ses douz ris . cramoro q
si fer traire que morz sui i mal
bailliz se meiriz ni mer so esgart
car si me point de so dart ou cu
er soz lepiz de li gist uigoz q ue
monra paor Douce dame de
bonaire de tel mort uuil estre o
cis por tant q l uos doie plaire
ie ne uuil ne mieuz ne pis uos
sougiz sui sanz nul resgart . si
men remoie a musart . et sui foy
nais . se por tel hidor refusoie tel

Girardins des Boulongne
honor Ne me puet a cest afai
re afaire amors greu ien sui fis
car li mal r li contire me sit so
laz et deliz quant son uis remir
moi est tart de moi traire cele
part qst la uoi si pus sui pen
sant damors deuant li muast
colour Ainz ne li osai retre
con bien te li sui amis tat enen
et dout le mesfaire ne ie ne sui
st hardiz quesconodz me fait
si coart amors ourez de nost
art tant que tate couqs mei
n cest tor garitai de ma dolor
One amors ma en so
seruise mis cest bien raisons
que pluzioliz en loie et pour
ce mest de chanter talanz pris
quesleescier plus bel ne me sa
uroie si pn celi a cui mes cuers
souruoie de ce que laing ne
me vuille blasmer car pour
trauail ne por poine endurer
uuere ie ia pe samor departir
sen est obliez chanters
qen nul na solaz ne ioie ne
cuers dome nest mes clers ie
ne sai qui le desuoie ie chant
qui plorer deuroie qua touz
mescheanz sui pers r sui dou
mont li nompers quat iamg
Dameu maus re
ce qui me gueruoie tusers o
cest amanz et estiroie croiuaut
miciz li giniers qui cofoite

toute uoie. que sans amis sera
uoie p les douz plaisanz plers
q pis uaut desesperrl quaue
chose que gi uoie D eseespe
rers est mauuais et pillous
fait entendre en amors. car si
grief fais ne puet nus doner ne
uendre se merciz ne uinet desce
dre en li ie dirai apres le gros
mor tel que iamais niert qui
oust amors emprendre A mor
est con riches hons au griz cru
autrez cors sorce qui na pitie ne
raison de ce dont est au desore.
aincois li carde q demore quil
ait faite mesprison. orguex fre
res trahison oast amanz q a core.
D aine mes cors uol a orer mes
cuers est en prison en une belle
maison ou il na qui le secorre.

B el auantaige a de chan
ter qui ioie a ou qui la tent. mais
ie ne puis en moi trouer rien
dont ien aie talant. fors tant sou
lement que ie sai si bien amer q

si leaument quil nest nus hons
uiurement qui men peust rese
uier. ne endurer les maus que
C est graut miuoille
a porpanser comet on
ie sent. puet loguemet uiure
sanz soi desespeir. qui on conoist
q entent con sert por neant. ie
ne quier ia eschiuer ce q droiz
uessent. mais se li cuer ne me
sene p force de desirier ne puis
uiuer ainsi. nautremet B ien
me sorent mi huil mei a ma
mort cortuisenir. le ior que mo
serene mostrer p lor nice harde
mt le tres bel cors get. q le douz
uiaire cler qui mart q espriet si
que ie mesloing souat et fui
por moi saoler de sopiver e sus
de la gent.

B ien mest dou raus des
te qui renuerdoie que uit fit
ueir bois q prey q boisson. mais

nest pas ce qui a chant maior

e. qi sai asses plus iolie achoiso.

cest ma dame donc nos nonper

le non. en au seruir tot mon

pooir emploie. A tort moeit
car si me doint
de guerredon. uer ioie. ie nai
panser. ne desir sa li non. z qit
plus set qua son plesir mousie
plus se poine denforcier. ma p
son uer ia nen quier uenir a ia
encon. ne uuille uer que deluis
en sore. car ie ne puis issir sas
traiso. a raison uera comit
la feroie uers ma dame au iai
fait de moi uo. ie sui si suens q
chascun ior menuoie sas relas
cuier ma droite linroison. sai
son desir a si large forson. q se
vil soul le croissoit ie morroie
adonc sauroit assein uisque
son. Il nest nul tans que
pansant ne la uoie. nes en dor
mant remui ie sa faco sa cru

aute; me confont et desuoie
er ne me lait cuidier ma gari
son. z no porqit iadis fu ce dit
on. yuains li prouz q oqist
toute uoie que p seruir ot
honour dou lion. trop est
cruelx qui son home guerroi
e qit cuer z cors met en son a
bandon. tel criauter trop a e
uis feroie. q si me doit amors
faire son bon. se lauoie tot le
sen salemon. en li fuir trestot
leploieroie. sauoir se ses por
roit uoiaer raiso.

B en doi chanter qit dire

le me doigne ma dame a cui ie

me doing ligemene. si chanteras

coment quil me aueigne car ie

tuler nos son comandement.

pieterai li a len comencemt. de

ma chancon qua ami me retig

despit ne le preigne. despit ne
uos ueigne se uos auez mõ cuer
entierement se ie sui bas ⁊ uos
estes hauteigne sruirai uos to-
tors plus humlemĩr urē beau
tez urē contenenſe urē ualor
a uos amer meseigne ⁊ quant
ien ai si bon enseignemĩt mieuz
vuil morir q damer me refrai
gne. Sanz refraindre est bie
droiz que ie maiteigne lamor
q ma sopris si durement nest iorſ
ne nuiz quades ne me destreig
ne. si en morrai ne puet estre
autremĩt car poie ni uoi demõ
alegement ie nou di pas por
ce que ie men pleigne la mor
soffrir vuil debonairement si ma
uiui mort lamoillor de borgoig
ne. Nest droiz que nula hau
te amor ateigne qui toz mes
chiez ne soffre bonenſe car sof
france leaul cuer dami moine
a sa ioie a son aua cenſe qſſe p
soffrir uient on outreemēt a
son uolou: nest droiz qn moi
remaigne ains soffreiai mõ

mal. ⁊ mõ tormit tãt q de moi
pitiez ma dame preigne. Dou
ce dame de pitie nos souueigne
si atendrai mõ seuremt se nuſ
la doit auoir de sa cõpaigne por
biē amī. ne seruir leaumt. sen
uos ne truis confort ꝑchēinemt
de ma dolor ne sai ou me cõple
gne. qͥ mourſ moeſt si outraiou
senſt con pluſ ⁊ pariſ plus mest
ioie lointeigne.

Dame ie uos en mei bien uoi
nen puis eschap. a mais ioi tel
ie uos pri q[ue] faciez. uoz uolentez
de moi. 7 il iert mes grez. 7 me
ueripra a plesir. sanz p[ar]tir uos
seruirai mon de[s].

de deuise tant en la g[ra]nt pla[n]
te En moi na pas atenan
ce que ie puisse aillors pāser
fors que la ou conoissāce. ne
mia ne puis t[r]uer. bie[n] sui fāz
por li amer. car ne me[n] puis
saoler. 7 qīt auiai cheāce pl[us]
ine couendra douter. D mie
rien sui en dotāce que ne me[n]
puis plus celer qīn li nait. 1.
por denfance ce me fait des
conforte. car sānz moi a bō pā
ser ne lose ele demostrer se fe
ist qua sa semblance le poisse
deuin. D es que ie li fis p[r]iere
et la p[r]is a esgarder me fist amī
la lumiere des ieuz p[ar] le cuer en
trier. cist conduiz me fait g[r]uer
done ie ne me sai garder. nil
ne puet tornarrir li cuers miez
uoudroit creuer. D ame a uos
mest uer clam[er] 7 que merci uos
requier dex mi doit mei trouer.

Douce dame sanz amors fui
radis. quant ie choisi ure gente facon. i qnt ie ui ure tres biau cler uis. si me rapnst mes
cuers autre raison de uos cam'
me semont ribdtise. a uos en
est aure coma dise. li cors remaint qui sent felon toise. se
ne aues merci de ure gre. La
douz maus dont ia tent ioie
mor si grieue. mors sui sele im-
…. Pour a amors grant
force z grant pooir qui sanz
raisō fait choisir a son gre. saz

raison dex ie ne di pas sauoir.
car a mes eux en sormes cuers
bon gre. qui choisirent si tres bele semblance dont iames ior ne
feron desseurance. anz soffretai
por li grief penitence tant que pitiez et merciz leu prendra. ou iu
nos qui mon cuer emble ma. li
douz ne li bel huil que le a.
Douce dame sil uos plesoit. q
soit ierturi cz plus des ore don ieu
euoriques tristanz quroi fist son
poose hen por auoir null toi de
son ae. la moie est tornee a pesa
ce. h euon sanz cuer de uos fait gri-
ueniance cele qui nsti naure saz
desfiance. z nō por qrr ie ne la lai
rut ia. len doit bien bele dame a
mer z samor garder qui laura.
Dame por uos uuil aler foloi-
ant. que ie en ai mes maus ti ma
uolor. que p les maus ma grant
ioie en acceut. q ien aimis se deu
plait aucun ior. amors merci
ne soiez obliee. sor me faillies
ciert riuli raisons doublee. i mes
grit maus por uos si fort mage-
ne me metez loguemt en obli-
se la bele nea de moi mei. ie ne
uitrai mie lonc temps ensi. la
gri biaute z qui mespnt ragre-
e qui sor toutes est la plus desirree. ma si lacie mō cuer en sa prison der ie ne pant ia li nō. amoi
q ne panse ele donc.

beautez. et son grãt sen. ꞇ sa bele
acointance. questre sires de tot
le mont clamez. La naurai ꞇ
bien tou sai aesciant. quanors
mechet ꞇ ma dame moblie. sest
il raisons qui aani entent. quil
ne dout mort ne poinne ne fo
lie. puis que me sui a ma dame
ponez. amors le vuet. et qͥl il est
ses griez. ou ie morrai ou ie raui
mannie. ou ma uie mertrue ma
santez. Li fenir quiert la bu
che ꞇ le sarment. en quoi il sart
ꞇ giete fors de uie. ausi quͥ ie
ma mort ꞇ mõ tormẽ quͥ ie la
ui se pitiez ne mahie. der tant
me fu li recoirs sauorez. dont ia
mal puis ꞇ mͥmꞑ maus cõurez
li souenirs me fait morir den
uie. ꞇ li desirs ꞇ li grͣs uolentez.
Mout est amors demuoillor
pooir. qui bien ꞇ mal fait tãt q
li agree. moi fait ele trop lon
guemẽt doloir. raisõ me dit que
ieu oust ma penfee. mais iaꞇ
cuer amicer ne fu trouez. tou
iorz me dit amez. amez. amez.
nautre raisõ niert ia par lui
mostree. ꞇ namerai nẽ puis estre
tornez. Dame moi qui toz les
uiens sauez. toutes ualors ꞇ to
tes grͣꞑ bontez. sit plus en uof
quen dame qui soit nee. secor
tez moi q faire le poez. Chan
con phelippe a mon ami correz

piuf q̃l sest dedanz la cort bou-
cez. bien est samors en hayne cor-
nee. a poine iert mais de bele dame amez.   R. de Navarre.
Comencerai a faire un
lai de la meillour. formet mesmai
que trop y ai fait de dolour tre-
mi claint corpbit en plour. miere uirge sauoree se uos faites
demoree de proier le haut seignor. bien doi auoir grt. paour
dou deauble dou felon qui en-
la noue prison nos vuet mener. dont nuf ne puet eschaper.
et iai forfait douce dame a perdre le cors. 7 lame se ne maidiez.
vouz dex aiez merci de mes uiez
pechiez. ou sera merci trouee se
est de uos refusee qui est uallez.
sire droiture obliez 7 desbendez
uostre corde. 7 uesque misericor-
de por nos aidier. nos nauons
de droit mestier. quant sor toz
estes puissanz bien deuez de uoz
seriam auoir merci. beau douz
sire ie uol pri. ne nos metez

en obli. se pities ne uient uenta
ce done serons nos saz doutance
trop malmenes dame ploine de
bontes. nostre doiz mor sauo
rez ne soient pas oblies. pies
por nos .ames ne serons tel
cous se ne le symes puous de
uoir le sai. ci laisserai. z dex
uos doint sanz delai amour son
secors uerai.
Deus ie uos part. uieu
p ahautie. z si men met sor uo
stre iugement. dui cheualier
aiment chascuns sanie liuns
des dous aime mout leaument
z li autres guile mout hautee
ment. li quelx trait pis se dex
uos beneye ou leaux hons ou
al qui triche aiment z de cost
dites men done sire to coren
droit z si prenez lun des dous
maintenant z iaurai lautre
prie et respondrai auenant
selonc uoz diz en chantant.
R. de Nauarre
C. N.

23

Messire guiz mit me sire la
ptie. mais dou meillor vos dirai mon semblant q leautemier
la de moi ptie. encor la bei maintenir mon uiuant. li desleax ne
bien ne mal ne set. endormiz est
en sa uil techerie si ne li chaut li
quelx chief uorst deuant tort ou
droit. qist il decoit celui qui tot
metroit 7 euer 7 cors en son comandement. dahait ait qui pl°
si fie qui bien a 7 bien atent tana-
ura son cuer dolant. Quens
te sai bien auquels ure pansee.
ne sauez mie damors ausq voloir. toutes dolors sont us celi
roisee dame qui aime 7 ne puet
ioie auoir. 7 ie pri deu q luos face sauoir quel mal ai sent qui
aime a recelee. Adonc primes
saurez uos bien de uoit. ce mest
uis q mout est ps cil qui aime
7 trait pis. que li autres q guile 7 qui decoit. 7 a toute honor
quitee en droit moi por nul a-
uoir ne vuil auoir tel uoloir.
Messire guiz touz iors tert
honoree la bone amor la ou
ele est por uoir. mon trait de
mal qui toute a sa pansee en
la ioie dont mueuer tuit sauoir. la fole gent ni puent remenoir. ainz dit chascuns q
trop atent qui bec. ficamerres
doit touz iors maintenir so cuer

uis. 7 son douz ris. qui li est paradis. si ne se doit pas puis de
li uoloir dont a ceuo ioie honoree qui si fait a peceuoir. tuit lo
uoulent mal uoloir. El qui lon
prt quil en diele uoir. qui a tort
de la meslee. ne qui sen doie pl
uoloir. die le por pes auoir.
Sor dan preon me mer a son
uoloir. qui dou uis resemble
espee qui nos face remenoir
xuoir die a son pooir.

Chanter me fait ce dont
ie crien morir leaul amour et
douce desirree. si me merueil
coment puet auenir que ma
mort est la riens quai plus
amee. tant ai doucour en mo
mal maintenir que pis me fait
amors 7 plus magree. voi vnu

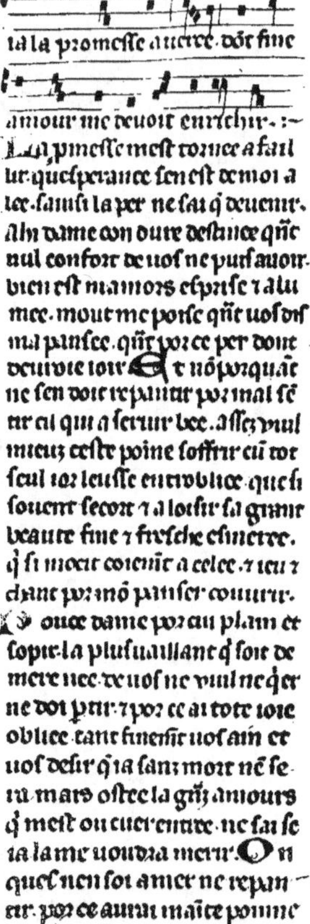

La pmesse mest tornee afail
lir.quesperance senest demoi a
lee.sainsi la per ne sai q deuenir.
Ahi dame con dure destance qñc
nul confort de uos ne puis auoir.
bien est mamors esprise ralu
mee.mout me poise qñt uos dis
mal pinsee.qñt por ce per dont
deuiuie soir E r nosporquāt
ne sen doit repantir por mal se
tir cil qui a seruir bee.assez puil
mieuz cestr poine soffrir cū tor
seul tor leusse entroublice que si
souent secor r a loisir sa grant
beaute fine r fresche esmeree.
q si moeit conenir a celee.r teu r
chant por mo pinser conuuir.
D ouce dame por au plain et
sopir la plus uaillant q soit de
mere nee.de uos ne puil ne q̈r
ne doi ptir.rpor ce ai tote ioie
obliee.tant fnessit uos ain et
uos desir q̈ ia sanz mort ne se
ra mars ostee la grā amours
q mest ou cuer entree.ne sai se
ia la me uoudra merir. O n
quel nen soi amer ne repan
tir.por ce aurai maitre poinne
endurce.q̈ iai .r .cuer a amor

maintenusfficr leauil bele da
me honoree.or doigue der qi
uos uoigne a plasir que tre
amors fine me soit donee.qn
la moillo: doit bie estir tioue
e la gūr pitier dont miarz doit
uenir. P ar deu noblet la mer
cir comparee uaut mieuz asser
r sest plus sauoree q dons qui
est donez sanz deffenir. P ar
deu giler dou mone la plus loe
e. enuerd celi est uilainc piree
cui iai doner mon cuer sanz
repantir. *Jaces Brulles*

Lahier

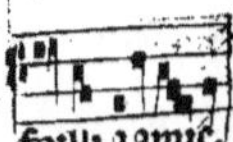

Sans plus bien grieter ce q(ue)
failli a amie. me deust aid(ier). cest
trop le aunsir amer q(ue) illors ne
me soi uengier. de(us) la me lait
oblier por estre hors de do(n)gier.
ne por quant bien doi trouuer folie q(ue) ie la quier. ha las folors
nest ce mie. A tort m(e) criez dolour q(ue) point nen deusse auoir.
mais cil q(u)i trichent amour et seruent por deceuoir. de tant m'a
fait dex honor donc ie li doi gre
sauoir. quainz ne fu hore de ior
q(ue) ne me feist doloir ma douce d(a)-
me enemie. Dame por le crea-
tour creez moi car ie di uoir. q(u)i
moi na tant de ualour q(ue) le uos
face sauoir. souent en sopir et
plour. mais ne le(n) doigne chalour. mieuz me uenist que doi(n)
c(o)ur faillist q(ue) la lai u coir et beautez et cortoisie. Ha las ie pri
a ieblant ce qui me fein mourir.
quamors naloit el querit mes
q(ue) me peust trahir. mal bailli
sunt li amant qu(en) sa mei puet
uenir. de moi ne roi nul seblan(t)
coment ie me(n) puisse issir se pitiez ne m'en deslie. Amours
uuet tout son talant de moi greuer a complir. g(r)ant mueille est q(ue)
iain tant esmai q(ue) mestuer soffrir. a li mouuoi et com a(n)t que
uien le me puet metre. hons

q(u)i aime en repentant ne sen
puet au lonz ior se dehur na-
grant alme. A guiot de ponax
mant que nus ne puet trop seruir por deu quil ne sesmait mie.
Gascoz define son chant qui
touz iors uuet maintenir bone a-
mour sanz trichet(i)e.

Chanter me plait que
de ioie est norriz. mais per effort
ne doit nuf chancon faire. puif
que solaz est de mon cuer p(ar)tiz
poine i couuient ainz quen li
puist retraire. mais cil qui mors
et talanz fait chanter de legier
puet bone chancon trouuer. ce
qui nuf hons ne feroit sanz amer.

De fine amour s'est mes cuers
estor. onques n'ama cil qui se
puet retraire. li guirons en for
plaintes et cirz quele ne uelet a
son seruise a faire. mais de ma
dame li doi ie meter. car nuit et
ior me fait a li panser. si ne me
puet de riens tant honorer Que
ie regart son cors z toi ses diz et
uoi son uis tor li cuers m'en es
claire. apres en sui destroiz zes
balm quant ie ne puis de grant
ioie a chief traire. z ie comant
que uois a li parler ne uos uo
loir quele le daint panser tant
me couuent ses ualors redouter.
Mes granz desirs nen doit estre
petiz. par ce men garde z raison
de mesfaire. si lamerai sanz pie
re escondit. que tant ne uail q
ie li doie plaire. der qui li uost
tant de ses biens doner q ie ne
los aseur esgarder ine doit io
ur de si haute desirrer. De ses
ualor ai en mon cuer escrit
tant z de celr que ie nen sai tr
traire. z quant auient que ie
sui endormiz solaz en ai tout
celui que doit plaire. mes cru
elment le mestuet comparer
au resuoillier qant ie ne puis
trouuer. ce quen dormant mes
tuet auisoner. Renouuelien
sui legiers a conforter. car se
ie muir por tel poine endurer

plus uault honors que mors ne
puet greuer. Thiebaut de Blazon.

Chanter z renuoisier
suel or mestuet plaindre z plo
rer quant ie pert ce quaimer
uuil riens ne mi puet conforter.
trop furent cruel mi huil qui
il loserent mostrer. ie plour z
sopir z duil car force mi fait
Ne dame de uirtu am
por deu preigne uos pi
amer. ne. ne le metez en obli
se deuos est esloignie. mes cuers
est pris pmi ure en est lime
moitie si est lautre ce mestuis.
ie sui irrez tout songies Bien
me puis apeecuoir que uoir est
ce que len dit. ce q a a son uoloir
len le prise mout petit. z ce q
ne puet auoir que le tient a
grant delit. amors le ma fait sa

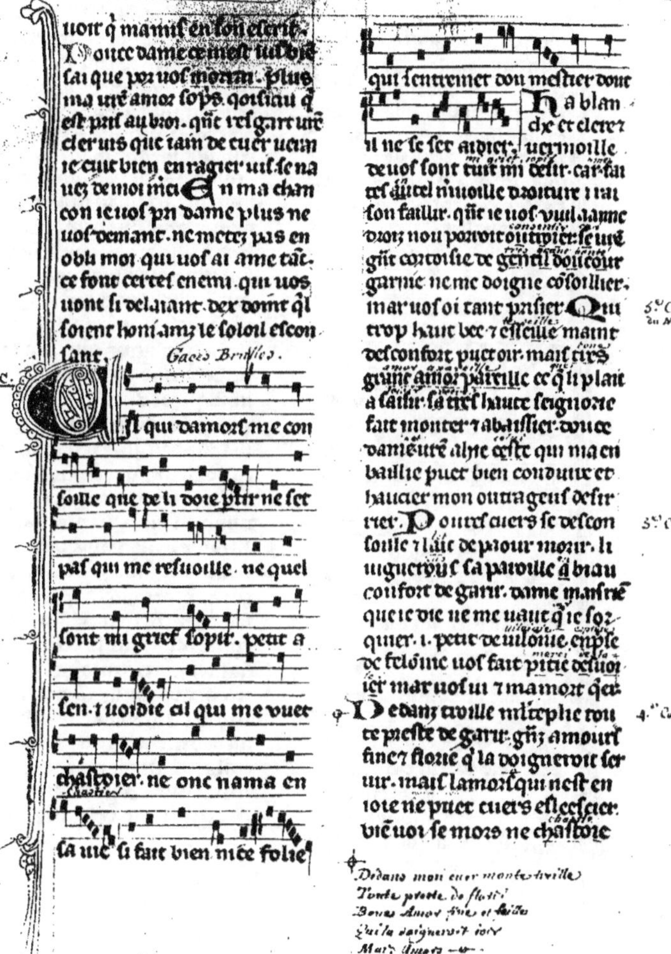

uoit q̃ mamis en son clerit.
Psource dame ce mest iudie
sai que por uos morrai. plus
ma uie amor sops. qoisiau q̃
est pris au bron. que resgart ure
cler uis que iain de cuer uerai
ie cuic bien enragier uil se na
uez de moi merci. En ma chan
con ie uos pri dame plus ne
uos demant. ne metez pas en
obli moi qui uos ai ame tãt.
ce sont certes enemi. qui uos
uont si delaiant. dex doint q̃l
soient honi amz le soloil escon
sant.   Gaces Brulles.

Cil qui damors me con
soille que de li doie pitir ne ser
pas qui me resuoille. ne quel
sont mi grief sopir. petit a
sen. ti uoidie cil qui me vuet
chastoier. ne onc nama en
sa uie si fait bien nice folie

qui sentremet dou mestier doue
Ha blan
che et clerez
il ne se ser aidiez. uermoille
de uos sont tuit mi desir. car fan
tes autel niuoille droiture i rai
son faillir. q̃ne ie uos vuil aame
droiz nou ponoit oultipier se ure
gñt cortoisie de gentil douscour
garnie ne me doigne cosoillier.
mar uos oi tant prisier Qui
trop haute bee 7 esseille maint
desconfort puet oir. mais cirs
grant amor pareille ce q̃ li plait
a saisir sa tres haute seignorie
fait monter 7 abaissier. douce
dame uertu alpe ceste qui ma en
baillie puet bien conduire et
hauter mon outrageus desir
rier. Pours auers se descon
soille 7 laie de priour morir. li
liguerous sa paroille a biau
confort de garir. dame maisre
que ie die ne me uaue q̃ ie sor
quier. i. petit de uiloine. emple
de felonie uos fait pitie desuoi
ier mar uos ui 7 ma mort quer
Dedanz triville mitrephe tou
te preste de garir. gñz amours
fine7 storie q̃ la doignerorit ser
uir. mais lamors qui nest en
iote ne puet cuers esteesesier.
vie uos se mors ne chastoie

...na uolenté mennemie ne puis
mon biau tort laissier ne mon
outrage changier. Biau lorés
felon denuie me furent loze et
loignier. maire douce compaigni
e ont a lor tort deptie amentir
7 a trichier. 7 riens ne se puet
uangier. O dm al cui amors
lie est cheoir en tel baillie q mil
né puet desfier se pine; ni uiet
aidier.

... de cruel au
... bon confort. et
puisamors q ie port me fait
plusque moi amer. 7 uos por
deu doit mibrer. que graalauer
doit on trouer merci. En pe
rillouse auenture mauez amoré
acome. quant por uos na de
moi cure cele a cui mauez do
ne. mors me sui p uraÿ gre mes
bonte raute; por uoir. se ne la
faites doloir. tant que encor
doint auoir de moi mia. La
miaz mest si obscure que ie
ne la puis ueoir. que tant de
sur sa fraiture. 7 sa meniere asa
uoir que ie auir au mien es
poir quentre biaute 7 merci
se sont desfable por mi qrst
en uos dame mai troue mici.
Giu pechiez est 7 grïs poine
damors fruir lautreinst si con
la fause gent vaine qui font
semblant saniz talant. et der
poz que lor consent qil seuent
si bien mëtir. 7 ie qui aï a mo
rir. ne sai q tant la desir. Mlé
fait lamours qui ulaine qui co
mence por faillir. q puisque
mors est greuaine qrst iluiet
au depter. mieuz ne puet ele
trahir. celui ou ele se prent.
roi en fait 7 puis neant. 7 ai
me q uos me rent merci.

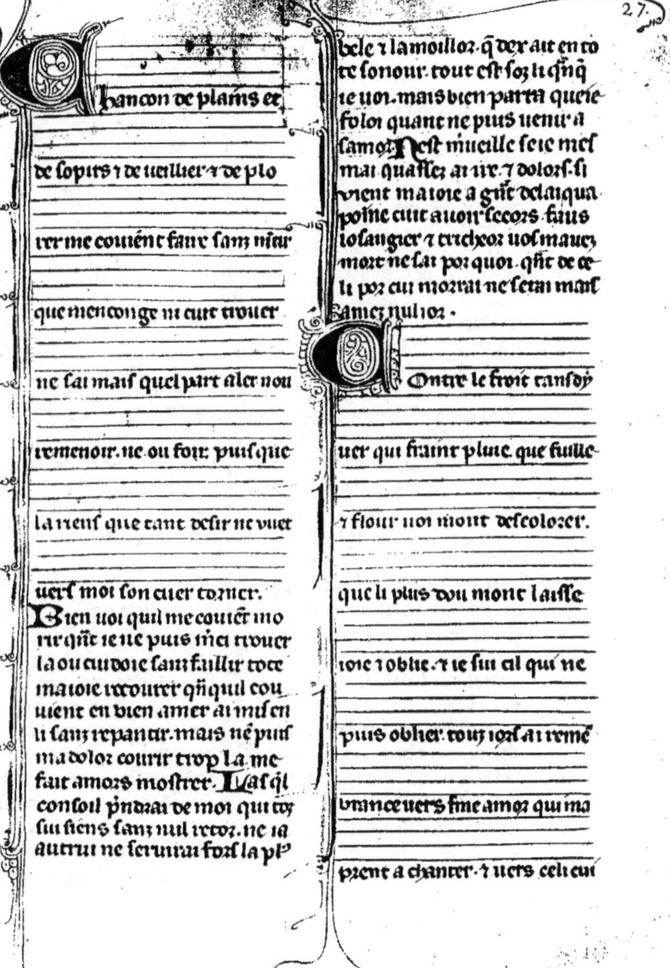

Chançon de plains et
de sopirs 7 de ueillier 7 de plo
rer me couient faire sanz nstar
que mencon ge ni cuit trouer
ne sai mais quel part aler nou
remenoir. ne ou foir. puis que
la riens que tant desir ne vuet
uers moi son cuer torner.
Bien uoi quil me couient mo
rir qnt ie ne puis mei trouer
la ou cuidoie sanz faillir tote
ma ioie recourer qn quil cou
uient en bien amer ai mis en
li sanz repantir. mais né puis
ma dolor couurir trop la me
fait amors moſtrer. Las qn
consoil prndrai de moi qui tot
sui siens sanz nul retor. ne ia
autrui ne seruirai fors la pl'

bele 7 la moillor. q dex ait en to
te sonour. tout est soz li qn
ie uoi. mais bien partir queie
foloi quanc ne puis uenir a
samor. N'est mueille seie mes
mai quaſſez ai rir. 7 dolors. si
vient ma ioie a griet delmiqua
poine cuit auoir secors fauss
iolangier 7 trichxor uol maue?
mort ne sai por quoi. qnt de ce
li por cui morrai ne serai mais
amez nul ior.

Contre le froit tans d'y
uer qui fraint pluie. que fuille
7 flour uoi mout descolorer.
que li plus dou mont laisse
ioie 7 oblie. 7 ie sui cil qui ne
puis oblier. touz iors ai remé
brance uers fine amor qui ma
prent a chanter. 7 uers celi cui

Blondiaus de Neele

ie nof dire ma pefance ne mon
uoloir autrement demoftrer.
Et fele me faut que de li naie
aline ie fai mout bien au ie dof
plus ain blafmer. mon cuer. mes
eux qui firent la foue. 7 qui on fi
haut lieu mont fait baer. mais
la douce femblance mi y plan
tant qor la puis refgarder qoe
ie la noi fai plus que tore de fri
ce. et quant me part eft grus
come a plorer Dame en gfr
efmai nof fert aft las 7 prie q
euuf nof ne puet mci trouer. 7
quant conquis fui honor mi a
uer mie de moi faire plus mal
ne de greuer. car mile deffeain
ce na en nof forfma crier. lu
militez eft me fpee 7 ma lance
dmoal neft prouz. q conquiert
y meflee. Sens. pas biau
tez ualour 7 cortoifie a plus
en nof que len mi puet loer. pq
mef cuers dame moert denuie
7 fi ne prient en nos fors q pan
fer. mars la bone efpice dont
ioie aten me fait en ioie efter
quele fet bien queuof auez
poiffance quant nof plarra
de cef mar reftorer.

O prince que damors
me duelle. bien eft droit que
ne en chant. 7 que ie ma dolor
vuille. puis que ele me fait fen
blant quia fon home me re
cuille fi doucement deceuant
dex 7 de bouche riant me uant
plus que ele ne fiuue. ce me
fait eftre ioiant 7 en ma ioie
Mais ie een quau
tres recuille ce doc
doucane ie nos nois batant.
mais neft droiz qu autres la
cuille que nus hons ne laime
tant. laf amors puis quel fou
guille nequiert pas leauil a
mant. ainz chiet en defefpe

De ce sui au cuer dolante que
cil nest en biau noisin en cui ia
mise menentee. or nen ai ne leu
neris sui est beax ie sui gente
sire por quoi le feis que lui a
laure a talance. por que nos
en deptz. Dex que. S offrir
tai en cel estaige tant goi uoi
e repasser. il est en pelerinage
mout a ten son retorner. car
augre demon lignage ne qer
a choison trouer. dauerui fa
ce mariage. mout est fox qn
uuer p ler. Dex De ce sui te
receue quant ne fui au com
uoier. sa chemise quot uestue
menuoia por embracier. la nuit
qnt samors marigue la mer a
uec moi couchier moue estuie
a ma char nue por mes maus
asoagier. Dex De ce fui en
bone entente quant ie son ho
mange ps. qnt la lesne douce
uante qui uient dou tresdouz
pais ou cil est qui matalante
uolentiers tor mon uis. Jlox
mestuer que ie la sente p deso
mon mantel gris. Dex qnt er
rons.

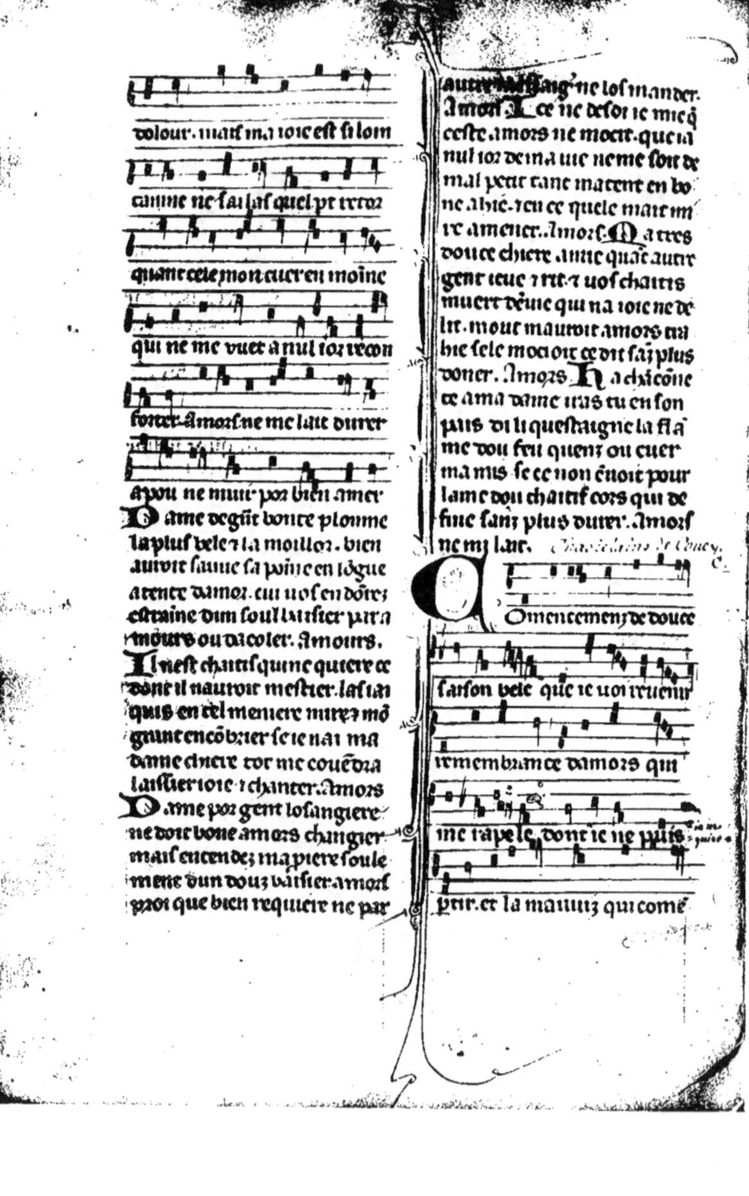

volour. mais ma ioie est si loin
camiie ne sai las quel pt tror
quant cele mon cuer en moine
qui ne me vuet a nul ior rcon
forter. Amors ne me lait ouier
a vou ne muir por bien amer
Dame vegut bonte ploume
la plus bele 7 la moiller. bien
auroit saiiiie sa poiie en logiie
atener damor. cui uos en dotes
estraine dun soul baisier para
mours ou acoler. Amours.
Il nest chatis qui ne quiere ce
donc il nauroit mestier. las iai
quis en tel meniere mirez mo
gaunt encobrier se ie nai ma
dame chere tor me couedra
laissier ioie 7 chanter. Amors
Dame por gent losangiere
ne doit bone amors changier
mais entendez ma piere soule
mene dun douz baisier. amor
proi que bien requiert ne par

auter baissaigne los mander.
Amon ce ne desor ie mieg
ceste amors ne moert. que ia
nul ior de ma uie ne me soit de
mal petit tanc ma cent en bo
ne abie. ieu ce quele maie im
re amener. Amors. Ma tres
douce chiere amie quae autr
gent ieue 7 rit 7 uos chaitis
muert deuie qui na ioie ne de
lit. mout mauroit amors na
bie sele mocroit ce dit say plus
doner. Amors. Ha chicoie
ce ama dame iras tu en son
pais di li questaigne la fla
me dou feu quenz ou cuer
ma mis se ce non enoie pour
lame dou chaitif cors qui de
fine sanz plus ouier. Amors
ne mi lair.   Chancelaine de Couey.

Omencemenz de douce
saison bele que ie uoi truenir
remembrance damors qui
me rapele. dont ie ne puis
partir. et la mainiiz qui come

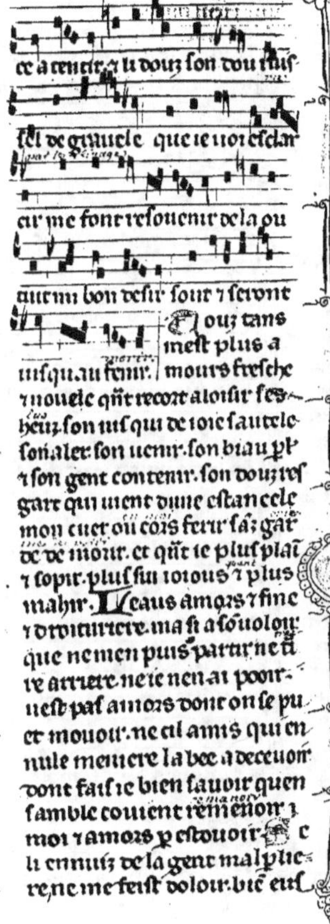

29

Touz tans
mest plus a
iusqu au tenir. mours fresche
et nouele qui recort a loisir ses
heuz son ius qui de ioie sautele
son aler son uenir son biau pler
et son gent contenir son douz res
gart qui uient dune estan cele
mon cuer ou cors ferir sa gart
de de morir. et quit ie plus plai
et sopir plus sui ioious et plus
mahir. Lceaus amors et fine
et droituriere ma si asouoloir
que ne men puis partir ne ti
re arriere ne ie nen ai pooir
nest pas amors dont on se pu
et mouoir ne cil amis qui en
nule meniere la bee a deceuoir
dont fais ie bien sauoir quen
samble couient remenoir et
moi ramors p estouoir. Se
li ennuiz de la gent mal plie
re ne me feist dolour bien euse

se ioie fine et etiere desgarder
de ueoir. mais ce q nos por aus
rement euoir conoissiez bele
au uis et a la chiere q tenor mo
uoloir dire por peruoir. mais
bone dame doit sauoir conois
sance et nia auoir. Vos nia
te ma douce dame chiere quit
uos doigniez uoloir et qui uos
plait aoir ma proiere en si co
ie lespoir. mais se pitiez me
pooir escheoir qui fust ma ioie et
poine legiere sanz point de mes
cheoir. mais mout me fait bien
amors quele uos traime aoir de
moi faire a ure uoloir. Chan
conete por uoir a cele qui tat sett
ualoir te feras en flandres sauoir.
Phelippe a mo pooir pri amors
que uos lait ueoir ce que finsa
mauz poir auoir.

M.S. Bib. du Roi N° 222.

30

Guillaume li Viniers. N.

Qsir ie remir so
chief blonc si cl̃
soulement. si luisant. so us
sa bouche 7 son frone tout si
tres plaisant. par pou li cuer
ne me sont en li desirant 7
m fin resgart quel sūe. nos
leuer mon uisamōt en li res
gardant. q̃ mes cuers naille
saillant. E ien uoi ta mier
acheuey ce que ie plus vuil
sumē truis desespere; plus
q̃ ie ne sueil. tant en plour
en receley que souāt men

refus ne ponnie ne torment. ainz
puis e mus e tout ne soit artus
[A]mis e druz puer lire a son ta
ce que tatene. tant. mais sil nest
nus qui lamt si leaumt. car ie
laim plus quande nam.i rolac
ainz narrisus. tristam ne priaa
mus namerent tant [O]r uos
dirai coment mes cuers lepret.
ie lamerai ne puer estir autre
ment. er sostrenu a grief max.
mon torment qist prs auial da
me plus amerai. a uos me rent.
[C]oment quamors me
destrosgne er trauaut. si ne puis
ie son uoloir rehiser. amer me
fait e monter si tres haut. qua
grant ponnie os mon peril tes
garder. or ne mont plus ne ne
puis aualer. ensi morrai se pi
tier me dehuie. samours mo
eir de tel mort ne me chaut. que
fins cuers doit bone fin desir
[I]e ui ma mort en drap
dor sor bhaut. si tres bele
rer. q nus puet deuiser. lors
me liura amors. i. tel essaut
quen resgardant me uenqui
sanz pler. amors me uint p mi
le cuer nauter du douz resgart.
a son arc qui ne faut. force ne
sens contre amour rie ne uaut.
e ie coment me peusse garder.
[D]ame iis uos ia ne me gar
derai. pris e liez siu en uire prso.
de ce sui liez qua tel honor mor
rai. que bele mort niert ia saz
guerredon. ne ma doloir na
autre garison. daine des lors q
ie uos acointai e cuerp e cors
e uie e qnque iai. uos ai donne
e mis en abandon [D]ouce da
me me coforterai en uoz gu

biens qui croissent a tous. on
doit trouer en gentil cuer uerai
douce merci mieuz q dire raisó.
ie ne requier dame se mci non.
he las dolanz chaitis quel paor
ai quesperáce ne me tort a de
lai. 7 que pitiez ne perde sa sai
son. ¶ mors mei autre con
fort natent. que sanz mci ne
puis a bien uenir. douce mciz
qui de pitie descent. doit de .ij.
cuers faire .i. seul deuenir. ce
doit ses biens p pitie departir 7
pitiez doit raison uestre souet.
douce dame mci a uos me ret.
si uos uuille de pitie souenir.
¶ Et ie par deu sa merci doi fail
lir. qui ne me lait ta uiuir lo
guement. mors nest pas malte
mais est fins de torment. mais
dolors est de uiure pour lan
guir. Richart de Fornival.

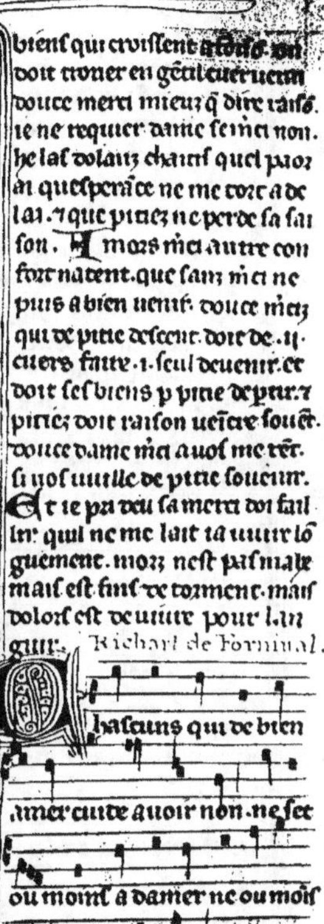

le done ia ne puiui mon gre
celui puer on escuser de mes
prison. qui egaument uiuet
doner selonc son bo. por ce uuil
p droit mostrer 7 sanz tenco
que ione dame a loer a plus
haut don. qua la pucele pm
ser nia fors le no. mais dame
rent guerredo. 7 pucele est tost
chaniaz 7 sanz bonte. ien ai
mon uoloir oste. iai mis mon
cuer en ione dame 7 bele done

ia ne ptirai mon gre. La da
me blant ne quier li ne lame:
g plus leisuer conortier plus
a famour. augs men fait esloig
nier au dief dou toz ce quil i
a poenter t nuit t ior. mais q
pucele acointier seit de grat
ualour. ie di quil fait le mon
lor qui simple t coie t taisant
la puet ruil. mout si doit bie
acorder li nouaus tans dou
tout me renouele auaillac
damoisele amer. Pucele
fait a prisier bien mi assent.
mais ele me fait pier esplon
guemt. ne ne su puet nuls fi
er certeinemt. t ce que vuet
ouurier change souat. mei
dame aime sanz trichier: t bie
tient couent. pucele est ar
ches auent tot ades son bai
sier tient bien laipuey. car
souent nia escoue. por ce ai
ie mieuz la roue dame t bele
dont ia ne ptirai mon grei.
Chascuns dit damors so bo
t son talant. mais pucele a
plus douz non. car ades rent
miel t roses a foison qui pres
la sent. mais dame detel poi
son na mais neante. por ce dir
p raison que tot aussi se con
nouele flor daiglant. t la p
me uoire tent plus de bonte
a pucele formote. por quoi

nas tost mo cuer en la pucele
dont ia ne ptirai mon gre.
Des ij. ieus mestuet fenir
le iugemet. bele dame a mai
rent plau noutent. mais ce
con ni puet uenir sanz prewe
ment. me fait dautre part
tenir au finemt vuil a mon
oes retenir touse de touet pl'
la uoi. plus la talant bie li ai
mon mautalant tout pdone.
tel iugement ai done co doit
touz iors mieuz ami la pucele
dont ia ne ptirai mon gre.

Chascun an uoi le tans

renoueler t ces preaux courr

uerte t de flour t ces orseaux

ioliement chanter que toute

riens se retrait a doucour tos

que mes cuers quest touz

iors en dolor por la bele qui

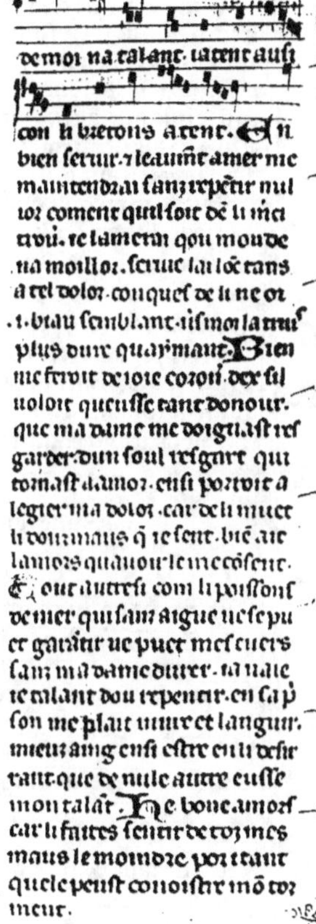

de moi na talant. latent ausi
con li bretons atent. En
bien servir. et leaument amer me
maintendrai sanz repentir nul
tor coment quil soit de li mci
tavui. te lamerm qou mouve
na moillor. servic lar loe tans
a tel dolor. conques de li ne oi
.t. biau semblant. iis mon la trus
plus dure quaymant. Bien
me servit de ioie coron. ver sil
uoloir queusse tant donour.
que ma dame me doignast res
garder. dun soul resgart qui
tomast a amor. ensi portoit a
legier ma dolor. car de li miret
li durmans q ie sent. bie aie
lamors quauour le me cosent.
Pour autresi com li poissons
de mer qui sanz aigue ne se pu
et garitir ne puet mes cuers
sanz ma dame dirrer. ta uale
te talant dou repentir. en sa p
son me plait uiure et languir.
mieuz aing ensi estre en li desir
rant que de nule autre cusse
mon talat. Me bone amors
car li faites sentir de toz mes
maus le moindre por tant
quele peust conoistre mo tor
ment.

Car me consoilliez iehan se
vos uos uorc dun cheual q tros
vestes que iauoie. on me met
tus quacompaignie li auoie.
mais se ver me doint honor et
meilnore ioie. onques ne li a
cuilli. si en est il toute uoie co
ment quil en soit saisiz. Iehan
vos ueristes bien q tou trnoie.
en pes. 7 q nuue rior le cheuau
choie. or la p sa forcee pris et le
menore. mais ie croi bien qlle
me trnoe. 1 recroie. se tu li nos
tres voiz ql nest nus qui bie ne
uoie qua si riche home 7 petz.
Et car me dites iehan de la
tornele. li cheuax nest pas itex
q ou lapele nul nest gascons.
uespanois ne de castele. nilna

Roy de
Nauarre.
N.
R. de
Nauarr
sanz fauser

ceur desperons a grit rvele. mais
des corgies gru: copx. 7 si nest fol.
tu ne mor. ainz porte côme na
cele qui souant le fiert des gror.
Ame eu itr
fius amis.
qui tout son cuer a en uos mis
de uos amer est si sopris que
de ior 7 de nuit est pris uos mâ.
te que sachiez: te uoir est uos
aime sanz deceuoir. en uos a
mer nâi pas mespris. Da
me qûr de uos me souiet. vne
rel âu cuer men uient. qâmors
me lace q̃ me tient. mẽ touz re
gauz me soustient q̃ soef ma le
cuer emble. 7 souuent me ra il sẽ
ble q̃ de uos tote iore uient.
Amors aiez de moi mici que
mon cuer qui nest miei. faire
iotant 7 priotez li q̃ il li soueig
ne de mi. mais certes uos nen
feirz rien. que ie uosaim soi to
te rien. por ce sou in etez côbli.
Onques nuis ne uos ama tât
con ie fais qui touz iors enten
a uos seruir uenienent. por ce
sont perdu li amât. que trop
lor faites acheter. ce dont il de
uroient chanter der si faites pe
chie trop grit. Dame merci
mei. e foiz. pitie uos preigne
a ceste foiz de moi qui sui eusi
destroiz. por uos cor sui chauz
or sui froiz. or chant. or ploz. or
sopir. ie comant a uos mô es
prir ne sai se miei enaures.
De ma dame souuient
fait amors lie mon corâige
qui me fait iotant mourir. si la
truit uers moi sauuaige. la
uelc que tant desir fera de moi
son plaisir. que touz sui siens

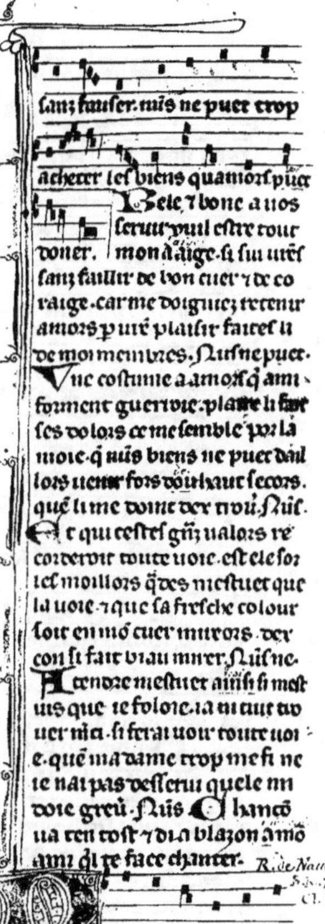

sanz fauser. nuls ne puet trop
achetter les biens quamors puet
Bele 7 bone a uos
seruir puil estre tout
doner. mon daaige. si sui uies
sanz faillir de bon euer 7 de co
raige. car me doigniez retenir
amors p uiñ plaisir faites li
de moi membres. Nuls ne puet.
Vne costume a amors q ami
forment guerroie. plaire li fait
ses volors ce me semble por la
uoie. q nuls biens ne puet dail
lors uenir fors dou haut secors.
que li me doine der trou. Nuls.
Er qui cestes grñz ualors re
corderoit toute uoie. est ele sor
les moillors q des ne stuet que
la uoie. 7 que sa fresche colour
soit en mo cuer mirors. der
con si fait biau mirer. Nuls ne
Ce nore mestuet ainsi si mest
uis que se foloie. 1a ni tuit to
uer ni a. si ferai uoir toute uoi
e. que ma dame trop mesfi ne
te nai pas desserui quele mi
doie greu. Nuis O hançon
ua ten tost 7 dia blazon amo
ami dit se face chanter.

Ouce dame tout au

tre pansement quant pips a
uos obli en mon corage des q
uos iu des biens premierement
ainz puis amors ne fut de moi
sauuage. aincois ma plus tra
uaillie que deuant. por ce uos
bien que ginerredon atent qui
massoage fors seul de uos m
ior des mieuz dou cuer en pensse.
Se se ne pins souent us uos
aler ne uos poist pas bele corroi
se 7 saige. quese me dout fornst
de male gent. qui deuinant ra
urour fait maint domaige et
se se fait daillors amer seblat
saichiez que cest sanz euer 7 sa
talant sen soiez sage. 7 sil uos
deuoit peser. ie lauuoie encois est.

Sanz uos ne puis dame neie
ne quier ne ia dautrui dex ne
me doint mes ioie cariaui mie
mieuz estre en uře dong que tos
fuir bien finir mal se lauoie ha
si bel buil riant alacontrer mi
fireut si mon corage changier
qi soloie blasmer et despiter
amors or en sent morter dolors

Si qui biautez co si sor acom
tier ou cortois sen qui son gent
cors maistroie ia li fist dex por
faire miuoillier touz ces a cui
ele uuer faire ioie mil outrau
ge dame ieneuos quier fors
soul itait que doignissiez cuid
q uřes soie mout me seroit
gřz secors i esperasce dam ors.

Minz rien ne mi eu li ne mait
naute dun ysont cop a si tres
douce lance fronc boche i nes
eulz uis bien colore mais.
clief i cors i bele cotenance
ma douce dame i qiit uos re
uerrez mes enemis q si fort
mont greue p lor poissace i
ainz mais nuls hons ne fu uis
qui tant amast ses enemis.

Chancon ua ten a celi que
bien set i fi li di por ploz ai
chanter et eu do rače mais
droit est que fins amis soit
a sa dame en ventis.

R. de
Navarre
Ch. N.

E grant ioie me sui

dance. mauuais respons mos
fuisse sanz dotance ◯ Onques
ne soi deceuoir ne trichier ne
la por rien aprendre nou uou
droie. enuis celi qui nen puet a
uancier. faire et desfaire et doner
bien et ioie. tout cest en li et en
sa uolente. der sel sauoit mon
cuer et mon penser. ie sai de uoir
q[ue] iauroie conquise douce da
me ce que mes cuers plus pense.
Nuns qui aime ne se doit
esmaier. se fine amors le des
troint et maistroie. car qui a
rent si precious loier. il nest
pas droiz que damer se recroi
e. car qui plus sert. plus en doit
auoir gre. et ie me fi tant en sa
grant beaute qui des autres se
desloint et deuise. que il me
plait a estre en son seruise. :-
Des eux dou cuer dame ne
puis ueoir. car trop sui longs
li miens huil de ma chiere. qui
tant mot fait por uos pensee
auoir. des celui ior que ie uos
ui premiere. de uos ueoir ai
uolunte plus grant. por ma cha
con uos enuoi. i. present. mon
cuer et moi et toute ma pensee.
receuez le dame sil uos agree.
Dame de uos sont tui pense
mene. et a uos sui remes a mon
uiuant. por deu uos pri se mes
fins cuers i — bee ma uolentz

a li la ou il ua. bee. trop par ai...
durement aamer: por ce ne uoi
coment puisse durer. de ioie a-
uoir de la plus desirree. conqs
nuil hons osast mier crier. Ie
ne uoi pas quant de li fui par...
que puisse auoir bien ne solaz
ne ioie. car onques riens si ne
fis aenuiz con uos lessier se ie
tames uos uoie. trop par en sui
dolanz 7 esbahiz. par maintes
foiz men serai repentiz que ion
qules uos aler en cest uoie. 7 ie
rcoit noz debonaires dit Beau sire dex uis uos me sui guen-
chiz tot las por uos ce q ie tant
amoie. li guerredons en doit
estir floriz. quant por uos per...
7 mon cuer 7 ma ioie. de uos seruir sui cor prez 7 garniz. a uos
me rent beau pere ihuieriz. si bo
seignor auoir ie ne porroie. cil
qui uos sert ne puet estre escha-
hiz Bien doit mes cuers estre
liez 7 dolanz. dolanz de ce q ie
part de ma dame. 7 liez. de ce q
ie sui desirranz de seruir deu q
est mes cuers 7 mamie. iceste a-
mors est trop fine 7 poissanz.
p la couient uenir les plus fai...
chanz. cest li rubiz. lesmeraude
7 la iame. qui touz garit lesui...
pechiez puanz Dame desade...
rroine poissanz au grit besoig...
me soiez secorranz. de uos a...

mer puisse auoir droite flan-
me quant dame per. dame me
doit aidanz.   R. de Navarre

De noueau m'estuer
chanter au temps que plus sui
maritz. quant ne puis merci
trouer. bien doi chanter d'enuiz. le nos a celi parler. de ma
chancon fais message. q tant
est cortoise 7 sage que ne puis
aillors panser.   Se ie peusse
oblier sa beau-
te. 7 ses bos diz
er son douz esgarder. bien peusse estre ganz mais nen puis mo
cuer oster. espoir si fait grut folie. mais moi lestuer en ourer.
Chascuns dit q'l muert dami.
mais ie nen quier ia mour. p
mieuz. ain soffrir ma doloz uiure ratendre 7 ~ languir. q le

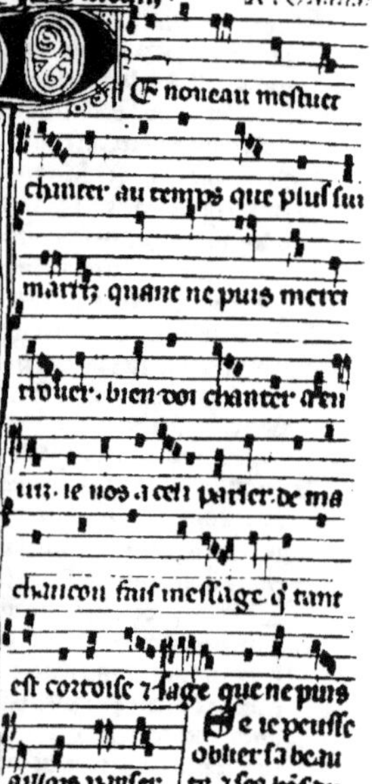

Tant i pens ie sant corage
Espoir si fait grand folage

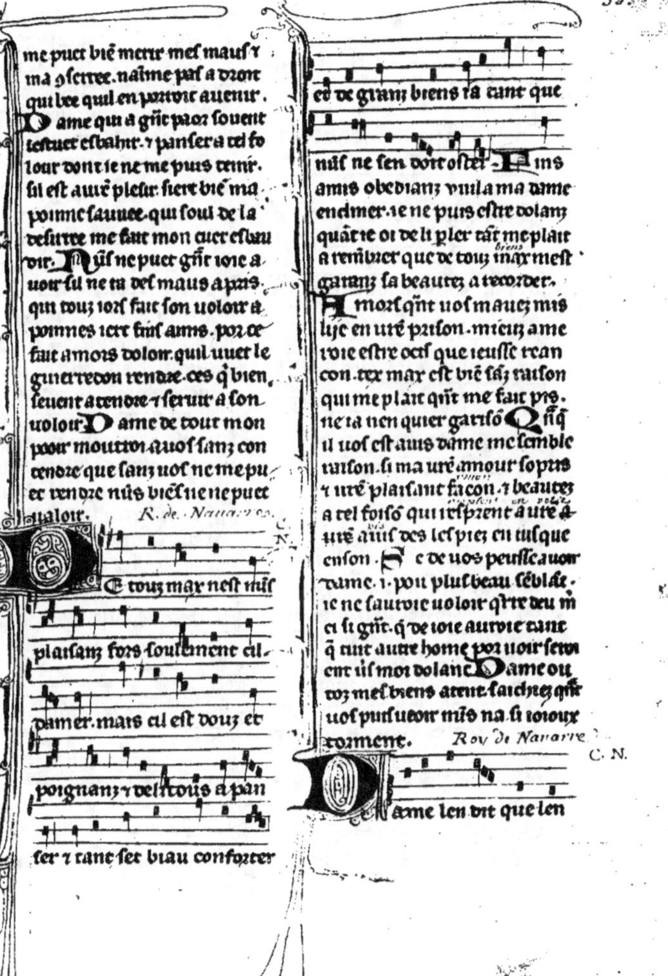

me puet bien merir mes maus r
ma gscitee. naime pas a droit
qui bee quil en portoit auenir .
Dame qui a g(ra)nt paor souent
testuet esbahir. r panser a tel fo
lour dont ie ne me puis tenir.
si est autre plesir siert bien ma
poinne sauuee. qui soul de la
desirre me fait mon cuer esbau
oir. Nus ne puet g(ra)nt ioie a
uoir sil ne ta del maus apris
qui touz iors fait son uoloir a
poinnes iert fins amis. por ce
fait amors doloir. quil uuet le
guerredon rendre. ces q bien
seuent atendre r seruir a son
uoloir. Dame de tout mon
pooir mouttoi auos sanz con
tendre que sanz uos ne me pu
et rendre nus biens ne ne puet
ualoir. *R. de Navarre.*

E touz mar nest mis

plaisanz fors soulement cil

damer. mais cil est douz et

poignanz r delitous a pan

ter r tant set biau conforter

es de g(ra)nt biens ta tant que
nus ne sen doit oster. Fins
amis obedianz uuila ma dame
endmer. ie ne puis estre uolanz
quar ie oi de li pler tar me plait
a remembrer que de touz mar mest
garanz sa beautez a recorder.
Amors q(ua)nt uos m'auez mis
lise en utre prison. mieuz ame
roie estre ocis que ieusse rean
con. tex mar est bie saz raison
qui me plait q(ui)t me fait pris.
ne ta rien quier gariso Q sq
il uos est amis dame me semble
raison. si ma utre amour sopris
r utre plaisant facon. r beautez
a tel forso qui respient a utre a
utre aius des les pies en tusque
enson. Se de uos peusse auoir
dame. i pou plus beau seblae.
ie ne sauroie uoloir q(ue)tre deu m
ei si g(ra)nt. q de ioie auroie tant
q tut autre home por uoir seru
ent uis moi uolant. Dame ou
toz mes biens atent. saichiez q(ue)
uos puis uеoir mis na si ioioux
torment. *Roy de Navarre*

C. N.

Dame len dit que len

Roy de
Navarre.
Cl. N

uetoit. z. en tir dous getey. se
la dame plaine de grat bonte
qui est lez lui por nos ne li pn
oit si tres douz moz plaisant
et sauore les granz conor dou
grat seignour ta paie. mlt par
est fox qui autre amor essaie
qua cestui na barat ne fause

tey. nes autres na ne mei ne me
naie. [L]a som quiert por son
cors garantir contre hyuer la
noif et le fromene. z nos chaitis
nalons mais rien querant qnt
nos morrons ou nos puissos ga
rir. nos ne cerchons fors enfer le
puant. or esgardez cune beste
sauuage poruoit de loing eng
tre son domnage. z nos nauons
ne sen ne escrant. il est auis que
plain somes de rage. [L]i dea
ble ont getey por nos rauir. iiij.
emeicons a eschiez de torment.
couoitise lace premierement z
puis orguil por sa granz rotz
emplir. luxure ua le batel mai
nant. et felonie les gouerne z
les nage. ensi peschant sen uie
nent au riuage dont der nos
gart p son comandemc en eau
fains forz nos fesimes homa
ge. [L]es pudoines doit on te
mr mout chier la ou il sont et
suir z amer. mais a pomnes
en puer on nus trou. car il sur
mais come li faus demers que
on ne puet ou trabuchet iiser.
amz le giete on saz coig z sanz
balance. tord et pechiez en eus
fmie uemiace [A]li dame qui
toz les biens auance teiniidi cha
conse te uuet escouter. onqs
ne fu nus de moillour chea
ce.

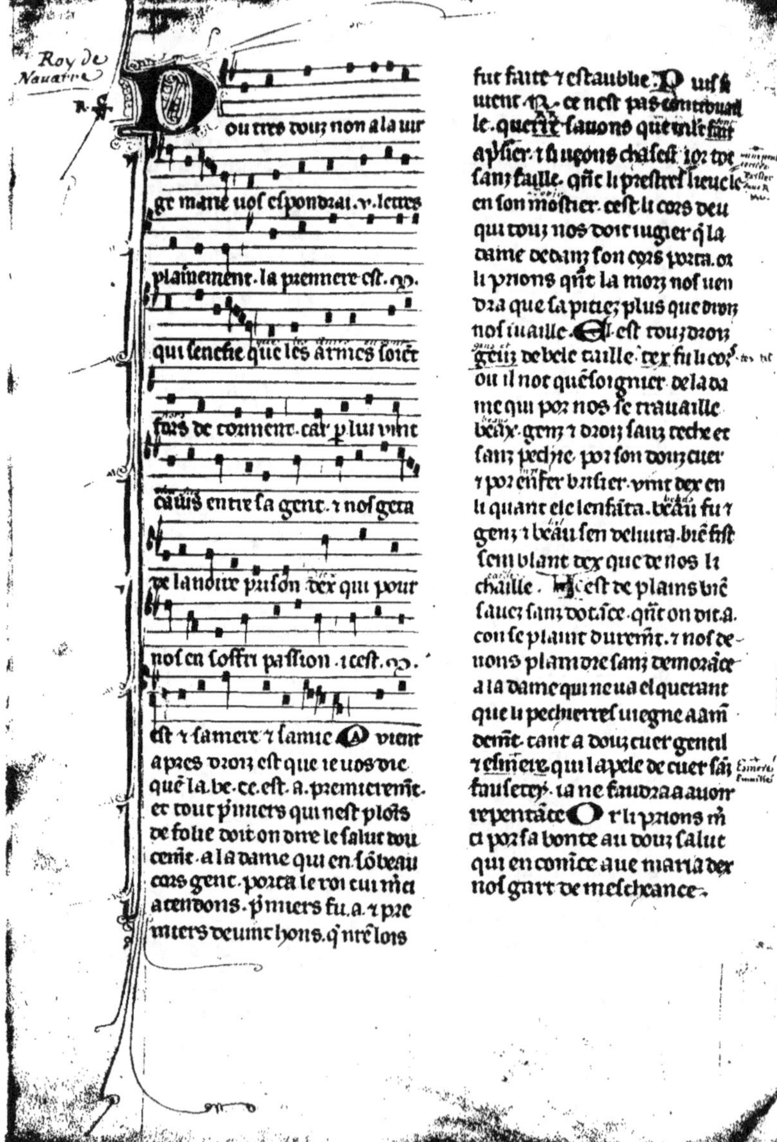

est t samere t samie A vient
apres droiz est que ie uos die
que la be. ce. est. a. premierement.
et tout p[re]miers qui nest plois
de folie doit on dire le salut tou
cenie. a la dame qui en son beau
cors gent. porta le roi cui mci
atendons. p[re]miers fu. a. t pre
miers deuint hons. q[ue] n[ost]re lois

fut faite t estaublie. Qui si
uient .R. ce nest pas controuab-
le. querre sauons que v[ost]re sait
aplier. t li uçons chascf. jor toe
sanz faille. qñc li prestres lieue le
en son mostier. cest li cors deu
qui touz nos doit iugier q[ue] la
dame dedanz son cors porta. or
li prions q[ue] la morz nos uen
dra que sa pitiez plus que droiz
nos iuaille. Cil est touz droiz
genz de bele taille. ter fu li cors
ou il not qu[e]soignier. de la da
me qui por nos se trauaille
beaux. genz t droiz sanz teche et
sanz pechie por son douz cuer
t por enfer brisier. vint der en
li quant ele lenfanta. beau fu t
genz t beau sen deuitra. bie fist
seu blant ter que de nos li
chaille. Icil est de plains brie
sauez sanz dotace. q[ue] on dit a.
con se plaint durem[en]t. t nos de
uons plaindre sanz demorace
a la dame qui ne ua el querant
que li pecherres uiegne aam
demet. tant a douz cuer gentil
t esmere qui la pele de cuer sa[n]z
fauseter. ia ne faudra a auoir
repentace O r li prions m
ci por sa bonte au douz salut
qui en comece aue maria der
nos gart de mescheance.

Roy de Navarre.

iert valors damors complie.
Dame certes ne devez pas cui
dier mais bien savoir que trop
vos ai amiee de la ioie mien amg
plus et coing chier et por ce ai ma
graisle recouree quamz dex ne
fist riens si tres bele nee con vos
ma dame mout me fait esmai
er qr nos morrons qmors sera
finee Thiebaut tais iez ne de
vez comencier raison qui soit de
touz droiz desseuree vos le dites
por moi amoloier encontre vos
que tant avez guilee ie ne vi pas
certes que ie vos hee mais se
damors me couenoit iugier ele
seroit servie t honoree Dame
dex voit que vos uigiez a droit
et conoissiez les max qui me font
plaindre que bien sai qlx que
li iugemnz soit se ie en muir a
mours couient a saindre se vos
dame ne la faites remaindre de
danz son leu arriers ou ele estoit
qua nre sen ne porroit nus a
traindre Thiebaut samors
vos fait por moi destraindre ne
vos griet pas que se ami nestoit
iai bien et cuer q ne se sauroit fait

R. de Navarre

Dex est ausi come li pel
licans qui fait son nit ou plus

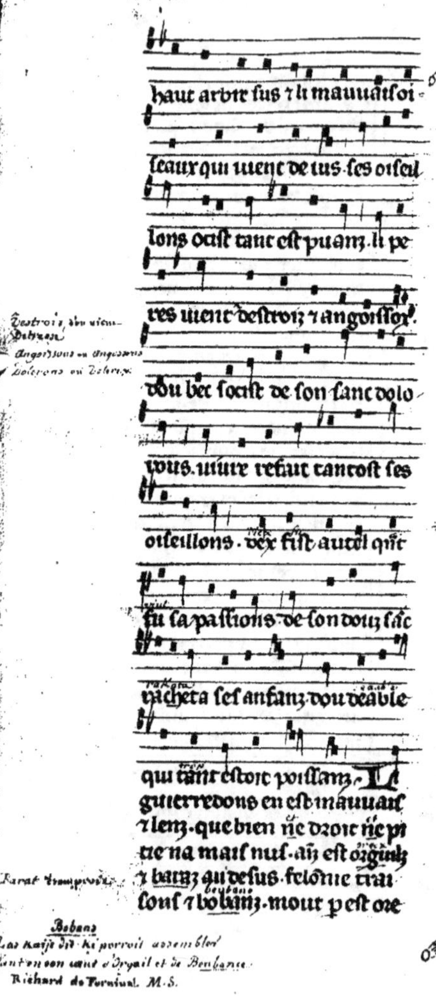

ntre estaz pilloux. 7 se ne fust
li exemples de ceux. qui tant
aïment 7 noises 7 rencons. si
est des clers qui ont lessiez sar
mons. por guerroier 7 portu
er les genz. 1 a mes en deu ne
fust nus hons creanz. Pres
chief fait cor noz mbres dolor:
por cest bien droiz qua deu nos
en plaignons 7 grn corpes ta
moue sus les barons. cui il por
se quant aueïs uiuet ualoir. et
entre genz en font mout a blas
mer. qui tant seuent 7 mentur
7 guiler. le mal en font desor
eus reuenir 7 qui mal quiert
malx ne li doit faillir. qui petit
mal porchace a so pooir. li grn
ne doit an son cuer remenoir.

Bien deuriens en lestoire ueoir
la bataille q fu des 2j. dra
gons. si con len truicue ou luif
des bretos. dont il couient les
chastiaux ius cheoir. ce est cist
siegles cui il couient uerser: se
dex ne fait la bataille fin. les
1anz melun en couint fors is
fir. por deuener questoit a a
uenir. mais antecriz uiet ce
poez sauoir es matues quane
mis fait mouoir. Sauez q
sont li uil oisel puant q tuent
deu 7 les enfancones. li paye
lars uont li not nest pas nez.
cil dit puant oit 7 uil 7 mau

Marginal glosses (later hand):

Destrois du vieux / Detresse

Angoissous ou Angoisseux

Doulereux ou Detreux

Barat. Tromperie.

Bobans
Las Raise dit ki porroit assembler
Tout en son cuer d'Orgueil et de Bonbance
Richard de Fornival. M.S.

Apeler Hipocrite

☞ cet endroit et ce qui suit semble auoir en vüe les
Heretiques Albigeois contre lesquels il se fit une
Croisade, ou les Clercs et les Moines allerent,
peut estre par le [...] du Roi.

* Ce Couplet pourroit seruir a prouuer l'ancienneté des
Romans, qui parlent d'Artus et du Prophete Merlin.
de cluy des Bretons (qu'il croit Brabeost) & c ...
... l'Opinion commune les ... au temps
de Louis le Jeune

uaif il oiient tote la sieple gen
p loi faus moz qui sont li veu
enfant. papelare sont le saegle
chantent. p saint pere ma lles
fait encontrer. il ont coloit toi
e r solaz. r pes. cil porteront en
enfer le grant fes. Or nos
voint der li seruir r amer r la
dame qui ni voit oblier. qil nos
vuille garder a touz iois mais
de maus oiseaus qui ont ue
nin es bes.   *R. de Nauarre.*

E bone amour uient

teance r beautez. r amoif uient

de cel li au terfi tuit troi sont

un que bien i ai panfe. ia ne

seront a nul ior departi. p un

confoil ont enfamble cestui

bli li correoi en sont auant

aie de moi one fait tout lor

chemin ki le re dame sont usez ia

nen seront parti. en clarte r de
ioi sont poi la gent en obscur. li
vouz refgart r li moit fauoie la
gnr beaute r li bien quegi vi. nest
muoille se ne ce mefbahi de li
a der le saegle enlumine. quat
nof aurons le plus beau ioi def
tei. lez li seroit obcurs de plain
midi. En amoi a pooir r har
dement. cil qui sont troi r dou
tierz sunt li out r gilz. ualois
est en loi apendanz. ou tuit li
bien ont retraite r riefui. p cest
amois li hospitaus dautrui. q
nuis ni faut felonc son aucnanc.
gi ai failli dame q ualez tant
en ure ostel. fi ne foi ou ie fui.
Ie ni uoi plus mais a li me
comanc. que touz painfers ai
laissiez poi cestui. ma bele ioie
ou ma mort iatent. ne fai lou
quel desque deuant li fui. ne
mi firent lors mi huil point
denui. ainz men uinoient feru
fi doucement dedanz le cois dun
amoieus talant. gncoi r est li
cops que ie recui. Li coux
fu granz fine fait qimpiter.
ne nul mires ne men poruoit
faner. fe cele non qui le dart

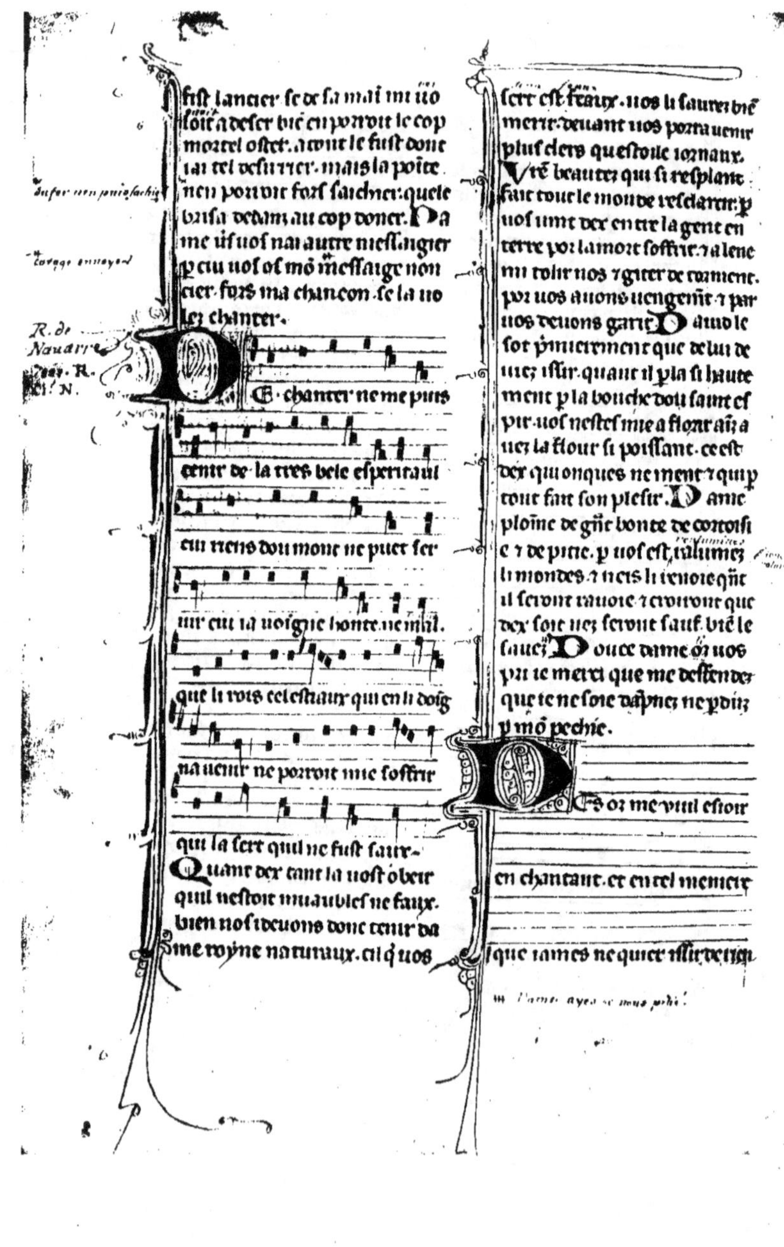

fist lancier se de sa mai(n) m(u)lt
soit a deser bie(n) en po(r)roit le cop
mortel oster. a tout le fust done
iai tel desurrier. mais la poite
nen po(r)voit fors saichier que le
brisa dedanz au cop doner. Da
me uis uos nai autre messaigier
p ciu uos os mo(n) messaige non
cier fors ma chan(con) se la no
lez chanter.

DE chanter ne me puis
tenir de la tres bele esperitaul

eu riens dou monde ne puet ser

uir eu la uoigne bonte ne mal.

que li rois celestiaux qui en li dois

na uenir ne porroit mie soffrir

qui la sert quil ne fust saur-
Quant der tant la nost obeir
quil nestoit muiaubles ne faux
bien nos deuons donc tenir da
me royne naturaux. cil q nos

sert est fraux. nos li saurez bie(n)
merir. deuant nos porra uenir
plus clers que estoile iornaux.
Vtre beautez qui si resplant
fait tout le monde reclairer. p
uos umt der en tir la gent en
terre por la mort soffrir. a lene
mi tolir nos z giter de tourment.
por uos auons uengeitz z par
uos deuons garie. Dauid le
sot p(ro)mierement que de lui de
uiez issir. quant il p la si haute
ment p la bouche dou saint es
pir uos nestes mie a flour aiz a
uez la flour si poissant. ce est
der qui onques ne ment z quip
tout fait son plesir. Dame
ploine de g(ra)ce bonte de cortoisi
e z de pitie. p nos est ralumez
li mondes z ucis li renoie g(en)t
il seront rauoie z croiront que
der soie nez seront sauf bie(n) le
sauez. Douce dame oi uos
pri le merci que me desfende
que ie ne soie daspnez ne p diz
p mon pechie.

Es or me vuil estoir

en chantant. et en tel menie(re)

que iames ne quier issir de tie(n)

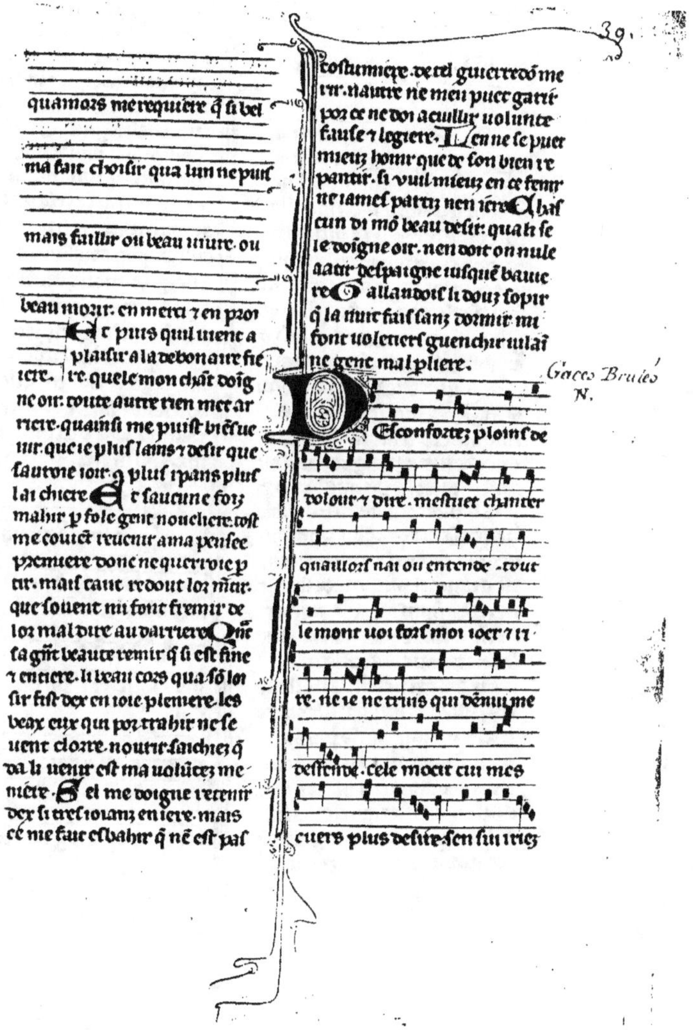

quamors me requiere q̃ si bel

ma fait choisir qua lun ne puis

mais faillir ou beau uiure. ou

beau morir. en merci ᴣ en proi
Et puis quil uient a plaisir a la debonaire fie
iere. quele mon chāt doig
ne oir. toute autre rien met ar
riere. quainsi me puist bieusue
nir. que ie plus lains ᴣ desir que
sautroie ioir. ᴣ plus ᵱpans plus
lai chiere Et sautcune foiz
mahir ᵱ fole gent noucliere. tost
me couiet iruenir ama pensee
ᵱemiere donc ne queruoie ᵱ
tir. mais tant redout lor mar.
que souent mi font fremir de
lor mal dire au darriere Que
sa grāt beaute remir q̃ si est fine
ᴣ entiere. li beau cors qua sō lot
sir fist der en ioie pleniere. les
beax euz qui por trahir ne se
uent clorre. noutir sanchiez q̃
va li uenir est ma uolūtez me
niere. Sel me doigne retenir
der si tres ioianz en iere. mais
ce me fait esbahir q̃ nē est pas

costumiere. de tel guerredō me
tir. nautre ne men puet gatir
por ce ne doi acullir uolunte
fause ᴣ logiere. L'en ne se puet
mieuz honir que de son bien re
pantir. si vuil mieuz en ce fenr
ne iames partiz nen iere A his
cun di mō beau desir: qua li se
le doigne oir. nen doit on nule
aatir despargne iusquē bauie
re Sallandois li douz sopir
q̃ la nuit fais sanz dormir mi
font uoleners guenchir ulai
ne gent mal pliere.

Gaces Bruies
N.

Esconfortez ploins de
dolour ᴣ dire. mestuet chanter
quaillors nai ou entende. tout
le monr uoi fors moi ioer ᴣ ri
re. ne ie ne truis qui dēuil me
desserue. cele moeir cui mes
cuers plus desire. sen sui iriez

quant ele nen amende. Chascuit
dit quil aime autresi. pour ce ne
le ne seit
mon duel ne
conoist lenami. mon martyre
por ce mestuet que sa mci aten
de. touz biaux amanz p cui ma
ioie empire pri ie a deu que en
fer les descende. iain fait chascuit.
gut loisir ont dou dire. mais po
en voi qui a amors entiere rende
Tuit se uentent damer ensi por
ce ne. De moi greuer est ansi
costumiere. si me fait bie por
quoi de li me plaigne. mais au
soffrir mest la poine legiere
se ce li plait que a amer mesaig
ne. mes cuers medit que sou
uent la requiere. mais neanz
est quant el plus me destraig
ne. Chascunt dit O nqs ne
fu us li fause proiere. car ie ne
sai ne ia nele ma preigne. la
moie amor nest mie nouele
re. quil nest fors li nul cou me
cuers remaigne. se plus ni
preng langoisse en est mour
chiere. puis queli plait quele
ainsi me destreigne Chascuit.
Qil naime pas qui se cuide
retraire. se il i vient ce q amie

ueigne. par deu seignor de ce
ne me puis taire. mieuz aim
morir que pil me mesaueigne
car tuit li mal q iai me doniet
plaire tant q ma dame en ioi
e me maintiegne. Chastuns
Consoilliez moi dame quou
poez faire. ainsi me muir ne
sai mais qui se reigne. a bone
amour dont touz li cuers mes
claire. qnt ie uos uoi se ioie me
aueigne. mout me mruoil cil
frans cuers debonaire. poues
panser riens dont ie mour
triengne. Chascuit. Bele da
me por deu uos pri que naie
dou tout failli. Galcoz a co
chanter feni. qui touz iors ai
me ini merci.
                    Gaces Brulles.

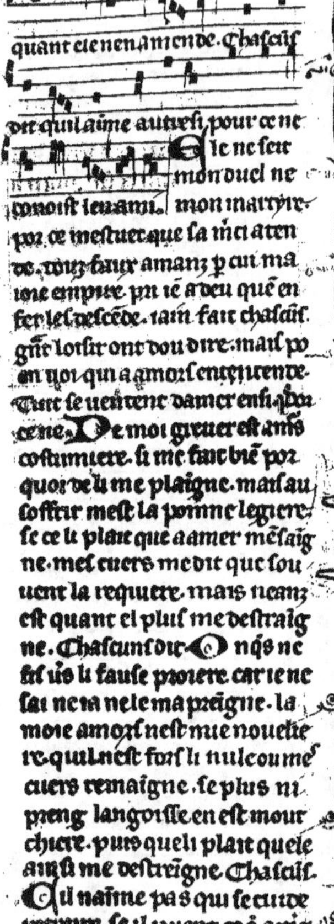

De bien amer grant
ioie atent. car cest ma greig
nor enuie. et si sai bien certe
nement. quamors g tel seigno
rie qua double guierredon en

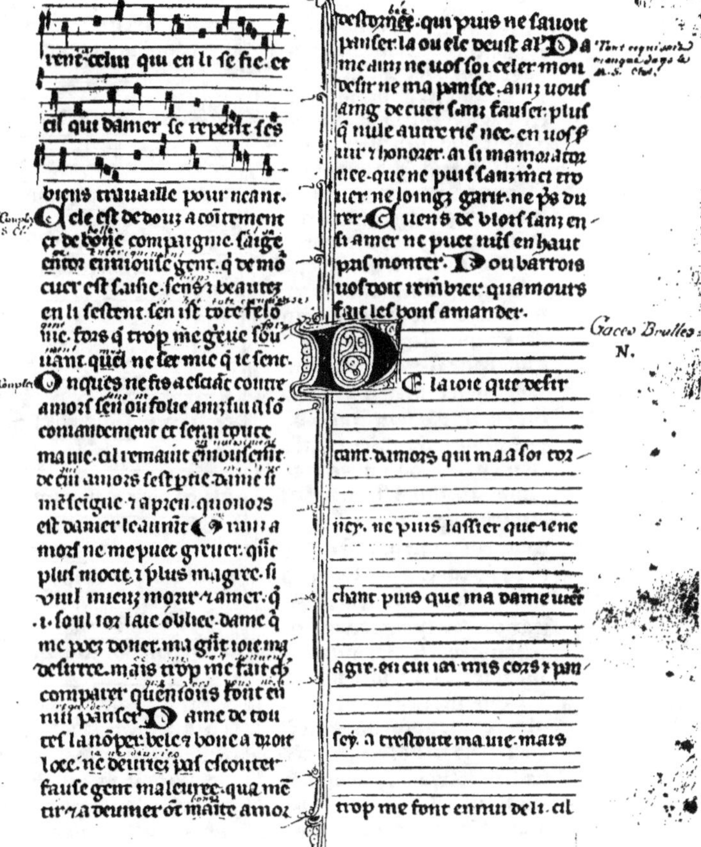

Gaces Brulles.
N.

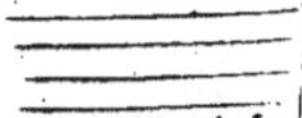

cun der maleÿe. | A tel fais ioie sanz talant por amors q̄

de mon cuer hé. ce sunt li felon mesdisant. dont deable sont tel plaideÿ. que trestoute lor poestéÿ ont mis en felonie. qua in cors sunt de mal apanseÿ. que la mors soit gehie. Petit puet lor guerre ualoir. quant ma dame uondra amer. et sele a talant ne uoloir. de plus leaul ami trouer. qui soit dont me puis ie uenter. qua haute honor dame ne porroit nus amor trouer por nule seignorie. Se lōgue atente et bon espoir. ne me font ioie recouurer. donc est trahie amors por uoir. que touz iors la me fait panser. mais iris men doit conforter q̄ maiz ame a trahie. et si sai quē des esperer a orguil et folie. Bele douce dame mer̄ci qui ains mais ne fu p̄s damors mais or me sui ensi. qua touz amanz mē abati. de cuer uos pri quen uñe cōpaignie. macuilliez ainz q̄l me soit pis de felonesse uie. Dame mout ai petit serui. a tel done ie uos ai quis. mes mes cuers il uos a pleu. des tir li pl' leax amis. dou mont et serai touz dis. q̄ mors ai si sai sie. q̄ nus ne a poir de mest uis

tant q̄ laie p̄rie. Odim par et mant et deuis que ceste chancon die. a ces quil uerra entētis. dami sanz trecherie.

Gaces Brulles. C.

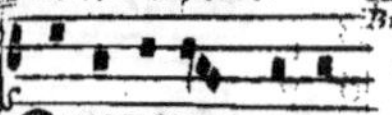

Douce dame grez et

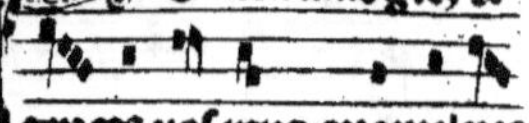

graces uos rent. quant il uos

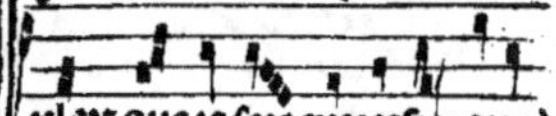

plait que ie soie enuoisiez. atendu

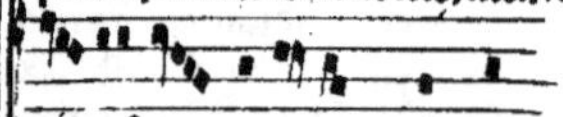

ai urē comandement. si chan

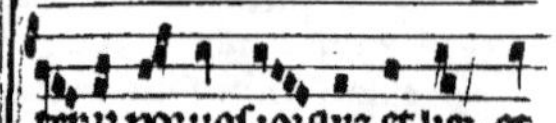

terai por uos ioianz et liez. et

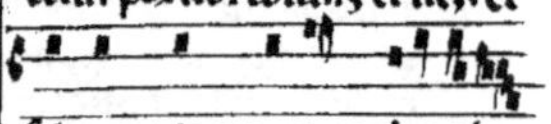

sil uos plait de moi m̄ci aiez

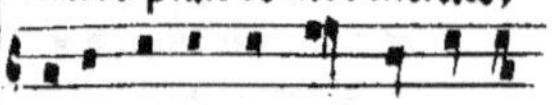

en tel guise uos en preigne pi

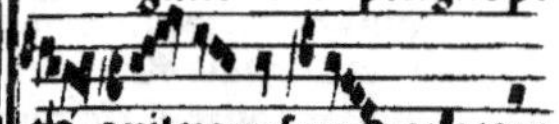

te quil ne uos poist que iaim

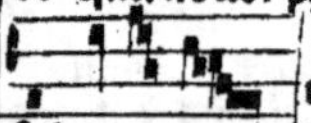

si hautement. | Ie sai de uoir que raisōs me deffent si

haute amor se uos ne lotroiez. mais haut et bas sont dun contenement (acointe). puis con les a a sō talant iugiez. suens est li bas qui p li

est hauniez ... ...
sen est abenuez. ... ...
la monte r la descrit. Je ne
di pas q nus aint baffement.
puis que damors est sopris
r liez. honorer doit la ioie qnl
atent. sil estoit rois r ele ert a
ses piez. mais ie sui las sor toz
autref poiez. de haut renit am'
a mort iugiez. mais mlt muer
bel qui fait tel hardemt. Par
deu dame lamors de uof mef
prent. qui m ocira. se uof ne me
aidiez. el ne fait mais qua co
comandement. se li est bel se
por li m ociez. r senoroit uouf
est uoinaie pitiez. moie est
la perte r ures li pechiez. que
dou ptir de uof ni a neit. Si
ne biaute plaisant r cors tres
gent. uof dona der dot il soit
meriez. nus ne ponroit loer
si finement uoz gnz ualors
con uof mostreriez. en touz
biens faiz r en touz bies pn
siez. r sil uos plait honorez nes
fauaez mert ia adroit q da
mort ne la tent. Chantez
renaut qui antan amiez. or
mest auif q uof en retraiez.
se dou partir estes apoilliez.
ia onques der oan ne uos
ament. Par deu gil et faux
amanz desloiez qui damorf
sest ptiz r esloigniez. uaut

aller p̓s das autres encagiez
chastoiez en uous r lautre to
lant. *Gaces Brulle.

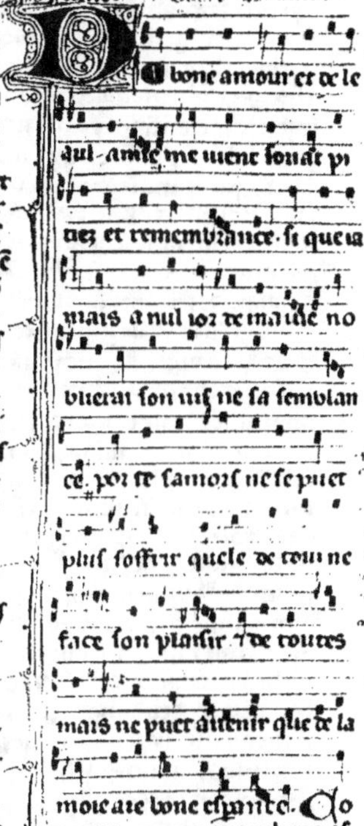

De bone amour er de le
al amie me uient souat pi
tiez et remembrance. si que ia
mais a nul ior re ma vie no
bliteral son uif ne sa semblan
ce. por te samoif ne se puet
plus soffrir quele de toui ne
face son plaisir r de toutes
mais ne puet auenir que re la
moie aie bone esprate. Co
ment porroie auoir bone es
perance a bone amo: r a leal

aime · ne a biaus pez. na la
douce semblance q̈ ne uerrai
iames ior. de ma uie. ain mes
tier · ne men puis plus soffrir
celi cui ia ne uaira a plaisir.
siens sui coment quil me doie
auenir · 7 si m uoi ne confort ne
ahie. C oment aurai ie con
fort ne ahie. encontre amour
iisau mis na puissace. ain me
fait ce qui ne maime mie doc
ia naurai fors enmui 7 pesance.
ne ia nul ior ne loserai gehir.
celi qui tant de mar me fait se
tir. mais de tel mort sui iugiez
amour. dont ia ne quier ueoir
ma deliurance. I e ne uois
pas quemrnt tel deliurance p
quoi amors soit de moi depri
e · ne ia ne quier nul ior auoir
poissance. ainz uiul amer ce
qui ne maime mie. nil nest
pas droiz ie li doie gehir por
nul destroit q me face sentir.
naurai confort. ni uoi que dou
morir. puis que ie uoi que ne
mameruoit mie. X e nameroie
ice ne sai ie mie que fins amis
uoit p bone atendance. 7 p sof
frir conquiert tel aime. mes
ie n puis auoir bone fiance
que cele est cer por cui plaig
7 sopir. que ma dolor ne doig
neruoit oir. si me uaut mieuz
garder mon bon taisir que

ore riens q̈ li tort a greuam
ce. N e uos doit pas trop
torner a greuance. se ie uos
aing dame plus que ma uie.
que cest la riens ou iai grig
nor fiance. que p moi seul uos
oi nomer amie. 7 por ce fais
maint dolorous sopir. q̈ sse z
uos puis 7 ueoir ior. mais
q ue uos uoi ni a q̈ dou taisir.
que si sui pris q̈ ne sai que ie
die. H e de mon doz q̈ ferai
ie damie. quant ie aurai tres
passee menface. 7 ma uie
q̈ si iert enuoisie a uira dou
tout lestie la ler en uace lois
dira len soffrz sue soffz. lor
mal atens me uient au repe
tir. cil soffir trop qui laisse
autrui ior. de ce dont a cra
te la penitace. M es. biaus
cofor z ne len porra garir. de
uos amer ne me porrai par.
na uos plet. ne ne me me puis
taisir que mon mal traicen
chantant ne uos die. P ar
peu huier ne men puis sof
frir qe bertire est et ma
mor z mauie. *Oudart de Laceni.*

riens que ie prise. Bien
doit panser qui tel amour
enprent. que son cuer nait
fauseté. ne faintise. z iaing
touz iors plus q moi nautre
gent. qñque ie sai q ma da
me aime z prise. z touz iors
croist en mon cuer z atise la
bone amor q meseigne et a

prent. q bien amer. si sai ue ui
ement. p bien amer est dame a
droit conquise. Ie ui ame
roie. i. tel consirement qspaig
ne au ior que li rois la squist
charl. qui en fist son talat der
se samor muert ia nul ior pro
mise. ie ne uoi pas comet ne
en quel guise peusse auoir ami
tie mon cuer dolant. qui bo es
pour bel cofortemet qui tel da
me aime z est en son seruise.
Bien doi seruir et soffrir bo
nement. qmours me fait a
mer a ma deuise. sens z beau
tez z bon enseignemet. z tueli
bien que fine amour esluse.
suf en celi en cui ai mamour
mise. ne mek putui se mor
ne men desmeut. der si bel oel
mont mis en cest cormet. doi
rai nistrai or soit en sa fiichi
se. Dame nia uos requier
ffidement que nule riens ne
me fait couoitise. tant con a
uoir uré amour q istrent z a
tenorai iusquau ior dou iorse
si sauez bien quamz ne fustes
corquise. dainer p moi ne mo
fol hoement. q son seigñ prié
ourrageusement il doit bie
perdre en sa fole blandise.
Ne uos pri pas dame trop
baudemet. mais moutatart
z proucusemet uos ai espoir

Gauthier
d'Espinois.

me a feruir de uolente finet
leal entiere mais sam eur ne
lera ia mien a fin amar ce ql
a desserui que se cofort ou pi
te ou merci peusse auoir en
aucune meniere ne fusse pas
de toute ioie arriere. Mais
en mon chant et ioiam et marrir
me plaing sor touz dune gent
losangiere qui souant ont mor
et autres cralm en recont men
conge noueliere qua mon es
poir eusse ie ioi de ce que iai
en gre amors serui se ne fussi
ent li felon esbahi mais lor
mentir et lor tres fause chiere
mer mamz amanz en pansee
doubliere Q ont porroit a
mors ouurer ainsi que toziors
crient celui gent malpheir mes
sencore pooit plaire celi qst
de leaute murior et lumiere
nuf seruient li felon en obli
et moi auroit de toz mesmax
garri he fñche rienf se iif uos
muuneli ne soiez pas sidure
ne tant fiere souffrez moi tat
q def merci requiere Par
deu garnier beau mest que
iai oi quamors ont pmo
seignoz et faisi mais ie nou
uoi destroit en tel meniere
que il nen trate penitence
legiere.

Dame ie uerroie idoie
uolentiers a complir mamor
ou maioie. car tant poi ma.
ue hair que mieuz uondroie
monr se faillir deuoie qilk
uiure ꝉ tex max sostrir. mieuz
uiuur morz que trop laguir.
Dame trop mestroie ma
uolance de faillir. mais ne uos
diroie. i. chui por moi garir
utre uolente desir cent taz ꝗ
lamoie. se tot ne uos sai fer
uir ie uos aing sanz repentir.
Doinz mon
cuer naist une ante qui croist
et flort qui nuit ꝉ ior renuer
dir en la tref bele ꝉ tref gente.
ꝉ tres bone qui uaut mieuz de
beaute er de grace a ele tot pas
sei. la prist amors ꝉ mes cuers
le douz plant qui nuit ꝉ iour
croist ꝉ fueille ꝉ esplint. le mieuz
plante ꝉ le plus bel de toth. or
uuille dex que li fruiz me soit
douz.
Duce dame mi grit
desir ou ie ne puis atendre me
font chanter sanz resioir pour

ma dolour refraindre . cui soul
pene la moindre qui en chant
et plour 7 sopir . un pou font
mon cuer radoucir mi chant 7

Jain de fin cuer sanz repen-
tir sanz guiler 7 sanz faindre . or en face am
son plaisir que ce ne puet re-
maindre . riens ne porroit co-
traindre mon cuer qil nait fors
por morir . de toute autre dolor
soffrir le puet amors destroinp.
Dame . i . petit de seust te a cet
en mon martire . quiere pitie
et leaute font souent ioie dire
dame douce 7 douz sire a ce ma
fine amors mene . que ries fors
ure uolente . mes fins cuers
ne desire Dame de ure git
beau bonte ne porroit nuls
trop dire . entre touz biens to
te beautez uos sot nature esh
te . qui uoit ure douz rire 7 ure
beau uis colorei . bien li est uis
qil uoie dei . qui de cuer uostre
mire . Merci uos pri 7 ferai

touz les ior de ma uie . mei pri
que mestier en at qu desozest
qui prie douce dame enemie
mes biel . mes maus . mesgng
iai . por deu cofortez mon es
mai 7 ma douce folie. Las
folors nest ce mie . amors a
toche adroit eslai qui plus es
sante cuer uenu qui il plus
sumelie.

tres seignor q deuurt
on iugier dun traitour qui tk
soit a entendre que il auoit ma
mour sanz destorber . mais ce
puet ia dex men puisse deste
dire . prenez le moi sou me kn
tes hier . 7 for leschiele monter
sanz lui descendre que mil A

uoir nen porroie ie prendre. Dame
metri cõ
ainz mozra uoir. fessiou re
quier ðe mes pechiez me vuil
corpaubles rendre. iis uos ði
me cau cuidoie engignier: li ðe
ables le me fist entreprendre. cui
ðiiez uos ǒ ðeuisse enðurer. les
maus ðamer. nenil mie le moi
ðre. pozuos auoir iel uos fanfon
e entendre poz deceuoir. Par
ðeu ribauz quanchi autre fauroe
li tricheour que tozest ma uist
ice. que uofauroiz les ieuz fa
chiez dou front. iames paur
niert tel ðame requise. ðe la
paour li autre sen fuirõr. lors
uerra len les leaus fanz fain
tife. aptement ǒfit la lõgue
iert ius mife. ǒ ðamozs mð

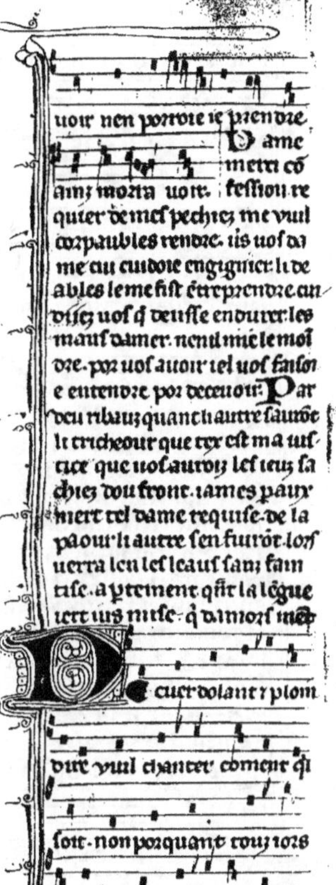

poir. ne chant poz mignotie.
car onquef ioz ðe ma uic. noi
ioie ðamours certeinne. do
lour ꝛ trauail ꝛ poinne mont
fait lonc temps enðurer. ne
Sanz
mei fui
m puis merci trouer. au mar
tire quamozs me tient en ðel
troit. souent me moftre le mi
re qui mon mal garir porroie.
mais ðe li cõfort nalne. ne me
promet ne afie. sen acent pe
fant estreine. se ie nai mei p
chaine. car en li meftuer pan
fer. nuit ꝛ ioz fanz reposer.
Sanz repof cist mar mepi
ir. ðempirier ne se recrrit. oz
fui ie bien de lempire le non
eu retieng aðroit. ǒfit ma tref
ðouette amie iif moi fõ cuer
numelie qui fi ma en fon de
maine. pluf fain que paris
helaine. fai ðamozs le cuer
amer. mozir cuit poz bien a

mer. Por s'amor souvent sopi
re mes cuers z tremble saiz froit.
d'amours ai desus le pire. dolor
sanz confort quit nort. que dou
mont la mieuz garnie de senz
de cortoisie. z de touz biens la
fontaine. iis lui tout soul est ui
lamme. z ne sei se por grever
le fait ou por esprouver. z sp
uez sui tant qsdone ne me puis
en nul endroit. iis amors qui
sanz desdire ma laue au laz
restroit. or ne sai plus q te di
e forsceant que miei li pe cil cui
longue la semaine pansee d'a
mors i amaine. duel nouel q
faut finer mo chant z en plor
torner.

yns oitours notvis bon ior

voint ver demain le seignor

que tant aim. proudons est

r cortois de ci quen nauar

rois ira si bon chastelain de

son chastel a plain ne doute
Or uos di
que choisues
il les .ij. rois. ne me uaut
mais .ij. oes qui me soloit ua
loir. tot maintenent vmtel ver
mm z escuriiel ne pusmais
point auoir z sont mis lor a
uoir en uaiches z en buef z sot
faut vns murs nues que der
gart de cheoir Or me uois
asoilli precan que nassenai a
si boue maison le seignor de
mandu. maistres foiz ma done
robes z maint bel don .ce nest
pas en pdon se ien sui retor
nez sil nest empeorez ieaurai
guierredon. Perdu ai .ij.

chastel z donc ie sui mlt engr
z bien men dont chaloir. cest
vignorz rignez .ij. seignors
ia belx qui ne voignet ualoir
sont mis a nochaloir armes
r les cembelx. il nont proumal
tel for que don saint clour.

De la procession au

bon abbe pon con me couter

a chanter. bons de religion

ne fist mais tel pdon. pat so

pais aler. tour a fait a gaster

er tout nns a charbon. silne

fust si proudom il ne losast
De la pcession la
croiz et le basto ot
panser. charpie guienot q
ot a compaignon gauterot
de girrigno. ranfroi z uenisor
z maint autre uallot z mait
uilain felon. iusquou ual de

suson none laissie chacelot. Il
baniz de trichastel uint 7 bien 7
bel a la pecilion auec lui maite
donzel qui portent penoncel le
conte de chalon la morche 7 le
biidon. ni quiert autre ioel ne
uement indis combel a wis ne
a loon. Lt lot chars de preigen
uint deuers peletrey p mi uile
murru. nre abbes limandey q
destruisist lerey 7 si nou lessest
mi. 7 il a toue saisi iusqs uers
peletrey. ne fraignoy ne poccy
ne mist pas en obli. Par deus
duy mois uint guitars li cor
tois plus blaus que flors de
lif auec lui ses uois tresci qu
digenoif ont gaste le pais. ni
laissent ce mest uisorge fru
ment ne pois chargiez. vii
chamois en ont deuers aus
mis. Sanz les buef uiemoif
dont il ont cent 7. iij. chargi
ez lor accersif quil moment
en aufois. il nes rendroient def
mois quil nelont pas apris.
guitars torna son uis p deus
. i. marvis se ne fust uesmois
beligney fust maumis. Oi
tars sest bien garniz de por
tes de postiz por ferm'la mai
son. ni courent planielz ne
autre rollez se de uiez mar
rien nn. or li doit der moisso
darches est bie garniz fox 7

qu uiel oison enseigne le pu'
Lt fiz au bon hugo. Quiz
oiceaus ps de noiron seit
bien terre gast. ni q laisse
monton. geline ne chapon
qui ne face tuer. nus nelen
doit blamer qui entende tan
son. car filz desmerillon doit
p droit oiseler.

Dex saut ma dame
et doint honor 7 ioie qui ua
mors ma mon chant rendo
uclet. he las iriez er sanz a
mours estoie. mais ele ma
de mon corruus ostey leaux
amours cuiten doi sauoir
gre tout mon ennui mota
ioie torne. or me plaut chalz

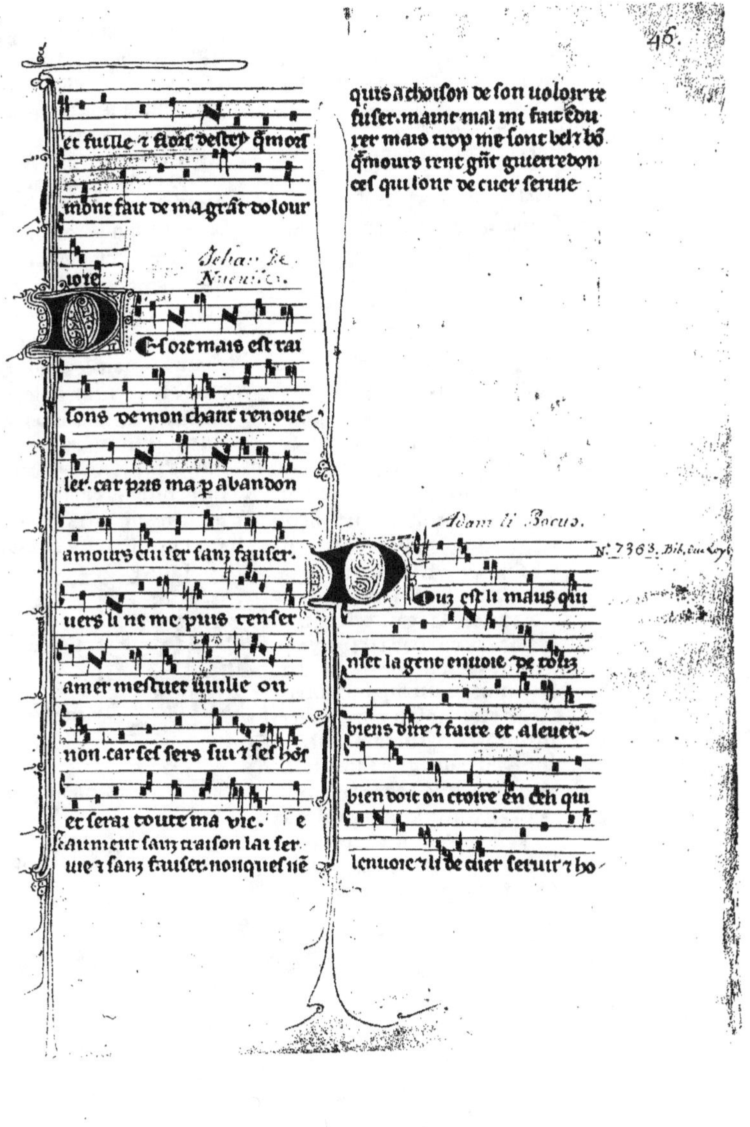
et fuille ⁊ flor destey q̃ mort
mont fait de ma grãt dolour
Jehan de
Nuevile.
Es ore mais est rai
tons de mon chant renoue
ler. car pris ma p abandon
amours cui ser sanz fauser.
uers li ne me puis tenser
amer mestuer uiuille ou
non. car ses sers sui ⁊ ses hõs
et serai toute ma vie. e
sautment sanz traison lai ser
uie ⁊ sanz fauser. nonques ñe
quis achoison de son voloir re
fuser. mainte mal mi fait edu
rer mais trop me sont bel ⁊ bõ
amours rent grãt guerredon
ces qui lont de cuer seruie
Adam li Bocus.
N. 7363. Bib. du Roy
Quz est li maus qui
nfet la gent entuote pe toliz
biens dire ⁊ faire et aleuer
bien doit on croire en cehi qui
lenuoie ⁊ li de dier seruir ⁊ ho

nozer. cest boine amors qui n'a
fait chant trouer. ce que fuir ne
sauoie. quant le dou; mal ne sen
toie. qui me fait ores q'unsera ta
l'auoreuse ioie. q ne puet trop
Le plaig souent le
acheter ne desirrer. temps q
ie ptoie aincors que ie comen
ceste aamier. mais doucemnt me
sfort z iauoie zpl ne fait de
bie faire pener. li desirriers que
tai de recouer le temps que ie
pou auoie sai git desir que
ie soie tex en cuer a lesprouer
que us bone amor me doie q
fins amis aquiter p bie ouuer.
Car moi non li torauit ma
huuie. se cuer auoie en us li de
fauser z dautir pr faiur ne li
porroie. car ma dame est tant
douce a esgarder. q mauuesties
ne porroit demorer. en nul cuer
q la uoie. z comit donc li fau
seruie. qir mieu; li doi sonour

garder. por li en cui gist ma ioi
e iuuil ie touz malx endurer. Prms cuers
gentix ou touz biel môteploie
cors signon; por cuer faire es
leuer. en nos seruir nus son
temps mal neploie. sen ni po
oir auttir bien conqster ne uos
devroie mon cuer fors p chaue
aincois moar me lairoie. z de
niei essamer parcôsiri. De
por ce pis auoir te ne devroie
se ie ni os ne uenir. ne alevcu
momô porroit se plus haudr
estoie. sen devsoit hule pine
meller. pour's honteus fait
mieu; auisiter. cus truanz q
quiert sa proie. conit harde
ment auroie de mo cuer us li
mostrer. qit cuers z langue
me loic qit ie doi a li parler
pôr saluer.

[musical notation]
…chantât
…vul ma do
lour descourir. quant pou ai
ce que plus desirroie las si

ne sai que puisse deuenir que
ma morz est ce donc iespoir
te ioie si mestoura a tel do
lour languir. quant ie ne puis
ne ueoir. ne oir. la bele riens
a cui ie matendoie. Quac
men so uient
grief en sont li sopir 7 cest toz
iors ne sai rien retroite. por li
mestuet mainte gent obeir. que
ne sai se nus ua cele uoie. me
se nus puet a bone amor ue
nir. par bien ami et leaument
seruir. ie sai de uoir quencor
en aurai ioie. Mi chant sont
tuit plain dite et de dolor. por
uos dame q iai lonc tps ame
e q ie ne sai se ie chant ou ie
plour. ensi mestuet soffr ma
destinee. mais se ueu plait en
cor uerrai le ior qniors sera
changie en autre tour. si uos
dorra il moi meillor pitee.
H ouoigne uos il ubr de uo

ne amor que ieiautez ne uosest
obliee. q ie me firast en ure ualor
q desmoi est urs q mer ai trouee. et
nomporqnt ie muir 7 nuit 7 ior
or uos doint der por oster ma do
lour que pluos soit mute recoſor
uee. Dame bien vuil que uos ſan
chiez de uoir. conques pmoi ne
fu mais dame amee. ne ua de uos
nom equier mins mon oir. mo
auer tai 7 meſchxe auon ree. se
nui meſtuer dam e de dedeuoir
que de tel mal ne me ſuel pas
doloir. ne meſtuez sil nos plaist
a lentree. Chancon ua te gar
de ne remenoir. puc celi qui pl
ia pooir q ai ſorel ſouter par li
changre.

R. de Nauarres.

Esperes ne rois
nont nul pooir enuers amors
ce uos uuil ie puer il puet bien
doner de lor auoir terres 7 fiez
4 mestau par obuer. 7 amors
puet home de mort garder et

doner ioie qui dure ploine de
mort fait
bien ·i· home
bone auenture · mieuz ualoir
q̈ nuls fors li ne porroit amder.
les granz desirs done dou douz
malour tex q̈ nuls hons ne puet
contrepenser·lor toutes riens
doit on amorsamier·en li ne
faut fors mesure· 7 ce q̈ le niest
trop dure· S amors uousist
guierredoner autant con ele
puet mouefirst ses nosa droit
mes el ne uiet dont iai le cuer
uolant·car el me tient sãz guier
redon destriuc· 7 si siu ci quelx
q̈ la fug en soit qui a li seruir
soutdic·empris lai nē iretoi
toie· Dame il naura ia bič
cil qui merci a tent·nos sauez
bien de moi au p estroit q̈ urē
sui ne puet estre autrement·
ie ne sai pas se ce mal me fe
roit·de tant dē sains faites pe
tit esploit·q̈ se ie dire losoie
trop me demore la ioie· Ie
ne cuit pas q̈longs fust nuls
hon·quamors tenist en poit
si perillous·tant mi destraint
que ieu per mataison·bič sent
7 uoi que ce nest mie a geus
q̈ me mostroit ses semblanz
amoreus·bien cuidai auoir

amie·mes encor ne lai re-
muc Dame ma mortma
uie est en uos que q̈ ie die·

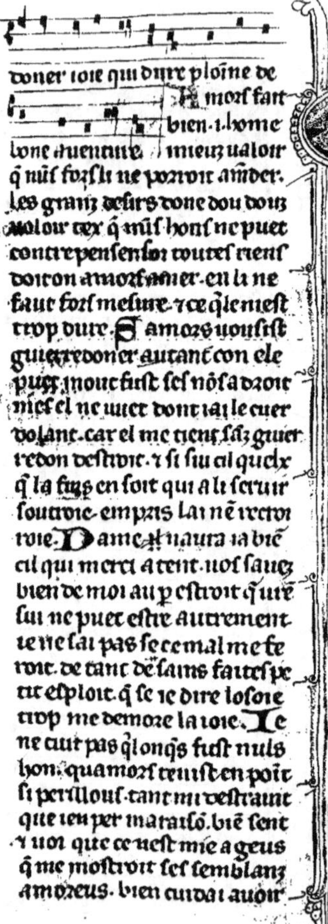

qui en atent guierredon.
Quit de moi est au desore
nia riens se mti non·mais cp
asses me demore se doi auoir
garison·sau barreai ne ma
uance·donq̈s ma mort espa
ce en guise de trahiso· Ie nor
pãser ne dire celi cui amisie
sui·mais onclr moctira uie
se ie lai auec autrin gen pa
roll 7 en faullace·car de dure
contenace la trouai lasqsto

·H· en debonaire cuil retraire ma chanson
Nez pas tout mon penset Dire
cele qui amis i ouit

gi fin. [C]onsoil q(ue) er de mo(n)
martire seignor mais ne sai
a cui. coment puet sa ioie eslire qui por tout voit son enuiz
mais iai apres des mesfaice une
foie a costuimance damer la
ou ie ne dui. [Q]u il est bien en
aucniture quamors a en son
pooir. cor me mis en sa mesure por ma guerignor ioie auoir.
mais tant dout ma meschea-
ce que ie nai mie fiance que
rienf mi puisse ualoir. [L]i
enmirz qui tant me dure meust mort au mien espoir mes
a des me ramesure r fait ma
dolour uoloir. car une douce semblance me dit fanz a-
pceuance puis mirirs por deceuoir. [O] afcoz de la mesef-
tance mairoe a odion en fin-
ce. por deu quil en die uoir.

Gaces Brulles.

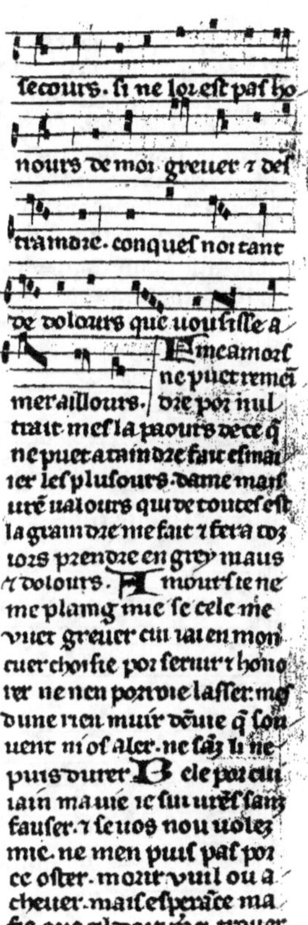

[E]t meamors
ne puet reme(n)-
mer aillours. dre por nul
traite mes la paours dece q
ne puet atraindre fauc esmai-
ier les plufours. dame maif
ure ualours qui de toutef est
la graindre me fait r fera tor-
iors prendre en gre maus
r dolours. [A]mours ie ne
me plaing mie se cele me
uuet greuer cui iai en mon
cuer choifie por seruir r honorer ne nen pornuie lasser. mf
dune rieu muir deuie q fou-
uent ni of aler. ne faiz li ne
puis durer. [B]ele por cui
iain ma uie ie fui uref fanz
fauser. r feuos nou uolez
mie. ne men puif paf por
ce oster. morir uuil ou a-
cheuer. maif esperace ma-
fie que cil doiw ma trouer

qui seit souffrir 7 amer. Touz
tors l'ai en remembrance de li q̃ ie
prmes la ui. son gent cors 7 la
semblance 7 la grãt beaute de li
qui si ont mon cuer saisi. cõ9s
moi duel ne pesance q̃ me isse
en obli. qñt ie part en oi. Amis
por deu aidiez mi que i aie sa
bien vuillance. por pitie et
por merci. car se gi fail mar
la ui. Biaux compains de ua
leri damors vient cote uail
lance 7 pour deu entendez i.
q̃ ie le uoil lo 7 pri.

Hugues
de
Berzil.

fu. mais y espoir ceste auira
tel uertu. que des autres me
rendra ma droiture. menni
cest chant sanz plus en auen
Bien fust raisons
puis que dame est uoi
ture / cue quainsi con len la
conquiert en tirant q̃ le fust
male a perdre autresint qñt
on cuide auoir sa leaul drue.
sa lon dou tout en pou dore
pdue. ce dont len a lonc tẽps
mal trait eu. cest grz pechiez
qñt la ioie ne dure dont lon
soffre tant de max 7 endure.
Se tout amours ne ret aue
soudee. a tout le mois fait
ele mieuz ualoir cel qui ai
ment de cuer sãz deceuoir. ne
ia lamors niert si delespree
que len ne soit en son cuer
plus iolis. 7 puis qu amors
nos atrait ioie 7 p̃s. iel teig
a sen que quou tiegne a fo
lage. ce dont len est pͬuail
lanz pusage. Granz do
lours est de ce que pͬagree

coument plus tart de laur gent
ucoir. der ie uoi tout le mode
a mon uoloir. et de la trefou-
mont quai plus amee mesuie
estre sauuages 7 eschis. q tant
redonit 9 conoisse a mon uis
ce q ie pans de li en mon corage. qfit ie resgart so tres simple uisaige. Pechie fait der
qui conseut feldnie. celi dont
toiz li monz est enuoius 7 madame me tient por agoissous
qfit ie li pri merci q ne mocie.
hayi. simple de uis 7 bian p-
lanz dorguillous cuer et damoreus semblant. cu mal
semble qui uoit uo boche rire que li saichez asprement
escondire. Et se ie sui deuos perdie douraiz nest meruoille que tant estes uaillaz
que bien poez p cor ami eslire. mais ie sui cil qui sor toz
uos desire. *Hughes d. Bregi*

Asi q cil qui cueure sa
pesance et son dehait entre ses
enemis. por ce que moins len
aient en uiltance me fais ie liez

quant plus sui ourt espris. et
por ce chaut. qua chascun soit a-
uis. que iaie en moi aucune bone estance. que bons assaiez re-
Dune
chose for
cueur plus damis. damesgrit
enfance qua descuident q lor tra-
uaillent pis. ainz que ma dame meust en sa poissance estoie
ie uaillanz a son auis. mes puis
quele ot mon cuer lacie et pris
li sembla il que noi poise de uaillance des quele mot dou tot a
son deuis. Tel home ia q done a la foie a son hoste. et rent
plus qil ne doit. por ce q mieuz
le mete en la folie. et q de plus
engignier le uoudroit. autel
fist moi ma dame en .i. cople
quele me fu de bone compaigni-
e. tant quele sot q suen quite
mauoit. Cant ai ame sote a-
mour 7 mamie q nul ior deu
ma dolor ne croiroit. uoques
ne fu si bone amor perie. se le me
dit quele mamie soit. maintes

foiz ai penſer quele mamoit.
mais or uoi bien q̃ ne maime
mie. quele ſe rie q̃t plus me
uoit deſduoit. Q̃il eſt bien for
qui ne chace ſa proie qui de la
cambre a aſſez poetrey. ie ui tel
lor ſe chaceſſe la moie. ce uiſſe
euſt mon uolor a cheuey. nene
tieng pas celui a bien ſeney q̃
de ſa dame reſpite ſa gr̃t ioie
que fame a toſt ſo corage mue.

E mai p la matinee q̃t
uoi reuuerdir lerbe uert ſor la
roſee. 7 uergiers florir. lorſ chãt
roune amour celee donc ſe crieu
mour. qui ſi meſt au cuer entre
e que nen puet iſſir. ne nen
quiert partir. por rien qui ſoit
nee. quant plus la remir plus

moie. 7 plus magree tout a
Grant 7 gente
7 aceniee. tel ſai
ſon plaiſir. ſanz faillir. uos
maueʒ lamoze donee p mõ fol
deſir. folecez ſi amoze fait bie
a ſoffrir. nul autre ſens ne ma
gree. ſi nu uul renir. iai mieuʒ
amour de moit ſauoree que iu
ure 7 languir. ſe ma uie uoſ ē
nuie. ia nen quier garir.

A auenture aichaucer
ſi ne ſai ſe mardera q̃ meſchet
A de ſante querre la doit car la.
ſai . 1. nouel chant trove. por
eſſauer ſil plaira ma dame ou
en ma meſlee. mais ma cham
con lt dira la uertez bien air

50

Bien conoist
ma leaute. q
qui la chantera. si grit fel me
charga. amours q ma assenej.
a la plus bele qle a. trop ai hau
tenlt pensej. mes sins cuers qui
coparta sa hardie uolentej. ses
outrages locirta. trop ma gre
uej. qui tel consoil me dona.

A tort ai mo cuer blasmej. de
ce que si haut pensa. amors li a
comandej. cui hons il est z sera.
li gart bien sa leaute. z ce q pro
mis lia. et samours mauoit
freuej. oil don que me promist
ta. si mauroit donej. le pl° bel
tresor quele a. Dechie fist z
grit uilte qui mesonr a costu
ma. et cil si ait mal daibe qui lor
costume tendra. fuaillie mor
et pene mais ia rics ne loiuau
dra sil onr fait lor cruaute. ma
grit leautez uescra lor fausete.
con qs plus leaux naura. En
espoir de tel bonte. mes cuers
tox iors setuira. z qui qle ait
blamej. ia ne sen repentira. me
ce ma mout coforte conques
amor point de raiso ne gar
da. ne beaute cest par q pitiez
naistra. du milite p q merciz
me uedra. Dame sil uos
uiet a gre ma chancon par
tant ona. trop ma mielz de
marej. lors que cist mires

fait hoir. ioli de douce acoin
tance. de large uoloir. hardi
de tous biens embracier. uer
de mesdir et de ueritece. ensi ser
a seruir ces q li font ligance.
Et puis q mors tat auace les
siens dee sai le deuoir. q est fait
sa mescheance. qui de li part
son espoir de bien en mal fait
muance ce poez ueoir. q guer
pir si vous meshet ne fait nus
fors empirier. por cai mis
ma remanance en ami sam bon
sier. ferai ma pentance Que
que soit damoir aimi sanz a
mour unire ne quier en uire
q iai choisie. mettrai cuer et
desirrier. et sele ne me fait
une bien cuit emploier mon
tans quonors mest de seruir
bele z bone en cui noi flourt
sens et beaute z cortoisie ne
pouoit uiir mis de li q bien
en die.

A douce volour auran

longuement estre. mais orai pa

our quamors ne mait oublie.

si li pri por de se iai de iie mes

serir en uers li quele en ait ici

hemi der hent ses dous resgars
Onqs anul ior non
ioie a ma uolunte
ma traln. se iai bone amor sin
e sanz fausete bie sai de uerte
sa droit suut sui bien done q ta
urai mei. Hemi Cil doit bie
ioir damors par droit q iuge
mit qui sanz repentir la serr
bien z loiaumt. mais on uoit
souet q est qui plus bonemet
ont sui faillent amei. Hemi.
Dame tant desir ure douz
a comtenir. q truit mi desir i
sut z mi pensesit. mes prison
trop grit seruient li dous sem
blant que uos ui. se ni truis
mei. Hemi. Franchise et
doucors z truit bon ensoigne
ment. dame sont en uos cerlai
te certeinemt. ia por mesdisit
ne partirai mon talant ce uos
di. de ure mei. Hemi der he
mi mes ioliz cuers ma traln.

Enuiz et desesperan

ce mort fait targier de chan

ter. oz ai une remenbrance
qui me fait ratalaiter de cha
con trouer por la bele cui i
our. qui sor toutes a beaute
Certes riche
ment mauance
et ualour. boue amors por
mieuz chant. qit dame de tel i
uaillance me fait sinr et amer
si mox bien uenter que ia uig
tou mont la moillor doue ie
meitia graa boue amoz.

la douce faison des
tez que reuuerdist la fueille
a la moreufement chanto co
ment que ie men dueille un
i. fin cuer desmefure que bie

amer sorgueille. sa son ou
tiuge en leautee. z en fine a
Ie reser
ma dame
mour affamble. por deu qn
pitie me reuille. z fauril bie
mauoit doue quele nou me
reuille. qou mont na honor
ne bote. ne riens q ie pruil
le. fors que uiure a fa uoliite
et que la masse par son gre.
Sui biau paller. sui a com
ner. fa douce copaignie me
feront penfer z ueiller to; les
iors de ma uie z me fot de mef
mauf cuioier biens. z fens de
folie. ie nen puis garir ne ne
quier. oz puit der tou ra faa
gier. Latent ma ioie a git
donger. ploms desmai z den
ne. ne raisons ne me puetai
dier. fe pitiez ne ma hie dame
cui taing. fam lofengier por
deu ne uos griet unie fe de m
et uof os proier. couqs de tre
noi tel mestier. Bien uoi
que ma dame ne chaut de rie
fors dou destroindre git pl
ma conquis plufmafaut. ne
nen puis ioie ataindre. tout
a son uoloir me trauaut z lant

plorer ⁊ plaindre. ie lamentai co
ment quil maut he las iaig bie
mais pour mi uaut. Hugues
compains se der me sant iamg
leaument sanz samoze. si cus
souls pomz damors ni saut se
ce nest cil que iamg trop haut.

soucent chant q ma foie deu
naille me troist mes maus et
rtaille. oz les lesse oz les reprēt
douce dame auos me rēt. cest
la fins de ma bataille. He a
mors cū longuement atōzai
toie ou torment que noz ne pi
tie nen chaille. gūt pechie fait
q traualle celui q riens ne cō
tent. home qui ne se deffēt nest
pas honoiscūleffaille. Or
sai bien que ie ferai mal ⁊ bie
en gre pndrai. tant que moz
ou garz soie. ⁊ sauez ma plus
gūt ioie. certes ie la uos dirai.
que iai si loingz ne ferai. que
trimbrant ne la uoie. Ist re
mbrerf me rauoie ⁊ conforte
en gūt esmai. he las ⁊ qūt pꝰ
nen qne sai que deuenir doie.

Leaul cuer ai mes petit me
vestent. de la dolour. quamors
me fait sentir. dolour p foi aiz
sui morz plainemt. se ie neuf
se esperance ou merir. iai nen
guerrai ce sai ueraiemt. quelx
garisons est ce que ie demant.
leauf amanz ne puet damors
gain. Est il nuif bons tac son
de bone foi. cui iosasse descoir
mo penser. tel uoi le mont q
tote gent mescroi. ne sai les
bons des mauuais deuiser. et
si uos di que le traitour qoi
redout. ij. tanz que celui que
ie uoi. qui ne sauroit sa trahi
son celer. Douce dame q fe
toiz uos de moi. ie ne uos sai
losangier ne guiler. mo cuer
auez ne le uos outroi. quen
moillor leu non peusse doi.
ne mamei viz quecor iii a de
qoi. ne uou uos of reqrrene

ne doi. que petit uaut por tel
von demander. Li enuioux q
decouuent a tort. leaur amors
en semblance danz font lesa
manz souuant tire A la mort
que rex sen plaint conq mal
nen senti. mais tant ia dont
ie me reconfort que leal cuer
7 bone foi uos port. er leautez
est uoie de niei Dame ior.
cuer ione rentier 7 fort. q uos
vonai ligement sanz resort.
fin cuer uerai tautost con ie
uos vi.

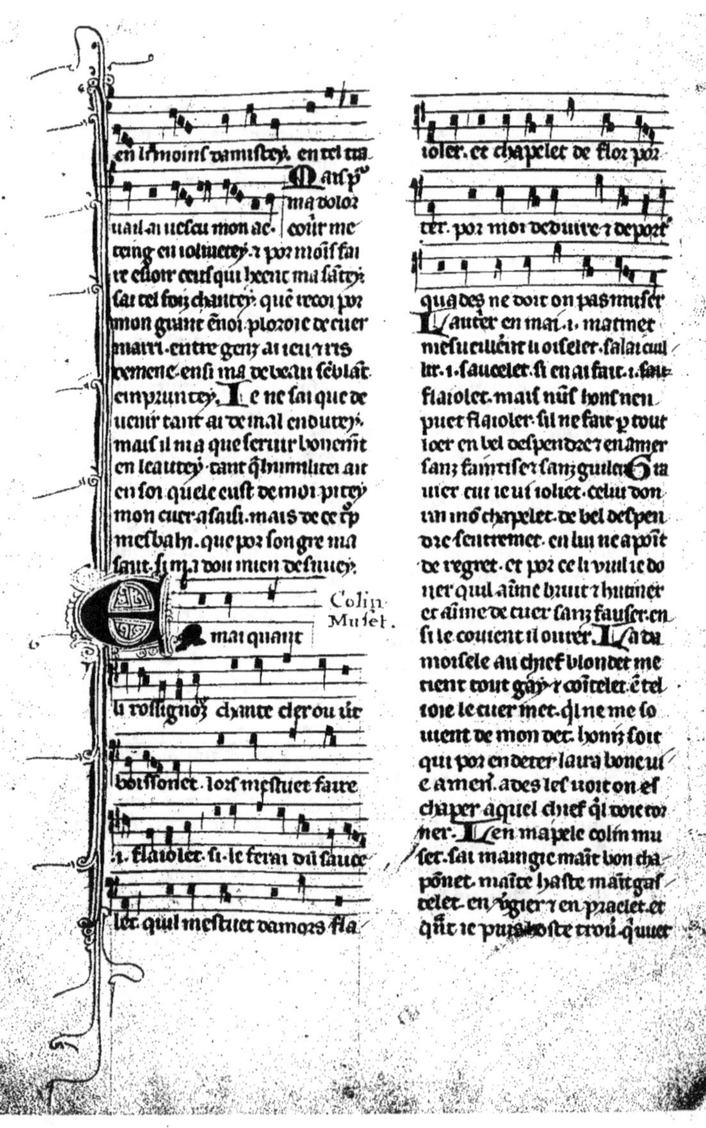

en li moins damistey. en tel tra
Mais p[or] ma dolor
uail ai uesai mon ac. coilr me
tcing en ioliuetey. z por mois fai
re euoir ceus qui heent ma faityi
fai tel fois chantey. que trcoi por
mon grant enoi. plozoie de cuer
marri. entre genz ai ieu ris
demenc. ensi ma de beau seblat.
emprunctey. Ie ne fai que de
uenir tant ai de mal endutey.
mais il ma que seruir bonemt
en leautey. tant q[ue] humilitei ait
en foi quele eust de moi pitey
mon cuer afaifi. mais de ce t[em]p
mesbahi. que por son gre ma
fait. fi ma don mien defuuey.

Colin Muset.

C[...] mai quant

li rossignoz chante clerou ir

boissonet. lors mestuet faire

.i. flaiolet. fi le ferai du fauce

let quil mestuet damors fla

ioler. ce chapelet de flor por
ter. por moi deduire z deport
qua des ne doit on pas muser
Lauter en mai .i. matinet
mesueillent li oiseler. salai cail
lir .i. fauceler. fi en ai fait .i. fou
flaiolet. mais nus hons nen
puet flaioler. fil ne fait p[ar] tout
ioer en bel despendre z en amer
fanz faintiser fanz guiler Gta
uier cui ie ui ioliet. celui don
uil mo chapelet. de bel despen
dre fentremet. en lui ne apoit
de regret. er por ce li vuil ie do
ner quil aime bruit z huiner
er aime de cuer fanz faufer. en
fi le couient il ouuer. La da
moifele au chief blondet me
rient tout gay z coiftelet. e tel
toie le cuer met. di ne me fo
uient de mon det. honiz foit
qui por en deter laura bone ui
e amen. a des les uoit on es
chaper aquel chief qi uoie tor
ner. Len mapele colin mu
fet. fai maingie mait bon cha
ponet. maite hafte mait gat
telet. en ogier z en praelet. et
qut ie puis hofte troU quuer

a croire ⁊ bien prouer. adonc me
preing a seronf selone la blon
dere au uis cler. Nai cure de
roncin lasser. apref mauuais
seignor troter. sil heent bien
mo demander ⁊ ie cent tanz
loz refuser.   *Guillaume li Viniers*

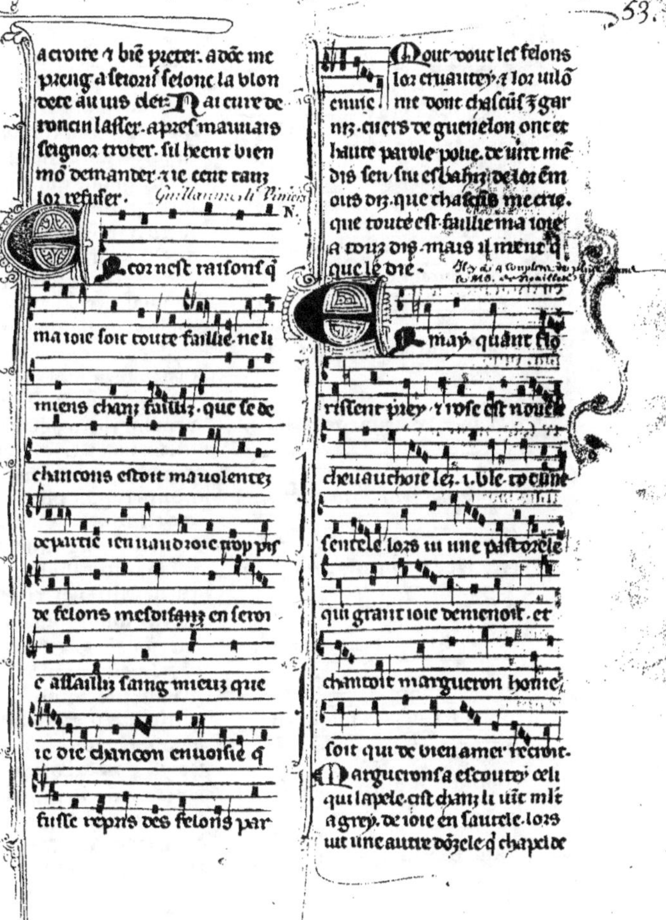

Qui roit
uenir son e
puet maingier. nenui conrae
por traire alui guz saietes va
cier. il se deuoit trestorn' en
fuiant et garantir sil pooit
de lacier. mais qt amours
ment plus a moi lacier. 7 indis
la fin cest mruoille trop guz
quali recoi son cop noiant
la gent. con se ie iere toz sous
en un iigier. Ie sai de noir
que ma dame aiment cent
7 plus assez cest por moi corro
cier. mais ie l'aing plus que
nus tres durcir. si me doint
der son gent cors ębiacier. 7 se
ien sui piurs a esciane le me
deuroit trahimer tot auant
7 puis pendre plus haut qu
tre cloichier. Se ich dira
me ie nof aing taut. eledira
ie la vuilengigmer. ne ie nai
pas ne sen ne hardement que
contre li me puisse desiraisli
cuers me fauroit qui me de
uroit aidier. ne pole tautrui
m uaut noiant. que feiai ie
consoillie men auant li qlr
uaut mienz ou attirdre ou les
sier. Ie ne di pas que nus
aint folenit q li plus for en
fait mieuz a psier. mais guz
cuns ia mestier souer plus
que na sens ne raisonne plar

Ce est la riens que plus auroit chier

dier de bien ami ne puet nus
enfeigner fors q li cuers q do
ne le talant qui plus aime de fi
cuer lentment ail en feit plus z
moms sen feit aidier. Dame
mera vuilliez cuidier itant q
ie uos aing foul plus ne uos
demant. vez le forfait dot ie uos
vuil prier

p nule feurtance z cuidasse m
ci uier. mais qut ie plus m euir
tier. plus uettuis male vuille
ce fi que ie nos au prier am
me muir en itel fofrace Dou
ce dame en cui iai fiance de ma
qut ioie recourer. mebre uos
quen longue atendance me
puet amors trop agruier. ie
ne me puis reconforter z en
uos est ma deliurace. dame si
uos en doit mebrer felde ure
route femblance. Tote ma
mour fine z entiere doing a
ma dame bonemit. ia porce
fel not ma pier ne la merai
moins fiueuit. q nest pas ams
autruit. puis qil ua auant z
arriere. les mans foffre legre
rement q aime damor noue
tiere. A fole gent de cuerle
giere. nof abaisse ioie z iouer
z fauie vme nouelicir qui ce
stui lasse z cestui prent. pour
ce ua amors ancint. pou ce
ue lenmais qui lait chiere.
si noiron aucuir fouent q la
plus fauce est la plus fiere.

M.re Pierre de Creon.

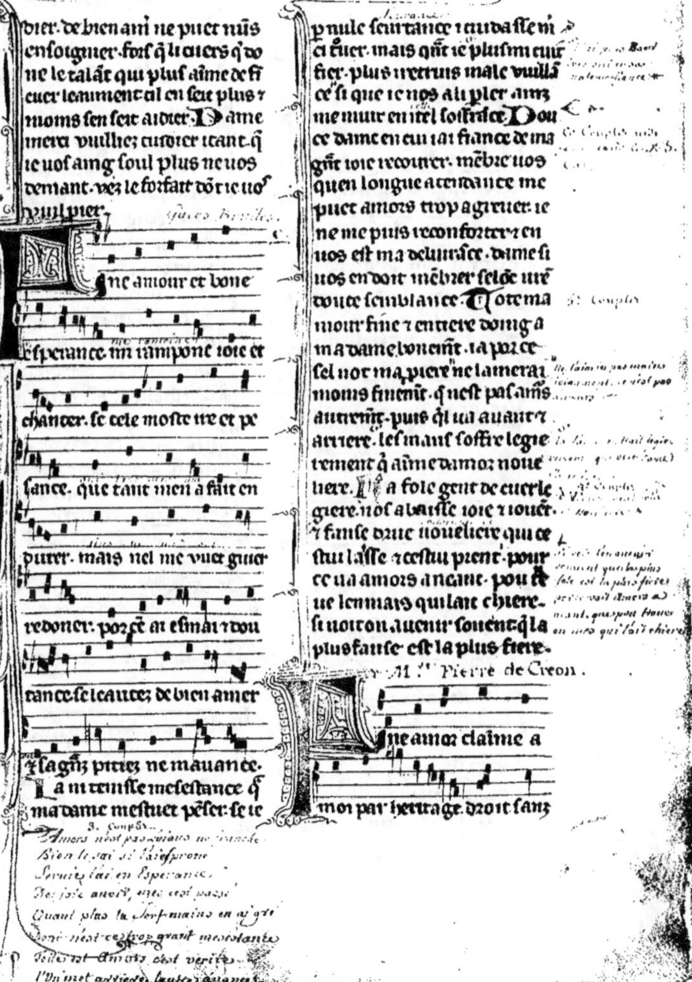

raison que bien · loiaument
iour servie de ca en lor aauge
li bon seignor quen rendreit li
gement · pris ꝛ valour ꝛ toue
enseignement si chanterent
ꝛ ie tot aussment viul que dai
mors ꝛ de chuit les retraie ꝛ
vou sorpluis me met en sa me
naie de cuer de cors ꝛ donor
et de vie · com a ma vouee et

La me
naie de mô
droite seignorie ·
droit seig
norage · aing ie ꝛ pris tant q
de li souleuir atent ꝛ ceoi da

lioit mô fin corage · tot bie p
ioie ꝛ adroit · Autrement nest
nul bien fins amis êtaerent
sanz gîte ioie desque touz li
gement me rent · a uos dou
ce dame uetaie · ꝛ qût nest nu
qui sanz bie gît ioie aie · for
est que bien sanz cele auoir
se fie · par eu touz bies en ioie
montreploie · Tel ioie auoir
ne doit pas cuers uolages q
par tout prie ꝛ par tout fau
se ꝛ ment · se tout conquiert
p son faignant corage tout
li veffait la menconge et des
ment · que tex con est li desirs
con atent · comt quil soit la
ioie o en prent · car il nest pas
p raison questre doit ensi co
quise · icele haute ioie · qui p
tout uaut ꝛ a ualoir alne sen
est sor touz desirree ꝛ cherie

que iamai. por ce me sousi
ce esmai. riens ne mi plait
que iai eu fors dun panser
que ma dame ai qui me ra

Je ne di ces pas que religieuse mon esmai. cintuz soie damors ia nou serai. ia pour enui que iaie en us bone amor ne fauserai. ainz aing touz iors amerai. puis qua mer su esmeu. car se iaing bien de cuer uerai. p beau seruir amez serai. Hontis soie cuers qui pour trahir fait bel semblant de bien amer. itel cuer doit on trop hair. tel cuer doit on mauuais clamer. amors ne fait pas a blamer. qu bone amour a tant hair. car qui bien sere les maus damer nus max neli puet estre amer. Le doit bien fine amor cherir. o bien qu il doie coster. amors fait les beaux cops ferir. amors fait les coars ioster. amors se fait par tout douter. af iues puet

bien lor maus merir. qui hors damors se iuet conter. en nul bon pris ne puet monel Da me dont uos dirai le non eu eu tut bien sunt amassez. de cortoisie a uec renon z de ua lour toutes passez. des maus damours dont sui lassez. ne puis garir se par uos no. se de moi dame ne pensez ia de cest mal ne me sanez

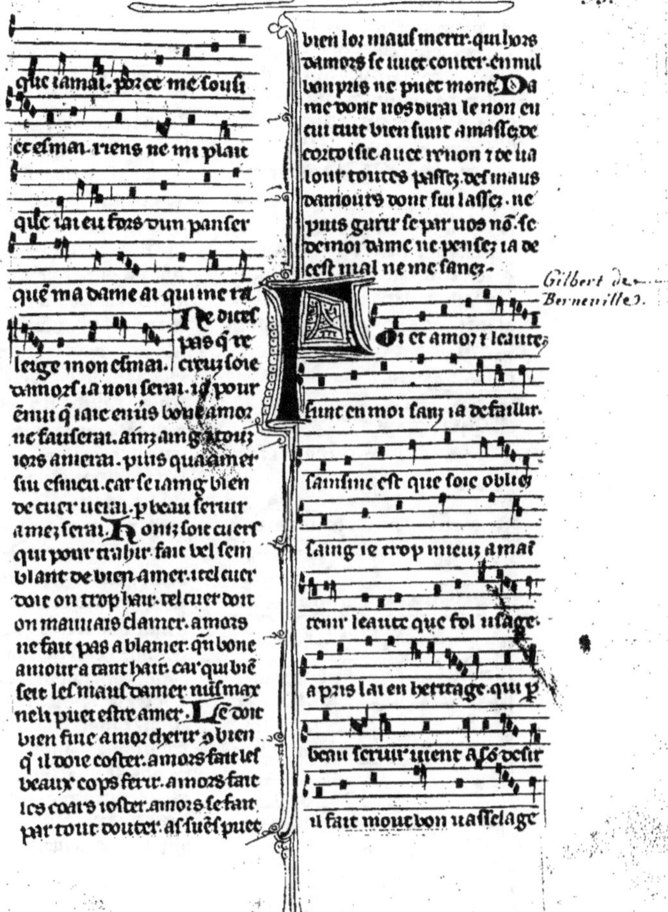

Honsq aime z qui uuer ami.
doit toute mauuestie hair.
z doit estre cortois z ter quil
ne se doit pas orguillir. cil es
lieue so hontage qui par force
z poutrage uuer damors ioir
z bien idoit faillir q la reqert
par outrage. D amours ne
doit estre honorez cil q ne vuet
bons deuenir. ainz doit estre
a tel fuer lutrez que dame ne
len doit hair. mais li felon
plain douttage scuent si bie
lor langaige z lor moz polir
con ne sert chosir li quelx a
l caul coraige

ine amours en espe
rance. ma mis z done uoloir.
de chanter por esligance des
maus que me fait auoir. ce
le qui bien a pooir damenui
suer ma greuance. mais pa

our ai z doutance que p fe
lous losangiers ne me vuil
Tat mi plait
la contenace et
le iustifier. son gent cors a
ueoir. z sa tres douce seblance.
quen gre doi bie receuoir. ce
que me fait a voloir. fai ades
en remembrance que biaus fer
uirs z soffrance fait fin ami
auoier z sonor croistre z hau
cier. out est for qui me
chastie z qui damer me repne.
car tant a de cortoisie z de bon
enseignemt la ou mes fins
cuers satent. q siens sui qq
nus die. sa ualor. sa seignor
e. sa beautez qt la recort mes
maus obli q ie port. B one
dame ne doit mie croire mal
pliere gent. qui toutz tors ont
grant enuie de ceul quaiment
leaumt. he las tant mot fait
dolant. ma ioie mot es oign
e. se der lor toloit la uie de mar
auroie cofort qil miont fait sof
frir a tort. R aison meseng
ne z auise z iou sai certaine
mt. car qui aime sanz faitise
gent guterre don en atent.
qit il aime en lieu uaillant

dont ai ie m'amor bien mise
car en tel lieu lai assise q ne
portoie cuidier q iaie serui
sanz loier

[F]ine amors me fait chan
ter qui me tient en esperance 7
cele que noz nomer ou iai tou
te ma fiance sa beautez nui fait
douter 7 pitiez reconforter car
amorz ma enseignie beautez

[F]ine a
mors me
nest pas sanz pitie. fant suir
ma dame sanz repitance. 7 ce
q ie tant desir auoir la soe acoi
tance. por li chant plor 7 sopir
7 bie saichiez sanz mitir q trop
ai grant hardemit. qit de cuer
plor 7 ie chant. [F]ine amorz
qui me maintient me fait me
ner bone uie. car de ma dame
me uient ou tant a de cortoi
sie la ioie q me detient. foi est

qui amors ne creur. amours
por une doloz. c. ioies rent en
.1. ioz [F]ine amorz ne deust
pas uers moi penser tricherie
car onques namai a gas. mais
leaumit sanz boidie . nou fait
ele chaitis las . conqs amorz
de tel qs noaist home sanz m
a ne comencera pas q. [E] me
amours ie uos en uoi ma cha
conete iolie. si uos pa que iai
de moi. soiez us ma douce ami
e . pour li siu en grit estroi la
poine que ie sosttoi fera blas
mier bone amorz sele ne me
fait secors....

vante pieca q
ne chantai oz

chanterai a lentrant dou douz
mois de may. car p'oimit lan
et uiure a celi qui ma nauré.
sanz iames garir au cuer dii

ardant desir plain damour et
Longuement me tient a essai. z si
de plaisir. ne sai se i aia or guer
redon. uirai. le seruirai m on ac
leaument e sanz fausere la uul
maintenir. dex domt si con ie de
sir que im doigne retenir. Da
me qui tant auez cier uiui. de
uoir le sai. car le sen z le bien
que iai. tout de uos lai recou
uire. bien ta amors ouir sile
uoi grueir. qui tel mal mi fait
sentir. donc iespoir encor ioir.
ame piecai que ne
chantai mais. et que de chan
ter noi talant. las ie soustien
damours tel fais. que mi uoil
le est coment ie chant. car sanz
guerredon nama tant mis
hono tant fust ses cuers ue
rais con iai. ame tor mon ui
uant. he las de bien amer me
uent. z de bien estre amez me
tais. trop mi tient amours
Par deu amors
i. pou me dout. por enfant. que cil ne soit
fox qui uos croit. estrangle; est
qui uos trablout. priures est
cil qui trop en boit. uos estes
ter ne sai que doit. de uos boi
ure sont trestuit glout. car la
sauoir les en decoit. la sicue
uoi nul q sen lout. a pou q ne
di tout debout. fox est qui ua
mer ne recroit. Gillebert de Berni
uille
Autre chose a
en amor bien
la doit garder qui la. na pas

faill; a honor fins cuers ou e
le sera. qui plus aime plus
metra. trestout son plaisir
en bons deuenir. por ualoir

doic auoir chascuns bone a
mour sanz mouoir ... ame
por ute ualour mes fins cuers
uos enama. car bien sai quil
na moillor de cala mer. ne de
la. amors pas ne mobtia qui
me fist cloisir cor a mo plai
sir. pour ualoir. De trop
fera son prou. qui damors se
ptira. ne iames plus uilain
tour en sa uie ne fera. damor
qui la laissera. mais sanz re
pantir si doit on tenir. por
ualoir. Amours enseigne
7 aprent son home. 7 le met
en pris. por cest fols qui ne
furent 7 qui son cuer ma mis.
Et ie cui leaus amis amors
seruirai 7 si mi tadrai. por

ualoir. 7c. Mout est fox q
ne sapent aamors seruir to;
dis. quamors tient celui ioi
ant qui ali est ententis. si ma
lacie et sopris ses psons se
raı 7 si mi tendrai. por ua.

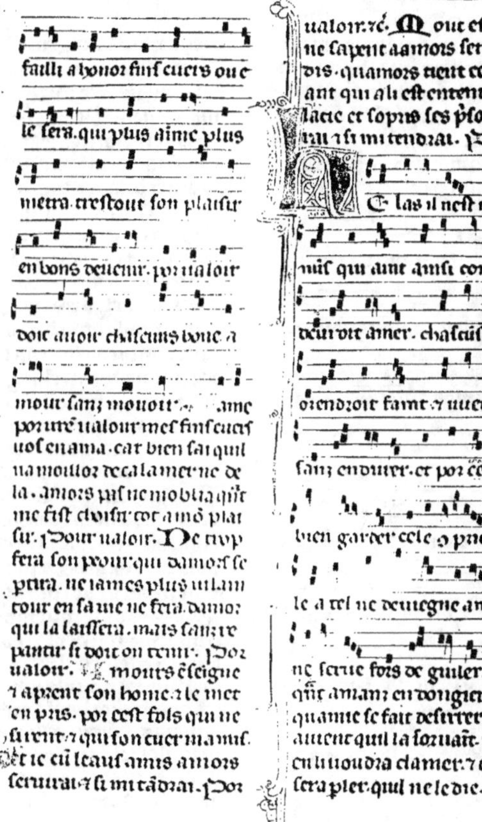

Helas il nest mais
nuis qui aint ainsi con len
deuroit amer. chascus amanz
orendroit faint 7 uuet ioir
sanz endurer. et por ce se doit
bien garder cele o pnc. que
le a tel ne deuiegne amie q
ne serue fors de guiler. 7 t
qir amanz en dongier mait
quamte se fait desirrer. et sil
auient quil la sozuait. usage
en li uoudra clamer. 7 cele no
sera pier. quil ne le die. he las

con te plaing donc amie · por si
uilainement user ❧ O haiscuns
qui a uiant taint · ne qui tant
bel set sarmoner · n'aime pas
por ce sil se plaint · ne sil ¬ lar
ges de doner · on uoit tel aime
uenter qui n'aime mie · por ce
doit dame ainz quele outrie
son ami p oeure esprouer · ❧

riens ne ui de si gente facon ·
Uersli men uois en r'iaumis
lai a raison · bele por deu dites
moi coment uos auez non et
ele saut maintenant a son bus
con · se uos uenez plus auant
la autrez la tancon · sire sui uos
de ci · je nai cure de tel ami que
iai plus bel choisi que claime
robecon ❧ Quant ie la ui
esfrer si ouirement · quele ne
me doigne esgarder ne faire
autre semblant · lors comen
cai a penser con faire ment · ele
me pouoit amer ¬ changier
son talent · a ere lez li massis
com plus resgar son cler uis
tant est plus mes cuers es
pris qui double mon talant ·
Lors li pris a demander mlt
belement · que me doignast
esgarder ¬ faire autre sem
blant · ele comence a plorer
¬ dit itant · ne uos puis esgar
der ne sai quelez quenir us
li me trais si li di ma bele p
deu merci · ele rit si respon
uos faires paour la gent · ·
Deuant moi lors la montai
de maintenant ¬ tristot droit
men alai lez · i · lors ijdoignt
qual les prez esgardai soi g
ant · ij · pastors p mi · i · blef

q̇ uenoient buiant ⁊ leuererent
i gist eu. asse; fis plus q ue
ne dis ic la lais si men foi ne
oi cure de celx geni · R de N...

C ne puis bien mctre en
nonchaloir. que ie ne chant q
amois me semont. que de cean
le greignor duel dou mont
que ie nox pas descourir ma
pensee ce done ie uoi le sau
tres deceuoir tex fait sem
blant damer qui poit ni bee.
poz ce chant ie que ne rcstain
mon plour. ⁊ sen atent ioie

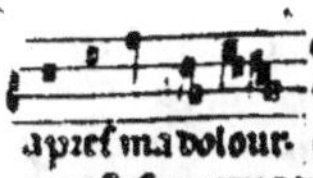

A est echo
ce me deur?
aprcf ma dolour. ore bie seoir
qui est sanz rnie. ⁊ m a point
de font. ⁊ sil est nul churrnichz
me rcsponc. ie len aurai bien
tost raison mostrce. qua prcs
gz maus ccoit on cor p̄ udcr.
est mamtc foiz gz ioie ircoise
se ensint est dont naue puf po
our que de mes maus naic biē
le retour. T ce retour dex q̄t
la uuu gie. certes dame de nos
se ie latent. les uoz beautez et
uiz bn semblant me foz auoir
une bone esperace ⁊ si ne fai
se ie ai dit folie. qmlt redout
de uoz fause sevlace. ensi le di
q ne men puis celer ne ne me
puis partir ne remuer. J ou
remuer ia ne preurai congie.
nel feruie poz rien q soit uiust
si i partir q st mis me siu en tat
q iatendrai quer sera ma che
ance ⁊ courrai cuisine mon
cuer urie. er si sautrai samors
a conoissance. ne sele seit ami
guicr redoner. ia ni poz ai poz
belement celer. C eler doit
on que mlt naut a ami. mes
ne men puis apecuoir de rien
li miens celers mi faut plus
mal q bien. q ian glcoz q poi
ncurz arisent uont tat plat
que raucost ont nia ne ie mur

R. de Navarre
R/N

bien faire ⁊ auancier. Chacon di li que tout ce n'ameſt
que sele auoie .c. foiz ma mort
iuree. si meſtuet il renamor
en son dongier.

semeut dont maintes foiz ma
ment. que ie di ce dont au cuer
De li nul con
fort ne me uieſt
me conuient. ne dautre nel
quier ne demat. bien sai qua
mon me conuient sanz ioie a
uoir en atendant. si eſt mauis
que iai porte tant ne ptoit
eſtre sanz mort senf. mais se
ganz eſtoie plus ſeruie enri
chiz que nuls de mon parnage.
si me riuoit quen treſtor mon
aaige entre tanz maus nus
biens ne me auient. ⁊ moi co
ment qui a li uen sotuet. :-
iſt maus ⁊ eſt peſers me
uient de la ou ie morui sof
fraiu mais a soffrir le me co
uient. qii madame na mil
talant de moi aidier na mo
eſciaut se por moi ne la ueſt
mer. mais .i. reſpit ma con.
forte dont ie sui ganz taſt eſt
cortoise et saige. et si set bie
et conoiſt mon corage quen
delaiant me dit ce q ie vuil
mort ma ses sens et malu
mont si huil. De trop lon
gue atente me duil ⁊ de ce pl'
qua mon uiuat ne urai mes

si con te sueil. son biau uis fres
cler et riant. ha las trop me
ua esloignant. mais nus nel
fait si a enuis. ne la mertz li
merti mis trauaus qut nus
veli; ma dolour na soage de
li amer fait folie et outrage
der por quoi laing. por ce qua
mer la vuil. ie nen puis mes
cene firent mi huil. Car
oi de mal quecoz men duil
que au partir li uig deuat 7
ie cuidai si con ie suil merci
prier. mais en plorant ne por
dire a deu nos comant. si me
fu li parlers faillu;. puis q
partiz men fui ne fu mes
chanz oiz. ne ne plaig mon
domage. amz aing eusi fa;
cuer uolage et amerat 7 se
maus men auient nest pas
amors donc a des me souuer.
Ton; establiz sui dou bo seig
norage 7 plaing mon prou 7
mon damage vuil. ia mes ce
croi ne la uerront mi huil.

Renaud de Sàbueil

A de chanter en ma uie ne ser

maus auoir corage. amz aing

micuz quamors moie por fui

re son grane domage. que

taines si faucement soie amé

e ne seruie. por ce chasti vou

re gent moi a mort 7li tra

Ne las ie ai dit folie
ce fai de noir 7 outrage.
bie. mais amon cuer prist
enuie destre legier et uolage.
ha dame tant men repent
mais cil a tart mci crie quia
tent tant que il pent. por ce
ai mort desseruie Mamor
ine couuit retraire por sa fau
se contenance. poise me mé
puis plus faire. qua son cor
se desauance. mais tex estir
uolentez que cil qui plus li
voit platre en est plus cou
tens greue;. por cest ichers
se uoue. Merci couuent q
soit maire que toistre ne da
mance. dame nel poi mie fai
re. ne ne sai donc ioi pesace.
mir en folement pie. ider mé
de uroit cotraire come fol
desespere. que li not arz que
refaire. Cor laurai espoi

te. mais ce moi q̃ mesniaie q̃t
cil qui plus est seanz qui de tos
ses biens delaie. por q̃t ne si
doit fier. dendroit moi soit cle
mandite. la ioie que toi dam
que toi g̃nt or lai petite. A
grant tort laurai sordite dou
monde la plus ueraie. por ce
men coing a retraire i meu
mer en sa menaie quencore
men puet griuer. i der le re
de mettre sel me uoloie pdon
la menconge q̃ iai dite. Cil
narcisus uult mander q̃ port
ma chancon escrite dedãs so
cuer outremier pmi la terre
degyipte. R en aut q̃ amor
amie puisse der g̃nt mal do
ner. por li men uois en egyp
te.

Riez destroiz et pansis chan
cerai amoreusement otre mõ
cuer lai enpres. a pou que ie
ne men repent. car f sauroie
le grant torment det la niue
ueil et le iour

fine amour ue
raie de noir sauuoir qil a sou
der
tãt meu
grant cort meslaie. et li mal
sopris sen gariai si ne sai co
ment. et se ie uiuir le ax amis
est gari honoreeme. a so ui
uante meniour atent. ie la cen
drai mout bonemt quelque
mal que ieu euue. bone est do
lors qui de g̃nt ioie apaie. :~
En maintes meneires deuis
maioie. mais trop me uuele
lent se ieu fuisse poisteis sai
chiez quil alast au trenir ine
quant daincei euene. aimois
me grieue plus fonsie fors
nul bien que ienuaie fors soul
icant que sperãce ma paie.
Onques ma dame tresou
tir son comandenie. car son
grant cors i son deruis i la g̃t
ualours le deffenc. q̃ ie naie
fol hardement daimer. euli ts
hautenie. ainz atendrai menã
e. der que ferai se mez me de
laie. Mout iai eiiz enennis
faux i cruelx uilainenie. car
plus douce i feran toux disflor
eniui qutre hardenie. car plus

aime deceuament li titres qui t[richent]
cher ment ocist plus tost sanz
plaie que li barons qui en ualor
s'esslaie. Sire se ma uie me uient
cele qui ma mort longuement
a son oes i uiuroie. cil ne uit pas
cui granz ire maistroie. sire por
deu proiez li que mien auie.

ne me furent aine. Ceir
blasme amors qui la cuide
loer. faus tricheor qui pent
sanz raison. chascuii se plaie
de tolir + dembler. q̃ mours
a p̃s lor aier en cb̃iso. mais
ie uos fis dame ligece + don
de tout le mien. qua i̾z nen
uuil point oster. tout ai les
sie en u̾re seignorie. prenez
mauuer ou ie morrai deniue.
Amors me fait ma gr̃t
ioie apanser. dex li ne sai se ie
laurai ou no. mais auis m'est
q̃ ie doie tr̃uu belemet en la
douce p̃so. ou iai laissie mon
cuer sanz trancon. la me deu
si nemen puet quiter ce q̃le
tient a force en sa baillie par
mon uolor. car son gre nest
ce mie. Souuet mestuet
toir + acoler tel uont ie sai q̃
ie fais trahiso. car ie ne puis
a mesure esgarder. ce uont il
sont deuineor felo. en uer
ant pensent que nos diso.
mais ne lor uaut bien lor
sauroie embler q̃sique ie
uuil ioie + honor uie. sa
mours uesiquoit ma dame
g aimie. Nus ne deuroit
ses ualors oblier. ne ses bear
culr. ne sa gente facon. et

qñt te plus pinsa li tembier
si me muueil q̃ uos taie ne la
mons. or auie die ouuge ꝛ def
raison. qui portoit der a tel
cuer asleuer. dont te laig tãt
coñit que mescondie. qua
toute rieus met auf amois
faillie. Li cueus de blois
part en ceste chancon se il a
prent leauuit a ami. car da
mois uient bonois ꝛ cortoisi
e et toute rieus qui a proudo
me ghie.   *Gaces Brulles.*

leutier donc te sui si pinsif ꝛ ef
garez mont si muene de uos de
ie bien dire. qua pomnes fai
Et nõ perquãt
conoistre ioie dur. touz li
cueus me esclaue. dun bon es
poir der dome q̃ il auiegne mle
p deuuoir anla taine desplai
tre. se cestr amois moit biē le
coueigne. moit ma ses cois
li genz li acesmez ꝛ ses douz uif
freschemit colorez ꝛ li beautez
dont il nest riens a dire. der ꝑ
quoi ot tant a moi desconfire.
Ire me font cele gẽt de mal
aire. plusque nul mal q̃ por
aimer soustriegne. mais ne loz
uaue ia ne porroie desfaire.
q̃ mours ne maiꝛꝛ q̃ cuer ne
me teigne. si finefie me sui
ali donez. que ia sauz moit
nen cuie estre rornez. puis ꝙ
se puet uf amois escondne
ne doit len pas a fins amis es
lue. Veauil delir dont iai
plus de cent paure. moeirtõt
uoir ainz q̃ ioie me tiengne
que mest touz tors promise

por atraire. mais ie ne cuit ia
me nos en souzsigne. cui ber to
na ualors 7 trop beautez. mais
contre moi li est orgueuz mes
lez. si nai paour de tel mort co
re dure. puis que mes cuers
me ment por li ocire. [C]res
grinz amors me fait folie fai
re si ai paour que longue la
main toigne. mais ie ne puis
mon corage retraire. ensi me
plait conic quil me auoigne
par tel raison sui poures asa
zez quant ie plus uuil ce doe
sui plus griuez. 7 en lesmai
mestuet ioer 7 rire. dit mais
ne tu si deceuant martire.

[H]a cuens de blois uos qui
fustes amie; toigne uos en si
uos en remembrez. car qui da
mer oste son cuer 7 tire auec
cuir rest si gist honoz desire.

[G]e ne puis pas si loing fou
que ma dame puisse oblier.
ne ne me doigne retenir.
ne ie ne sai quel part aler.

entre mon cuer 7 mon deui
ce mes cuer 7 trop amier ce
ce que ie li poi celer ma mort
si non puis mais souffrir.
[D]amors se fait bo depar
tir. mais nus ne sen puet co
surrer foi sal qui est au ceut
mentir. ne de noir ne de rer
parler. 7 si non puec ent main
tenir. ia der nes en lair ame
der. car mont suit de nui
enduier q̃ nai mais poour
de moir. [S]e ie iames doi
ioie auoir amors q̃ les uos
attendant. q̃nt uis uos fes troi
mo poor a guise de leaul a
mant. uos uolez faire aper
ceuoir. que al sont fol qui
aiment tant ur enemi en
sont ioiant. si nou deussiez
pas pas uoloir. [D]e moi pui
inuoilles ueoir. quainsi mo
cist a mon talant cele q̃ me
uut uire noir de sa bele boche
riant. mais encor rai bo et
poruis entendrai mei priant
q̃ste nai contre li garant

ne damors ne me quier mo-
uoir Q icele est uous chanor
me desseur ioie i solaz i ieu i
ris sele euce se tient longuenir
nen puis mais se ie mesbahi.
qua des uient la male gent pl[us]
est for qui plus est amis mes
ne lui pas ensi apris dou reten-
tir ni aueaue. Mal me font
au uien esciant ma dame er
amors qui mont p[ar] sele est de
douz acointenir er ele a gent
cors i cler uis ce ne tient a mon
deueant que ien deusse estre
pensis. ha der quest ce que
ie deuis ia nameroit nul sa-
gement. M moreus a uos
me demenr. qui me menastes
ce mest uis ou iai mon cuer
en tel leu mis donr ie morm
seurement.

E chantasse uolentiers
...uement se ie trouasse en mo[n]
cuer lachoison. mes ie ne puis
pur. se ie ne ment qua mors da
mors nule riens se bien n[o]

por. ce ne puis faur lie chanco[n]
quamors le me resenseigne.
qui uiuer que tanp[er]z ne uiuer
que ia resigne. ensi mestuer
morir eu desespoir quele mo
eir ne ne lair ioie auoir. Ie
ne doi mais amors gisr mal
uoloir. se la plus bele dou mor
mon cuer me rent. conq[ue]s be
autre; ne fist si son poour destr
auec lui si esnierrenir. eri ele
fait en son tref beau cors get.
que riens qui a g[ra]nt beaute eri
gne. ne truis qni li ne sa faco[n]
soffraigne. fors cui petit li
mestier ce mest uis ce q[ue] trop
tient ses eulz de moi eschis.
Q uane ie resgart son debonaire uis. ie la p[ar]s au beau res
pons auoir. nest niuoille Lui
resgart mesbahis. quir ie conoi
ma mort i sai de uoir. puis q[ue]
mieu ne me doigne ualoir. ne

ireme q nos feismes a dui ennui
nement. ie sai de uoir q ia t plon
guement ne servoie ça p s. Ce
seuent bien angevin 7 torain.
cil bacheler qui or sont riche 7
sain. que encombrez sui loig dauz
en autre main. forment maudes
sent. mais il nen oient grain.
de beles armes sont ore vuit
7 plain. por ce q ie sui pris.
Mes compaignons q iamoie
7 que iaim. ces de chaeu 7 ces
de perchenin. di lor chancon
ql ne sunt pas certain. conques
uers aus ne oi faus cuer ne
uain. sil me guerroient il feront
que uilain. tant com ie serai pre
Contesse suer uostre pris so
uerain uos saut 7 gart cil a
cui ie men clain. 7 por ce sui ie
pris. ie ne di mie a cele de char
train la mere loeys. *R. de Navarre*

Jean de Braine
E nos chanter trop tart
ne trop souuent rai ie nagre
de chanter ne de taire. trop
ai serui en pooir longuement.

Aussi n'ay lieu de parler ne de taire.

mais ie cuidai encor taire ti
re 7 faire. que ie peusse a celi
mouuer plaire qui m'ocirra ia
mors ne li consent tot a dire
por plus auoir conme encor

Tant mi mas crai conme le nient
a mon eal ancke ia nul tor en
cuidasse a chief traire. mes le uoi
bien seruirs ni uaut ne car q
mours ma si a corne mon a
faire quamer ne los ne ne me
puis retrire. ensi me tient amor
ne sai coment. cum pou la be
tor amoreusement. Ausi mes
tuet 7 hair 7 amer. cele cui ia
ne chaut de mo martire. sele
mocit de pou se puet uenter
quil ni couient pas trop grant
martire. de son ami engign
7 ocire. mais ne se doit ues samie
garder. sil ne li uuet dou tout
lessier ester. Mout mi sor bien
espanir 7 alumer au beau se
blant au comencement rire. nus
ne lo uoit si doucement pler q de

samour ne cuidast estre sur. par
deu amors ce uos puisse bien dire
quil uos fait bon seruir z honor
mes .i. petic si puet on trop fier
r ant me fera z languir z bo
loir con lui plaira car bien en a
poissance. puis que pities ne me
puet riens ualoir fors que mierz
et seruise z losfiance z auec ce tir
conent chrance tant icouiegne
q'ioie eisouet a uoir. p .i. petit
q ne men desespoir. A mours
me tient qui ne me lait mouoir
ainz me deuient auciesi p seulan
ce. come celui qui a pieteyauoir
a mal retour sanz plaigte z sanz
fiance. que neli ose escondir
cirance. ensi me tient amors
en son pouoir. quil me conuent
ce quele uuet uoloir.

Perrin d'Angicort

h un ioli souuenir qui chi
moi maint z repaire. quamors
la fait uenir por moi gpais
nic fait. a seruir ma dame
sanz messeruir et sanz mes
faire. Amours qui cuire puet
metir li doit uoloir de men
tir les maus que vuil mout
bien taire. cors fo maire d'
ses euls qui au cuer saisir ont
semblant si debouaire. sanz
sentir me done amors de toir
.i. exampaire. mais cest por
moi sostenir que iene puis
bien cheir en uolunte de tesi
re. La dex ne me doit loisir
trop seruie de malaire. ieuo
droie mieuz uestir tout mon
aage la haire. que gurpir ce
li qui puet guirir tiestot mo
cotraire. en idie zmor retenir.
z me puet plus enrichir. que
faire roi de cesaire Las ie me
deusse recuillir z paucisdouz
moz resbaudie. mais se ne me
uuer oir. ne por chanc'ne por
dire sens soptir z damoreus
cuer mahir. qui el nest dire
moi qui ne li puis guenchir
ainz me faite plus mal soffrir
quel yandres ne fist daire.
Dame ie sui sanz mentir utres

n sanz côtrefaire riés ne me
portoit uuilir se mes cher uos
poit plaire z languir vuil
bien por uos z palir tât qul
me paiir. uoire sil uos plaie
mourir. ne me sostier a perir ge
tis euer de bon afaire **M**ain
tenir leaute sanz repentir ne
puet desplaire a euer qui sert
sanz trahir. mais li faux sen
puet partir. lues ci pou de mal
le maire. Jehan de Mesons.

Plaux mesdisant qui nauröt
la pardon. q nuit z ior agoisloxc
er destroit sunt de trobler amäz
sanz achoison ql i fauchent. tel
a me cuidoit. damors moillor
moue est fox qui les croit. brë
doit metre euer z cors abandö
cil qui argnt damors le guerre
ron. **E**n bois nen plaing
nen rue nen maisö. ne preng
repox tant desir et couoit de
moi guechir de la gët guenelö
qui mamie oue mis en si grant
destivir. il ment q dit cuers ne
puet cueil ne uoit. ne la uoi
pas vont ie taig con rison q
est estaim qfit mörz est li char
trous. **V**n en ia donc ie san bn
le non pierre le riche. icil me
trahisoit. il mapeloit ami z o
pangnon. le lois de greue pla
main me menoit. soz toz le he
sen champ menatendoit. iou
pueroie a trahitor felö. que
il naue pis que nul autre
felon. Jehan Erars.

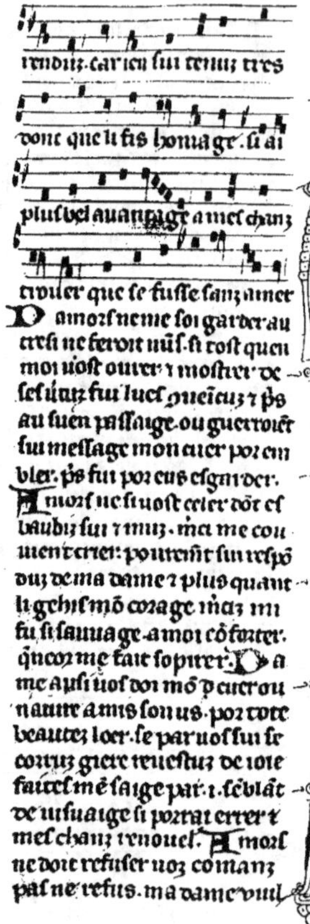

renduiz. car ieu fui tenuz tres
donc que li fis homage . si ai
plus bel auantage a mes chanz
trouuer que se fuisse sanz amer
Damors ne me soi garder au
tresi ne feroit nuis . si tost quen
moi uost ourir . t moshrer de
ses uiauz fui lues ouieicuz t ps
au suen passaige ou guerroiet
sui message mon euer por em
bler. ps fui por eus esgarder.
Amors ne si uost celer dot es
baubiz sui t muiz . mei me cou
uent crier: pour esit sui respo
ouz de ma dame t plus quant
li gehis mo corage mai mi
fu si sauuage a moi coforter.
quencor me fait sopirer. Oa
me Ausi uos doi mo p eucrou
naure amis son us. por tote
beautez loer. se par uos sui si
coruz giere reuestuz de ioie
faitel me saige par . t seblat
de uisuaige si porrai errer t
mes chanz renouel. Amors
ne doit refuser uoz comanz
pas ne refus. ma dame uuil

presenter mon chant dot sui
por ueut seu gre est reuz de
chanter nautu lusage t si le
uuil deritage de li releu dot
chant pan t fieuer.

Colars li Boutillers

Luoie leisie le chanter t for
iure tout mon uiuant. or ne
me uuer amors doner ior ne
respit ne cant ne qut . que ie
ne face . t nouial chant pe
euer ioli. fai tout mis en sa
merci euer t co[n]sentierent
por auoir ioie ou torment.
Pomes cuers no seruit pas
fer la ioie dou leal amar qui
ila pooir dacheuer son desir
entiriment. douce dame en
cui ie fai tat de bien causi t
soient mi trauail meri. gie

uol aing le

uos amg leaument 7 de fi cuer
fanz faus talant. Le nox mie
bien recorder fa beaute quele
a fu tref. mais itant en puis ie
parler. ain blanc cerf. uif uer
moil riât auoit ele de douz fem
blant quant ie la ui. si me a
fi enaspri. amors damer trê
châment que ie mortai urai
ement. Le naui die iaimes
uoloir de nule autre dame fer
uir. quant tant uoi de beaute
paroir en li. quant lesgarta
loifir. quauiors fait en mon
cuer uenir si gñt douceur que
ieu obli ma dolour. 7 preng
touz mes maus en gre por fai
re fa uolente. O hancon fai
ma dame fauoir fe tu tofes
tant enhardir. quele ne feta
pas fauoir fele fait fon ami
mour. puif quele a pooir da
mantir ma gñt doloz. car ie
laing de bone amor. fãz nul
point de faufece. fi me doit
der eftre amie.

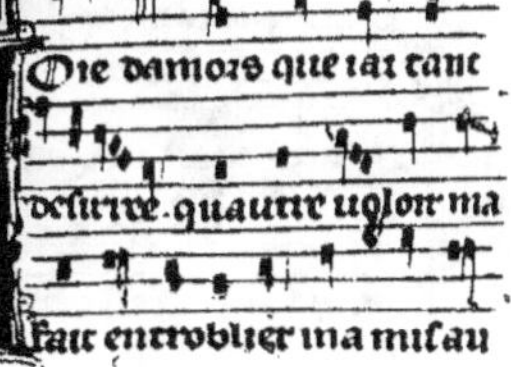

cuer une douce penfee. qui
nuit 7 ior. mi fembr de chifter
der tant fu dez quife ie puis
recorder fa grant beaute de
grace enlumiue. Ma ualor
ou toute ioie eft nee. He
ie fui loingz de fa douce con
tree. 7 ie ne puis fouent ali p
ler. ma mors ieft que ia nen
iert feuire qui fait mo cuer
tenir fanz remuer. quen nai
ie pis ce con puet oublier. def
eulz dou cuer lai fouet remi
tre. nef en dormant lai mil
fon a oree. Qui fer miei der
ou eft ele alee. ie ne la puis
ucoir ne efgarder tant eft
uers moi f fordez auuglee.
que ne me uuet oir ne eftou
ter. 7 ie ne puis fanz fo cofort
durer. douce merci morte 7
entrobliee. car men foffrez
aumoins ma fole uee.

Old French chansonnier manuscript page with musical notation.

Gilbert de Berneuille

mant. mainte foiz ma fait do
lant ⁊ desconforte. or ma si bien
assene qua mon uiuant noi
mais tant de ioie a ma uolen
tei. ua mon deurs con en am'

Cil qui sunt espo
antei ⁊ esmaiant p
beatrix. fême sunt tost ma
te. et recrrant. or ferru plus q
deuant de ioiuete. por ce son
ma manie nai ie ralæ tant
ne quant que ia soiêt mi pa
sci aillors assis que la bele bea
tix. Totes dames ont bon
tei mien escaant. mais sachiez
par uitte le uos eirar q la lume
tost luisant. soloil en este pas
se de fine clarte. na son sem
blant ne se prent a la tresgñ
de beaute. ne au douz ris de la
bele beatrix. Bele dame q
ia our qui tant ualez. ie me
teing a gñe seignor qñ mes
pêseis ai en uos seruir tomez
et por itrê amor sui de mon

cuer sanz retor desherietez⁊
lauez si que nai mal ne dolour
tant meslois quant ioi nõi
beatrix.

L couient quen la chandoile
ait treble sustance. ainz quele
soit en uaillance ne quele ait
pooir quele face son deuoir.
car il idoit p raison auoir ci
re ⁊ le mignon. ⁊ ou chief mes
on le feu ⁊ lors a uertu de fai
re lautrui seruise tant quel
est arse ⁊ remise. Et ie sui
touz en tel guise ⁊ en
tel semblance esyris dou feu
quamorslance. ⁊ me furar
doir le cuer ⁊ le corf doloir
q foudre sanz garissõ. ce feux

me uint p enson·car ie me senti
feru lorf que ioi ueu ce douce li
monz se niuoiile·uont iar? so
pir? uoille (M)escliers qui se
desconsoiile p desesperance fait
trop uilaine chenance·car au di
ir uoir cuers qui chier en desef
poir par delai de guerredon·se
ble le faus champion fait hai
te recreu·mais iai esleu a mo
uir en la uistice·dimorsk mart
? anse·

Ai nouel comandement dune

chancon faire·si la ferai liement

car bien me doie plaire·et sai

auantaige·car iaing bele ? sai

ge·par quamours mapzent (B)ien doi
amer leau
a chanter souenc· ment a tel
exauiplaire dame de tone ro
uent douce? debonaire·cui
iai fait homage·? mis en osta
ge mon cuer ligeuic saz escha
gement (V)ns faux guiler

rcf qui meut fait trop a mef
plaire·qui p son engignemie
fait bien son afaire·et p uai
nisage·he las quel vomàge
amors consent ioie auoir cel
gent· *Jeane st Brenis·*

E nai autre retenance en a

mours fors de mon chant· et

dune douce espance qui aues

me uient douant en recordane

la beaute qui ma sopzıf ? diın

doiz ris atraıaıc en·ı·bel uı

aur assis cler? riane·vor chaf
cuns en resgardant doit estre
(I)l nest si douce sof
france p de uiure en
espns· atendant donc ne
puis ieauoir greuäce de cel a
mont en soffrue·de son seblar

ueoir est si griz deliz. car saueüs
la loie en tant de cel qui men
ont repris damour ardãt la
meroit en esĉputant ses chã
ges. etc. *

Ie ne vuil ne ne quier ptir da
mours ne de ma vame ami.
ainz aing mieuz ami sãz me
rir que de tel leu mon cuer
oster. inci velez bone sãz per
en uosest toute miesperãce

* Il y a xx... aui. complete... en cors uaillant...
...per... cano ilio. Fin.

sãz uos ne puis ie bien ioir. chi
ure main gist ma dedelce. Sãz
uos ne puis ie bien ioir. ne ioie
ne me puec uenir. ne rien se ne
la me puec doner. sãz uos ne
rendre ne colur si sincineb me
faic uenir a massi en sa douce cre
ance. quen ceste loi uiure ĩ mo
rir me couient sãz nule vo
cance. En ceste loi uiure ĩ
mourir ĩ doloir. sãz deselperer
me couient que p maur sof
frir. estuer les biens a sauorer.
nus ne doit tant pechie dout'
ĩ celui de deselperãce. qui pluf
uaut plus doit endurer. que
granz maus ueint on p soffri
ce Qui plus uaut pl' doit
endurer or pn deu ĩ son saint
espir. qu gtc celi me doit ouret
qui de touz maux me puec ga
rir. sainz ĩ saites. cõfes. mar
tyr. priez deu q sãz demorãce.
doint uoloir de moi retenir. ce
li qui ma naure sãz lance .

Gace Brulles.
C.

neant aucue amie. bonemet ma
aseure cele ou mes servises est
laur. quanz trichierres nen fui
ne faur. li en sai mon cuer mour
Ele est clere come so
laus. vmoille o rose
von gre. en estey. les eulz auanz
rianz bers. ploins de grante de
bonaireoy p que iai touz iors
uolites de la servir yme leaus.
ql ne men puet uenir nus maus.
que lina point de cruaunce. De
deu soie mes cuers beneon qie
il onques ce faire osa. mout p
fu sages cortois qut si bone a
mour acointa. tote la moillor
esgarda. conques uerst ne cues
ue vois. ie los bier dire t il est
uoirs que ia mis sa per ne ua-
iu. A gnt ioie ne faudrai ia.
ne ne men dout ne tant neque
car puis quele me resgarda. de
bonairemc en riant ne me fist
ele pas volant. ainz puis mes
cuers ne loblia. ne ia ne se dep
tira de samour. que ie la cre
ano.

M.S.
Cler.
Soit ore folie ou savoir
Cil sui qui toujours l'ameray
Car ie cognois bien quil est drois
Si ne men departirai ia
Can' si tres dous semblant quele a
Vaut tant que ie meult mate aten
Quil nest nul si tres riche avoir
Con de la grant ioie quil a

O lasse bien uirer na pas
lone temps. qua nul ior mais
ne feisse chancon. car un estoy
toute ma uie en granz amors
servir. nainz nen oi guierre
don. mais or me fait don et
ie len graci. dun sauoreus
panser plaisant ioli. pquoi
ie chant por la plus delonai
re qui soit ou mot tesmoing
Le ne doi
pas danis
son douz uiaire. estre pen
sanz quele ait emble mon
cuer en trahison. car tat est

ele a tout le mont plaisanz dont
li recorz m'est ades en saison
car quant sa faço amoreuse
vi. lors certainement li dona sanz
detri. toz de bon gre. mon fin
cuer en voaire. si fu amors li
rel a loutroi faire. Puis me
fu que ses arz doiz semblanz
le retreusta p ceste raiço. sui
z serai liez. toliz z chantaiz. ia
ne sauront li losengier felon.
la droite achoison q me tient
ensi. ne ma dame sen chatant
ne li di. car taing trop a gard'
par bon taire. mon beau des
duit que perdre p retraire.
Flors de beaute gemme rel
plandissanz se ta de uos nauoi
e garison fors de ucoir. sest li
desouz si granz que a nul aut'
comparer nou doit on. se tai le
renon de bonte choisi. comene
quil soit de recouter mei. ie ser
uirai car bien doit poine plai
re q cuer obscur clumine z es
claire. Tresors de sens graci
euse z plaisanz. cortoise a toz
noble sanz mespison. comet
se puet nus hons qui soit ui
uanz contre tenir destre en uo
stre psto. car sanz taencon li
miens tchei. tant bel i fait co
ques puis ne issi. ne ne fera
car ie rien doue cotraire sanss
consent que ie uos doie plai

re Chançon ie te pri ua saluz
rendre et mener celi: por cui ie
chant de fin cuer sanz retraire.
conques amanz nor si bel exam
plaire.

Ge ne chant mais dou temps
qui renuerdist. de chant uoi
scar ensi g ie soloie. autre achoi
son i fai qui mabelist. q fait
mes maux entremetier de ioie.
cest ma dame cui nomer nose
roie. por cui ie muir ne ne coig
ne soffrir. qua li soie n autre
Pou set de
bien qui ne
ne puis seruir. se puet tenir
de dire moi q damer me recie
al losengier qui ne seuet ser
uir tres fine amour q touz

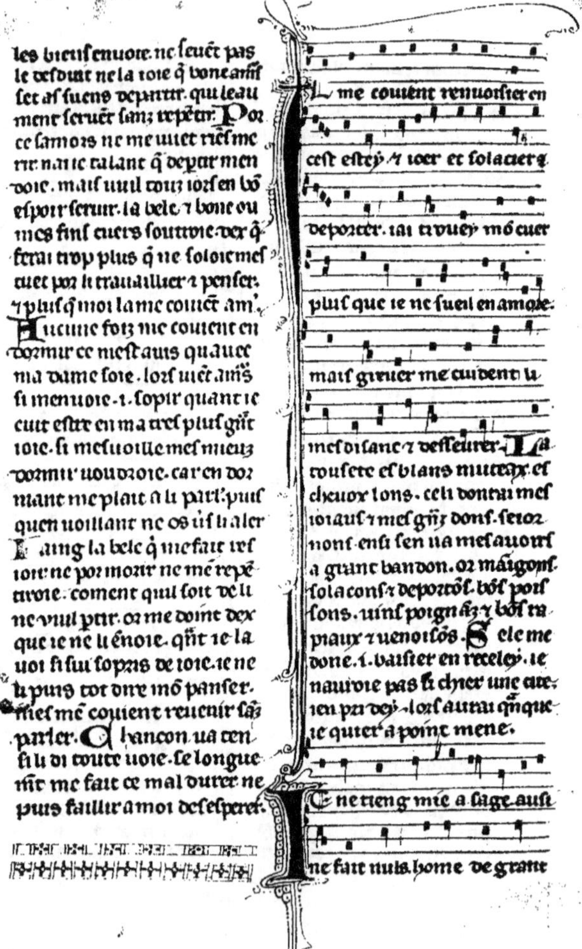

les biens en uoie. ne seuent pas
le desduit ne la ioie q̃ bone amie
fet as suens departir. qui leau
ment seruent sanz repentir. Por
ce samors ne me uilet riesme
rir. nan ie talant q̃ depar men
doie. mais uuil touz iors en bo
espoir seruir. la bele ⁊ bone ou
mes fins cuers souruoie. uer q̃
ferai trop plus q̃ ne soloie mes
cuer por li trauaillier ⁊ penser.
⁊ plus q̃ moi la me couuet am'.
Aucune foiz me couuent en
dormir ce mest auis qu auec
ma dame soie. lors uuet amis
si menuoie. ⁊. sopir quant ie
cuit estre en ma tres plus grit
ioie. si mesuoille mes mieuz
dormir uou droie. car en dor
mant me plait a li parl'. puis
quen uoillant ne os uis li aler
Laing la bele q̃ me fait tres
ioir. ne por morir ne me repe
tiroie. coment quil soit de li
ne uuil ptir. or me doint dex
que ie ne li enoie. qñt ie la
uoi si sui sopris de ioie. ie ne
li puis tot dire mon panser.
mes me couuent reuenir sãz
parler. Chancon ua ten
si li di toute uoie. Ce longue
mit me fait ce mal durer ne
puis faillir a moi desesperer.

aage · puis quil est chemy qui
uuer estre noueaus druz · et pu
ele rent saluz · il entreprent
cel rage qui li torne a honta
Certes cest lande cho
se et uilains recors qst
ge ones cuers repose y de
danz uoz cors · sa donc aime
cest gisz cors · de samour cest
uns descors et cex dartiers se
chose qui deuant pier nose ·
Qit uerdure passe matu
re faut et colors eslasse et ueil
lece eslaur li donorenez pou
uaur de char froide et de euer
chaur · et op gar dolour amasse
qui chier en tel nasse · Mout
est dame blasmee qst sef ploiz
a po · qui puis uuer est amee ·
ne mont en po · de sanioz cest
uns lau enr · cest uns uoz res
po qui ne rent forz fumee · y
dartiers est huee · Dames
uoz reparoel qui euft amez
en uilaines soudoer uoz cors
deportez · qhr borsieres deue
nez · et uo tens est toz usez eruf

quil li veigne a plaisir · Cor
sui lucus sam repentir · ce ne
quier ie ia noier · dex q la fist a
loisir li doint uoloir dalegier
les maus que me fait sentir · et
quele viuille engir prendre
mo chant et moi retenir · poz li
leaumst fuir · Nus ne se doit
assentir a bone amor esloing
ainz la doit on maintenir hono
rer et essaucier · et toz les felons
foir qui maite amoz foit irmai
dre et les amanz foit tralhir et coir

* Jeu, ou Giu ou Geu Parti.
Pièce de Vers en usage du temps de Thibault
dans laquelle le Poète repondoit à une
question proposée, et formoit une espèce
de Dialogue avec celuy qui la proposoit
Sire, ju vos part sans rancune
vos prendroie des deux voies l'une . . . . .
. . . n'est pas droit qu'en moi temoignes
Quant part' m'en avés le Giu . . .
Roman de la Charete M.S.

ource. qui por mal ne point
auoir change sa pensee encor
en puez pour bolour. mlt doit
auoir le cuer nour. qui por faire son poour pert sa desirree :-
Naies si le cuer delue. mais
en moi ce fie. qui est en ma poeste plus mauuais nest mie
ainz a cent tanz plus bontes
plus ualour plus largetes
tost raurai guerredone mer-
coi en ma baillie. Cant mauez beau sarmone que ne laira
mie que ne face ure gre mon
cuer i ma uie mer en ure uo-
lumpte. malgre ces qui mont
meslei a uos cui iai creante
a estre enahie. Or uos pri-
merci por dex. que cil que tant
a amei. amie a uos sumilie.

er met es cuers la douce reme-
brance. por cest amors de trop
haute poissance. qui en esmai
fait home reioir. ne pour dolour nou lait deu partir. :-
Sens i honor ne puet nus
maintenir. sil na aincois senti
les maux damer. na grc ualor.
ne puet por riens monte. non
ques encor nel uit on auenir.
por ce uos pri damors droite seblance con ne sen doit partir
por esmaiance. ne ia de moi
nou uerroiz auenir. que toz
p faiz uiul en amor morir.
Dame se ie uos osasse. pleu-
mour me seroit ce cuit bien
auenu. mais sil na pas en moi
tant de sen q ueult uos uos of
bien auiser. ice me fot i mocie i mesmaie ure beautes fet
a mon cuer tel plaie que de
mes eulz soul ne me puis
aidier. dou resgarder dot ie
ai desirrier. Quant me co

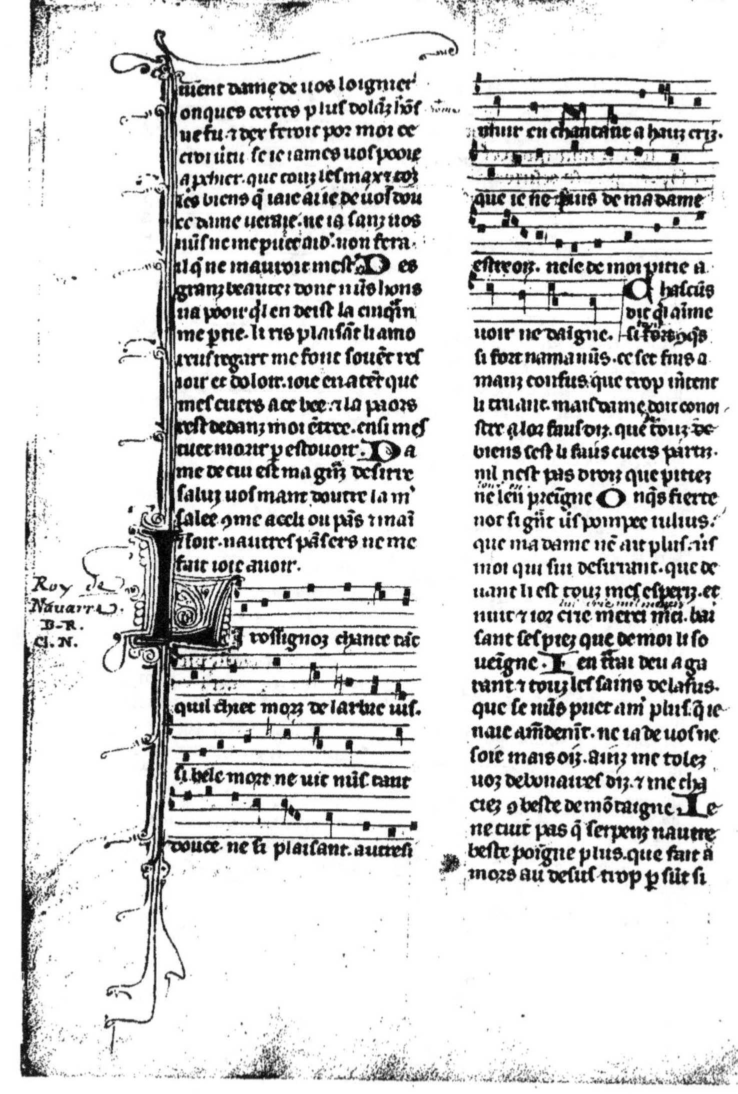

Roy de
Nauarre
B.R.
Cl. N.

cop pesant · plus trait souenc
q̃ curs ne arabiz · nõques en
cor salemons ne vautz · ne se
andxent ne cil for dalemaig
ne · Nest muoille se ie sui es
bahiz · que li confortz me uient
mout a enuitz · que ie dout mie
que corbliz me sofftuigne · da
me de uos mes cuers ne est p
aiz · si uos en irent les gretz 7 les
mertiz · que ie a tent que ie a-
tent quecor de uos me uaigne·
Mains durs eslanz mauua
amours baistz · chancon ua
toist 7 non pas a enuitz · 7 salue
mir gent de chipaigne· *Roy de Nauarre.*

Bien est granz foldis
cors que ie seric damer leau
ment q pouoir chang son ca
lane · he der ien ai apres tant quai
cors servit une tois portee a estre
de flors 9 me uerst recreat Lõ
respit mõb mort 7 grit desiert·
a ce qua sõ tort me vuet corro
cier · moins en fera a pftier se ie
nai de li confort · cõu mõde na rie
li fort · por li ne me fust legiere·
Le chant 7 deport por moi so
lacier · 7 uoi en mia sort enuitz
dongier · si portai bien pillier
qnt ne puis uenir aport · ne ie
nai aillors resort sanz maligе
ce baisier Dame ici tour mõ
7 cuer 7 penser en uos di assis·
sanz remuier · se ie uos uoloie
conter ure beaute 7 ure pris · ie
auroie trop enemis · por ce ie
nen os pler Dame ie ni puis
durer que tot a des mira pris
tant que uos ditez amis te
uos uuil mamor doner·

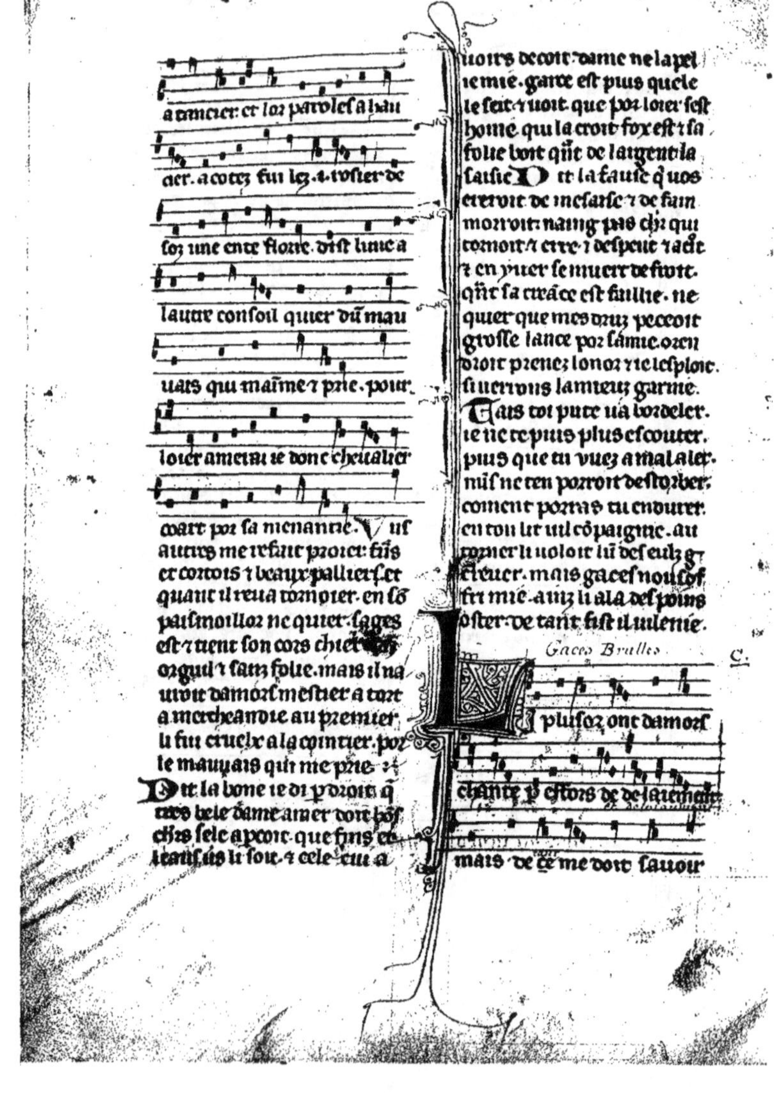

Gaces Brulles
plusor ont damors
chante p estors de de la leu haut
mais de ce me doit sauoir

gre conqnes ne chantai fain
cement. ma bone foi men a gar
de 7 lamor dont iai tel plantey
que meruoille est se rien be
nes icele enuiouse genta. Cer
tes ia de fin cuer ame. ne ia
namerai autrenit. bie le puet
auoir espuie ma aime se gar
de sen prent. ie ne oi pas que
mair griue quil ne soit a sa !
uolunte mout ine plait qnq
me consent. Se iai loig dou
puis estre ou mes biens 7 ma
ioie atent. por ce nai ie pas o
blie coment on aime leaumet
se li merirs ma demore. ce me
amour reconforte que pou do
te alen recoure ce con desirre
longuement. Amors ina
p raiso mostre que fis amis
soffre raaine. car ce est en la
poeste mci doir per fraiche
ment. ou cest orgueur si lai p
uey. mais cil amcoi en estey
naiment forsquit talanz len

prent. Senuious lauoient ui
re ne me uendroient il neano.
la dont il se sont tant pene de
moi nuire. a lor esciao por quan
eut il renoie de. tant ont mon
emui porparle. quia poine uer
rai acheue le panser q damois
mesprent. Mais en bretaig
ne ma ioe le tiens cui iaig tot
mon ae. et sil ma bon consoil
porte. ce uerrcuue prochaine
ment.

S amors mo
erst a mon gnst
re le couient. tort sine set a ui
re pxquoi. la nuit qñt touz li
mon; se dort. lors est mes cuers
en grant esfroi. ne ai ne ioie ne
confort. ni truis ne uolonte ne
foi. moult me fait de malemore
la riens ou plus me fi et croi.
S amors mas frostroit lie qe
ne puis. u mot fortuor si ma mo
cuer frustnoie qua mul brene
puet retorni. sola bele ne prent
pitie. der ce me fait reconforter
que iaurai ce que mest iugie.
que que il doie demorer. Es
perance mamour grieue ne
sai coment men auaina. mai
te foiz ai ie espere. ce que ia bie
ne me fem. folx sui qñc me sui
destine ne sai quelx la fin en se
ra. telx me puet auour en uilte.
espoir qui encor mamera.
Bien deusse le cors hair por
quoi li miens est en torment.
or me deusse repentir. tandis
con li talanz me prent. al est
bien fox ce mest auis q le bie
uoit e le mal pnt. Ha. quai
ie dit or men repent. dou dep
tir ne quier parler. aiz uuil
entendre bonent a ma dame
thei crier. morz sui se pitiez ne
len pret. der ce me fait reconfor
ter. que lors uitor cote la gent

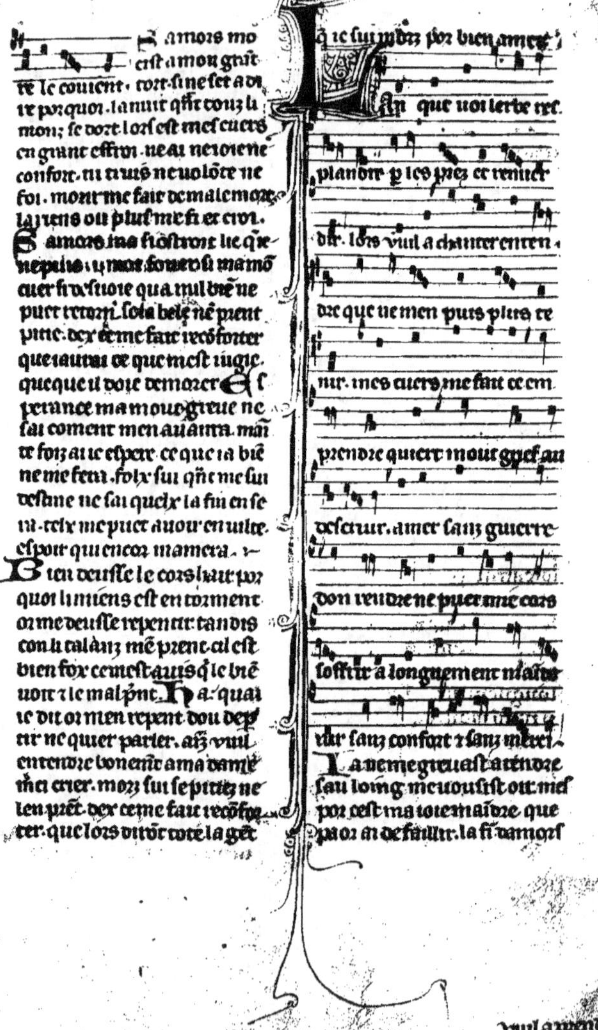

vuil la prendre que ten sai ruil.
qui morir. ne nus ne me puet
deffendre a ami. ne a haur si me
plait a maintenir amors quel
me plait mierur. D ame sor
coutes amiee de leal cuer sanz
tricherie. bele r blöde r honoree
ie ne uos fai losenge. loig sui de
uir contree ce me fait plus es
maier si est puis la mors dou
blee dont ne uos osai pier. tant
uos dout a convoiter. ne ce ne
mauuoit mestier. N ai pas
la ioie obliee dou doiz cmine
pinier. q lamors me fu done
e dame que touz iors requier.
mais cost me refu uehee qsit
uos plot aessaier comit ure est
cost montee la ou a ioie r dong
mais ne mien doi convoier. car
de seruir ai mest. A mors a
güt seignorie. sor moi biē le
ma mostre. por ce nou retrai
remie. qua li naie mö pensei.
r se ma dame mobue tät li cri
mei por dei. quele reconoisse
r die que iai leamitame. a
donc li soit pardone. se ie moroi
e por de. H elon loseng deui
e mainc home auröt greue.
mais pou uaue lor felonie isl
la debonairece. celi q en sa bail
lie a simon cuer atorne. hay
fause gent haie. car fust dev
a mon gre. ne uos seruit par

donney p la foi que ie doi dei.
G ascoz qui tant aaime ame
ia tout sonne. desuriament si
pri idev quen droit li niait fau
sev.   Gaces Bruleś.

An que fine fueille et
flor que uoi la uerdure entrer
lors chant a guise de plor. qui
trement ne puis chanter. mais
a la gent vuil mostrer se ma
dame a grant honor de son bon
D es cuers me fait grt irour q
am greuer. ne me lesse r qui
amcois double chascun ior. so
uoloir de moi lasser. qt lorsu
ai desgard seignor se ie fes fo
lour mous men deuroie peser.
S e ie lamg de fine amor nus
ne me deuroit blasmi. quen li
a tant de ualor qin. ne la puet
trop amer. mes por deu li vuil
mander que tant most de ma

uiet pas un tout soul a quit
ter ne fauf e amors ne uiuet q
f entremete de moi laiffier dor
mir et repofer fe le mocit mois
auns a garder fi ne me fai uen
gier foif au plozer car q amif
eftrunt et defhente len ne fet
du dam. Oz totef ioief eft
cele corouee que tai damours
dei fau dran le donc oil p deu
telx eft ma deftinee q tel defti
me donent li felon fi feuer bie
quil font grit mefplo car qui
ce tolt dont ne puet faire don
il en conq ert enemif et meftre
m fait fe perdze nô. Si core
ment ai ma dolor menee qua
mon femblant ne le coneuft
on fe ne fuiffent la grit mala
uire neuffe pas fopire en par
don rendu meuft amors mô
guierredô mais en ce point
que uiu auoir mon don lorf
fu m amorf êfeignie et moftz
le la naient il pdon.

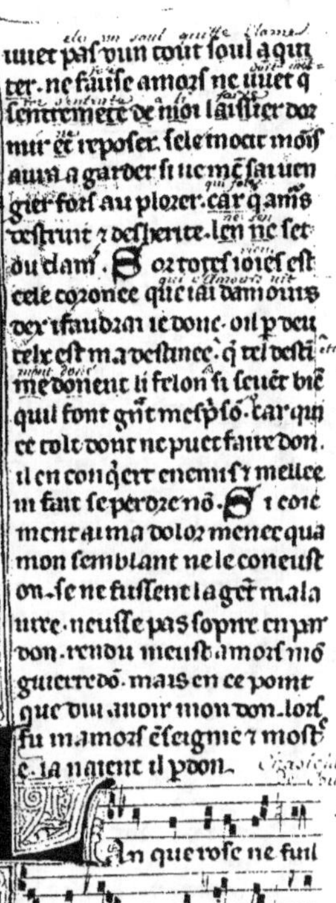

lar bien gaber. curdiez uos doc
q certes se uos dic. nenil p deu
aiiz ne loi en penser. sauriez uos
dame de ps ami. nenil certes aiz
auriez eure dun beau garçon bai
sier et acoler. Certes dame i
lai bien oi parler de ure ps. mais
ce nest ore mie. 1 de troie raiie
oi conte q fu la uis de mlt grat
seignorie. or ni puet on fors la
place trou. enfi dame uos lo a
escuser que cil soient repris de le
resie. qui desor mais ne uous
uoudront ami. Par deu uas
saux mar uos uint en penseiz
que uos mauez repuc mon a
age. se ieusse ia cout mo tens
usei. si sui ie tant riche. et de
haut page que mameroit a
mout pou uauotage. nc il na
pas encor un mois passe que
li marquis meuoia so mesta
ge. 1 li bauiers a por mamour
plore. Aubom de Sezane

Onc teps ai este en i
re sam ioie. assez ai chantei
mais ie messorcoie. or me
uient a gre que renuoisie; soie

quamours ma moustrey que
ie la servoie a sa volente. Dex
cant buer fu nez cui amis mait
troie que sil est grevez de legier
napaie. tor mi sui donez se mo
rir devoie ne nai en pesez que
par en doie tor mon ae. Bele
a vos maten fraiche debonaire
por .i. bel semblant me poez atire
quant vois remirant une cler
uiaire. ioie en ai si grant que ne
mi puis taire por ce chat. Gas
coz en chantant dit q naimme
gaire. que por mal qi set se bee
a retire moi nest il neant se ia
por mal traie se ie a mon uiuant
pooie riel faire a son talant.
Dame por soffrir ne porroie
mie. rien tant ne desir ne plus
nai devie. iai cuer de suir vos
cui pas no blue. ie ne quier y
tat: ainz voudrai ma vie en
ce tenir. Perrin d'Angecort.
Iolis mars ne la flor
qui blanchoie ne chanz doi
seaux ne prez. ne verz bocha
ge. ne me fait pas chanter ue
mener ioie tout ce me fait for
ce de seignorage. t ma dame cui
iai fait lige homage. cui iaing
de cuer sanz nule fausete. de
cui ie cioing. si grant voluntez
que sanz ennui en userai ma
vie et sen dirai. maitre chan
Ieaus amors que toz les biens
con iolic. envoie me fait
tenir. i. mervoillous usage qle
mocit. t si chant tote voie que
plus me duil. plus ai ioli cora
ge. plus que por li aig t vuil
mon domage. bien len deust
prendre aucune pitie. helas
ie lai p ma maleurte. ie fai
de voir quautret nest ce mie

ma meschéance a pitié en dor-
mie. Se ma dame son palo-
mier guerroie. mout puet pe-
car puisier petit son vasselage.
car por mout ius li ne peseroit
e desleaute vileme nous fge
bie me deuroit torn auata-
ge. ce q ius li ne pans fors le
autre. si meuoit der garison
ne sante. pchainement auque
cist maux mocie conques ius
li ne pensai telcherie. He mes
disant ami ne uos sauroie der
uos euoir. i. mal q̃n dame-
tage. se cauenoit q p raison
dnoie. la fausetez partoir e(n)
ou uisage dou mesdisat i de
lamant uolage si seroient
bien i mal espue. selon le dit
damors guierredone. lors si
auroit li uilains uileme i li le
aus amis leaul amie. Ne e
friche riens siple getis i coie
cui hons ie sui liges en hurita-
ge. quit fine amors conset q ie
uos uoie. ia tout le ior ne po
tetai malage. douce dame
uos estes bien si sage quassez
poez sauoir ma uolente en uos
seruir ai si mis mon penser. que
nuit i ior i pans i estudie se.
ce nest ses. cest ce riche folie.

J tres douz tens ne la

laisons nouele. qui fait les bons
uerdur i botonner. ne flor de
lis. ne vergier ne praele. ne
li voiz sons des oiseaux qui on
chanter. ne me font pas mon
chant renoueler. mais fine a-
mour i ma dame honoree
en cui iai mis cuer i cors et
pensee. por li seruir leaumet
De celi cuers
mesloit i sautele
sanz finuser. conques osai en
si haut leu panser. car ma dame sest tant plaisanz i bele co
ne porroit ou mont trouer sa
per. der quant ie puis a loisir
remirer son cors bien fait ploi

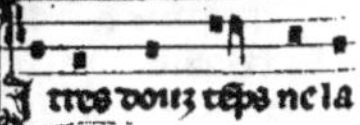

de grāt renōmee donc mestrou
cuer si grāt ioie doublee q̄l mē
estuet mon grāt vuel oblier. Ca
fait palir mon uis τ ma maisele
conques ne poi en li mci troui
mais iai espoir que̅coz aim ma
pele. cist douz espoirs me fait
recōforter. τ non porqīt nuic me
vuil desperer por tristece que
ien aie en ouree ainz vuil ser
uir tant quaurai recouree la
haute amor donc ie doi amder
Der quaue dit se ie vuis ou
cuens fusse li pl' uaillanz de
la creshence ne cuit ie pas q
conquest peusse le guierredon
que ia dant desirre. hc las cō
ment le uerrai conqueste q̄
teus li nai poor neuaillāce
se cuit morir cele en est ma fi
ance se ie ne truis en li humih
tey. Douce dame de grāt no
bilece. li cuers qui miens fu
ia dis sanz uotrace auez saisi
dou cors uof sans frāce car cors
sanz cuer nauetorit poeste.

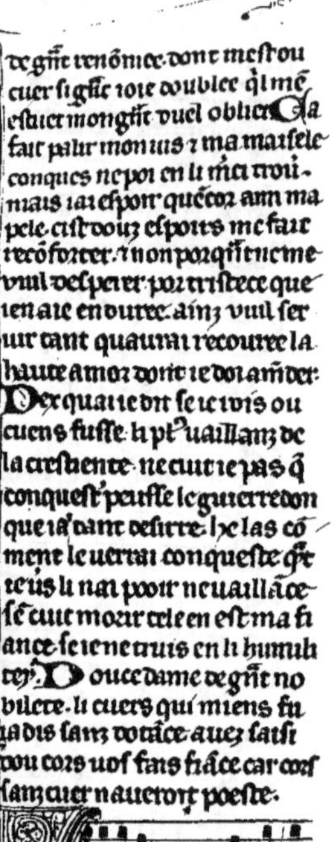

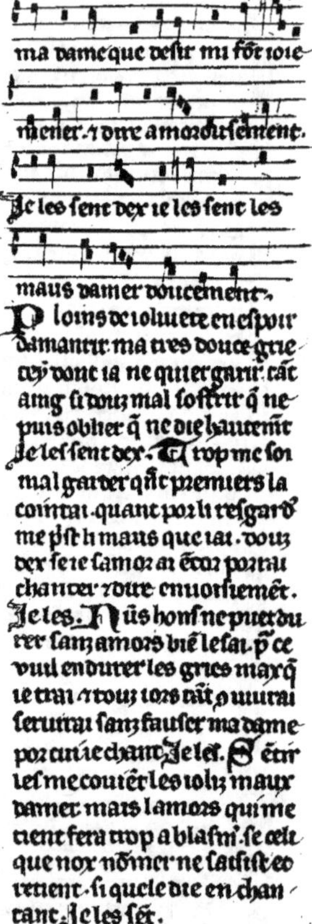

Ploins de ioluiete en espoir
damantir ma tres douce grie
toy donc ia ne quier garir. tāt
aing si douz mal sofrir q̄ ne
puis oblier q̄ ne die hautemēt
Je les sent der. Trop me soi
mal garder qīc premiers la
cointai. quant por li resgardo
me pst li maus que iai. douz
der se ie samor an ēcoz portai
chanter rodre enuorsiemēt.
Je les. Nus honf ne puet du
rer sanz amors bie lesai. pōce
vuil endurer les gries maxq
ie trai τ touz lors nāt o uurai
seruirai sanz fauser ma dame
por ainie chant. Je les. Sētir
lef me couiēr les ioliz maux
damer mais lamors qui me
tient fera trop a blasmi. se cele
que nox nōmer ne satisfeo
retient. si quele die en chan
tant. Je les fēt.

[F]ine desirs t longue
atente longuement ma fait
dolour. lonc temps ai mise me
tente en amer sanz decevoir.
et ma mis a non chaloir atis
qui tant ma talante q quant
pit mi fait avoir. pit as fait
tiens sans remouoir. Nest
droit que nus les biens sete.
damors ne desqn pour. q por
mal ne por tormente q len ait
sen pueur mouoir. por ce nai
cuer ne voloir q ie dan me
repente. ainz vuil touz iors
receuoir son plesir en bon es
poir. Bien me tolt en vorseure
cele qui pas ne se fait. de
faire enui ? la deue cele qui
pas ne a lome ou mont qui
plus laint. helas cu pou ele
plaint. les maux que por li en
dure. soffre der que li ensoine.
amors coment mi destraint.
Der doint que . Der doint
que dautrui naie cure sainsi
est que mi desdaint. de ce mes
cuers se complast tanc est cen
dre creature ue soffreroit. i. sol
plaint dou mal qui en mon
cuer maint. Cler vis simple
esgardeure bien fait sanz ent
oux taint. gent cors ? bele fai
ture plus gent con ne leust past
ure cortoisie vaint touz ceus
que bone aueture soffre tant
qua uos les mait. nus ni ua q
ne sen saint.
Leaus desirs ? pensee
iolie ? fine amours qui dou
tour ma saisdni fait chanter
ne por quant nest ce mie pour
nul deduit de que iaie ioir. ais
chante tan plus en espoir de

merci que iatendrai iusquau
chief de ma uie. et sauz la mort
a uoie deseruie ioie damours
plus ioliz en seruie et plus
souent ⁊ mieuz en chanteroie
He dame auroit loee ⁊ escriu
rie saige ⁊ uaillanz cortoise
⁊ bone ausi. con finf amis ⁊ de
sirranz damie. por deu uos p'
ne metez en obli. ce que touz
iors si doucement uos pri de le
aul cuer sanz point de uilent
e.la ure honors ne seroit a
menoire. se ie en uos aucu con
fort trouoie quelx que il fust
en bon gre le prendroie. He
bone amors q naue; uos en
uie de guerroier ma dame.
ausi con mi. tant que le eust
coneu sa maistie. sauioir es
por pitie de son ami. ie ne
di pas amors q̇l soit esi. trop
se rendroit ma dame a mal
paie se p sohait a tel honour
uenoie. mieuz alg seruir tan
Li lauoir la uoie.
Li tref doiz mauz
que ieudyre me fait chanter
liement. or ait hui bone auen
ture cele a cui mes cuers sa
tent qui de moi amer na cu
re se priez ne la corprent et
mer:z ne ueint vroiture
por li morrai doucement. :
Ie li uoing sanz parteure
mo cuer q̇ a li satent. car de
plus bone apresure ne por
rott on nul essit. aprndre le
uie q̇ oirre q̇ uuet ami leaumt.
il q̇ert sa desconfiture qui le
uuet faire autremt.
Lors que ie uoi le bois

son en uerdure le bois foillu
⁊ la pree fleurie ai de chanter
uolente que iendure. car la
choisons que ien ai est iolie
tout auiresi com oisel lais
sent lor cri ⁊ lor chant por la
froidure. fai ie longuement
languir en paiour dauoir fail
li a la grant bone auenture
pour amors me tristeure·
Sans amor puis chu
fin cuer sest mise ne doit iames

pur ne remouoir. car la do
lours qui fin amant uisrise
semble doucour quanton la
puet auoir. nuil bienf uainers
ne puet peur ualoir. aiz sone
cuir grant quant on les aim
me ⁊ prise. ce doit finf cuers
er entendre ⁊ sauoir. On che
puet dire que la mort uest
prise por bie amer qui ne dio
mie uoir. mais faus amant
le font p fause guise maluaf
loier lor en doit dex auoir. q̂
en porroit mourir en bo estdoit.
sarme seroit sanz poine ⁊ ieu
ioyse. por ce men lo. q̂ne plus
nii fait dolon· Laing leau
ment sanz trichier sanz ofe
dre· ce vient al qui en uuelent

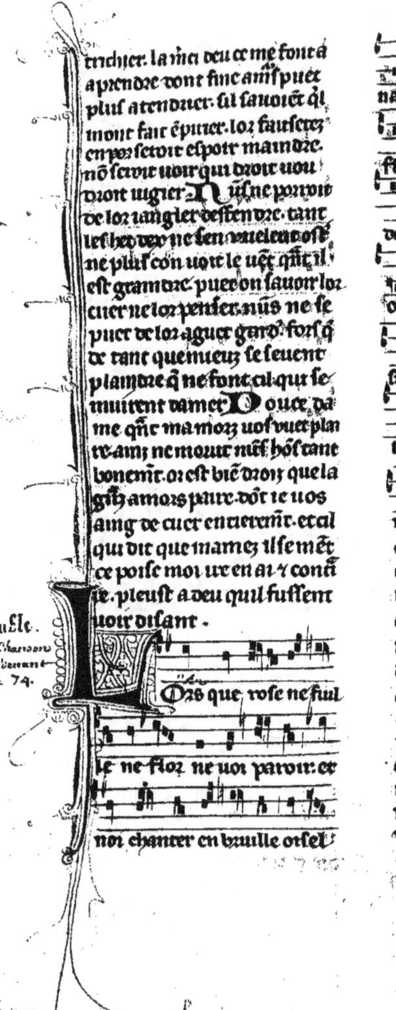

trichier. la moi deu ce me font a
aprendre dont fine amis puet
plus atendrer. sil savoiet qil
mont fait empirier. lor fausetez
emporseroit espoir maindre.
no seroit voir qui droit vou
droit iugier. Nus ne porroit
de lor iangler deffendre. tant
les het deu ne sen vuelent oster
ne plus con voit le vent quant il
est gramdre. puet on savoir lor
cuer ne lor penser. nus ne se
puet de lor aguet garder. fors q
de tant quemieuz se seuent
plaindre q ne font cil qui se
muirent damer. Douce da
me qui mamor vos vuet plai
tre ainz ne mocut nus hostane
bonemir. or est bie droiz que la
grh amors puire dot ie uos
aing de cuer entieremt. et cil
qui dit que mamez ilse met
ce poise moi ure en ai z conti
te. pleust a deu quil fussent
voir disant.

Jouffle.
cette Chanson
est cy devant
page 74.

Lors que rose ne fuil
le ne floz ne uoi parorr. et
noi chanter en bruille oisel

nau main nau soir adous
florist mes cuers a son uolor
de fine amor qui la en son po
oir. dont ia ne quiert issir et
sil est riens qui len deust par
tir. ia dex nou doins savoir
Bien est
ne te nou vuille. me duille
droiz que
qui ma dolor desir. plus aing
que ie ne sueille ce donc ne puis
voir. z bien conois q ni puis
avenir. samours ne uoir rai
son qi doi faillir. ce sai ie bie
de uoir. por deu amors faites
an ochaloir metre raiso tat
quele me recuille. Par
mainte foiz mestroie samor
et fait pensant. z ades me ra
uoir z done cuer ioiant ensi
me fait uiure mesleemet die
z de ioie. mais ne fai sa talat
q me uuille esslaier. ou se le

fait de gre por moi trier. por
esprou se por mal retrouvie.
Maintre longue semaine tan
quant sui loing de li. r saillat,
a grit poine souet les en mau
di. que tant duret la uie desi
si a reueoir celi dont pas no
bli. les moz ne les semblanz.
ainz mi confort qiit en sui re
membriz. si mi delit qiit est de
moi lointainne. Blondel de Nesle

Amours dont sui espris
me semont de chanter. si fais
hons sopris qui ne puet endu
rer. et sai ie tant conquis que
bien me puis uenter. que iai
pieca apris leaument a amer.
a li sont mi penser ce seront a
touz dis. ia ne sen quier oster.

Remembrance doit ures quil a
uet moit r cler. a mon cuer a ce
mis que ne len puis oster. r se
iai les maus qius biê les doi
endurer. or ai ie trop mesps
ainz les doi mieuz amer. comt
que ios con terim a rien ce mest
ius fors que mei crier. Lons
trauaur sanz espoir meust r
mort r trahi. mêl mel cuer a
tendoit ce pri qui la sui. se po
li lai destruit de bon gre le mer
ci et sai bien que iai droit qiiz
si bele ne m entir mon cuer
et li auons fait li a droit. qiiz
de rien mi failli. Der p quoi
moti roie êir ainz de li mti
se ia iolanz en soir li cuer s dote
ue la pri. ie laing tât r couoit
r cuit por uoir de li que chaait
qui la uoit la uoie amer ausi q
for di non fervoir. niis auoir ne
porroit cuer qui lamast ensi.
Plus bele ne uir niis ne de
cors ne de uis. nature ne mist
plus de beaute en nul pc por
li maintenoiat lus de neas r
paris. tristâ r pyram. q ame
rent iadis. or serai sei amis.
or pri deu de la sus qua lor
fin soie pris.

Adam li Bocus
B.R. N° 7363

Li iolis maur q ie sent

ne doit mie. que de chanter
me puisse plus tenir atriam
de cuer lai pensse esuanoisie et
uolente de longuemes soffrir
ne la de moi niert ma dame
proie. car a merueilles fremir
comenir nuls a cuer doit que
la dame le scondi. c. Flor
est qui trop en so(n) cuidier se fi-
e. con uoit aucu(n) sus lespoir
denrichir empredre tat quil a
pl en medie tout ce me fait
de li pier cremir. saing mieuz
assez user tote ma uie en .i. ioli souenir. q p trop caillart desir per de ce do(n)c iai entue. *
E brun teps uoi resclar

eir de tox les oiseilx chanter q
ne doit le cuer fremir r dou
ement remembrer la ou dex
me doint toir de bien amer. q
riens ou mont ne desir fois a
complir ce que ie nox esperer.
Mal aie nou puis couir. et
li nen uunl eschaper. que fins
cuers ne puet gatir. mais il
en doit amder. douce dame a
uos suir thonorer r ami itan
querir le mire a mes maux la-
net. Cest mires malegera de
touz mes max se li plait. que
son poing tiec r tendra ma
lante r mo dehait. dex ql au
mosne fera se bien me fait.
tot ausi me demara com li
plaira. q ie li quit guerre et
plait. Lore q mors me mo-
stra tote beaute a sohait. mes
fins cuers ne se garda de son
debonaire agait en resgar
Il y a encore 3 aut.
Couplets.

vant le naura · dũ douz atir·
cist douz resgarz lociera. se mi
et na· de moi q̃ tref nai mef
fait. Quant ie resgart et re
mir son gent cors τ son uis
cler. ne ie ne mos enhardir
vun soul mot ali plex · lors
mestuet mait g̃ef sopira el
triagler · por deu doigne son
ami tant pelesir q̃ li solaft τ fes
ser. Confor̃ ne mi lait mo
rir ne mais durer. qũst te
cuit estre a loisir de mal sof
frir τ ie me truis au rextrer.

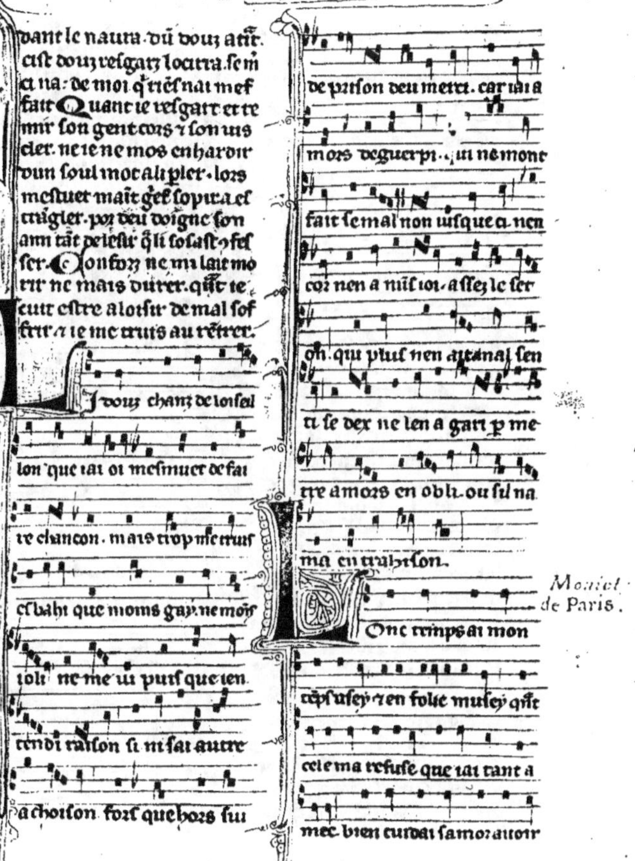

Monet de Paris.

p folie ou p sauoir. mais ele

ᴠie poz nul auoir niert de moi

prinee ᴠadu. ᴠadu ᴠadu ua.

bele ie uos laing piera uostre

amors ma folera se ne mest dȯ
Le ne sat que deuenir
quant ne puis ie aue
nee. nira cele que tat desir
touz mes cuers ibee. languir
ce mest uis. sa bouchete so d'
uis ses douz ref gis resgarz
ses douz ris mont la morȯ
dȯnce ᴠadu. ᵻc. Bele cui
ie uos nomer se restore ouȯ
lamer si uoudroie ie am la
uostre faiture. ie sui uostre
sanz mutr ie ne me puis dep
tir. et si mauez fait sentir ma
te pomme duire. ᴠadu ᴠa
Douce amie ie requier
utre amour plus nic uous
quier mo cuer auez tot ener
douce creature. corz ᵻ auoir
ausintr. ci a bel eschagemet
bie doit aler malemt q̄ de

tel na cuire ᴠadu. Douce
amiete plaisanz ie ne puis
estre caisanz ainz sui ie poz
uos faisanz. ceste uadurie.
ie sui mourt poz uos blecez
se uos mourir mi laissiez. ure
amie bien le saichnez. serur
mal baillie vob' vad.

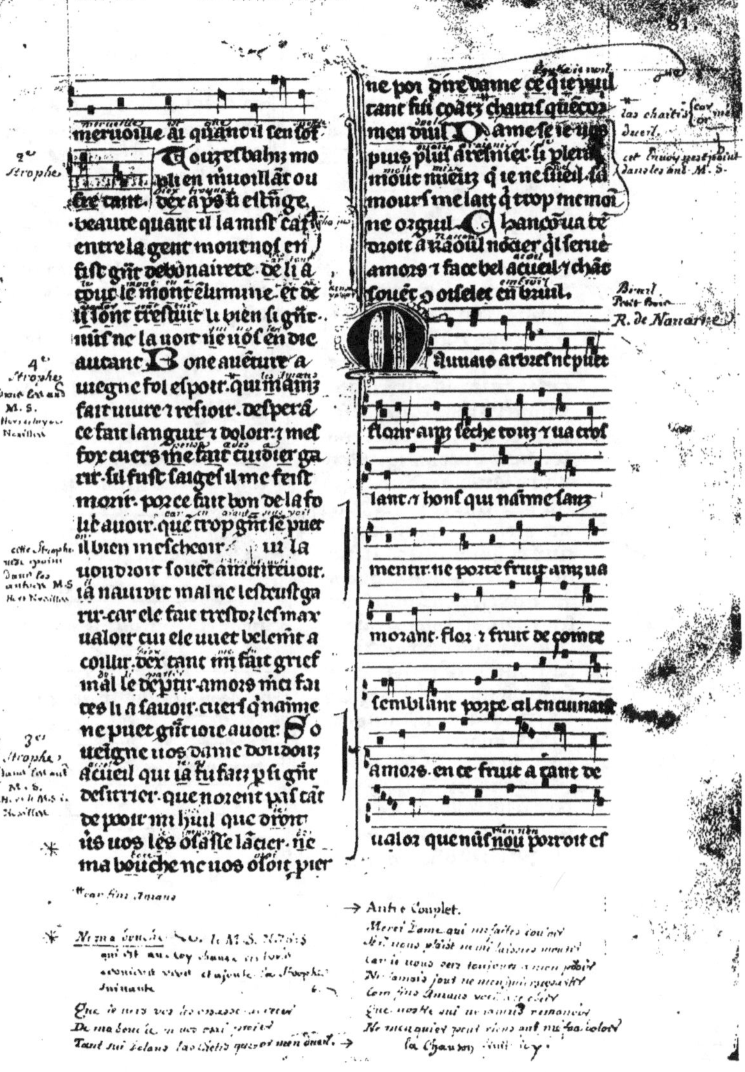

ligier · que de toz maux puet
a logier · fruit de nature la pe
lon or uos ai deui se son non
De ce fruit ne puet nus sen
tir se dex nou fait premierement
qui a deseruir a amer donne
cuer · z cors z talant · cil qu'eut
dou fruit premierement · z de cleu
fait riche secors · p'le fruit fu
li p'miers plors q'it eue fist
a dan pechier · mais qui dou
bon fruit vuet maigier deu
aint · z sa mere z son non · si geu
dra dou fruit de saison · Seig
nor dit uol ai de l'arbre de na
ture de q'mors uiet · du fruit
maur coste uos ai q' cil qu'eut
qui a deu se tient · mais dou
fruit uert me resouiet · q' ia
en moi ne meurera · cest li
fruiz en qua dam pecha · de ce
fruit est plais mes · z giers
del q' ma dame ui p'miers
oi de s'amour plai cuer et
cors · ne ia nus n'e istra fors
Bien cuit dou fruit ne gou
tera q' iai coilli aicois ma
uient · si ga l'enfant bie le
sai qui en la buechez entor

larbre ua z uient ne ia amo
ne montera · eus mes cuers
solemt ua cant y est mes git
desiriers · q' ie en toig mes git
maux chiers · si lui a tuez g'u
ors iis li qui est toz miel tsors ·
Dex se ie poote coillir dou
fruit meur de uos am si con
uos mauiez fait sentir la moz
daual z cõparer loz me poz
roie saoler · z uenir a repente
rit p'ire dou z comãdement
me donez am la moillor · ce z
la p'iouse floz p' cui uos uent
stres caius dont li deables est o
fus · Meire deu p'ire dou cour
dou bon fruit me donez sauoz
que de lautre au ie seu plus
conques encor nen seu mis ·

Out ai este longue
ment esbahiz · que ie nosai
chancon a faire empzendze
car de ma ioie estoie deptiz
or me refait amors eu li en

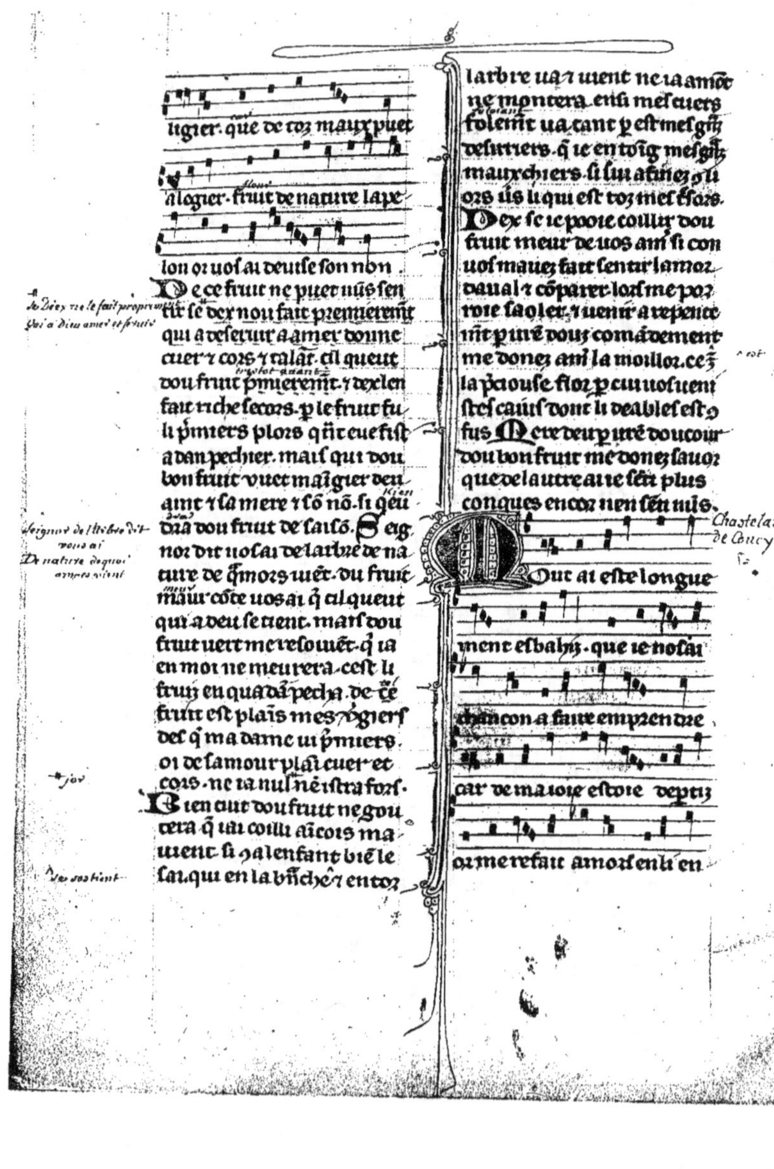

de Dieu ne le fait proprement
Qui a dieu amer et servir

Seignor de l'herbe dit
vous ai
De nature de qui
armes vient

Chastelain
de Coucy

tendre. cume beautez n'est re
nue deuant que me semont
et prie que ie chant. 7 ie sui

li liens. quiites ligement q
cor me puet et engaigier et
Par tantes foiz ai este essailliz q ie
uendre. nai mais pooir de
moi deffendre. ne re ne sui si
foiz ne si hardiz que il'amoir
o saisse point contendre puis
que de moi uuet faire son ta
lant. soffrir m'estuet si debo
nairemt qu'ele se iames cotre
li me deffent face en bo droit
que bien le me puet tendre.
Sonqs griz bies out estre
desserviz por mal auoir bie
doi m'ca tendre. car ien sui si
meuz rafoibliz. q mior en puet
li plus saiges aprendre. si uos
en tra la plus bele a garant
de cui iames nuisuos lise ne
chant. mais ne sai pas ecor
certeinemt quel guierredon

ele me uoudra rend. Iames
mi huil ne fussent asseuz de
resgarder sa douce face ten
dre ses blanches mais ses doiz
Ions 7 traitaz q fait amor en
flamer 7 esprendre ne li beaus
braz ne si gent cors uaillat
ne son blanc col son chief
blonc 7 luisant toute beau
tez que soz autre resplat et
la boche q tant beau ris sortn
dre. Iames nus chaz p moi
ne fust oiz. por tat peust mes
cuers de dolor tendre. mais or
serai de grat ioie eslaudiz por
ce qu'amors le uuet a son des
prendre. qu'ele uoit bien et
conoist 7 entet. quil ne est pl
q si aint leaumt 7 fil li plait
por deu si facetat que madame
face pitie descendre.

Merci clamaz de mon
fol errement ferai la fin de
mes chancons oir. car trahi
ma et mort mien esciant mes
ioliz cuers cui ie doi tant hair

tel mal ma fait por le dit vau
tre gent tuit sour pri de moi
ioious talant er quanioie me
faut bien est raisons quauec
ma ioie faillent mes chancons
Bien sai quil est lieur z poi
z raisons qua touz les biens
dou mont doie faillir car por
quis lai z moie est la raisons z
qui mal quiert il doit bie mal
soffrir dex doint q moz men
soit mes guerredos ainz que
de moi soient lie li felon mais
por miti uiurai z por ueoir
ma bele perde z por plus mal
auoir De pou me sert q me
uuet conforter dautrui amer
mieuz le uaudroit taisir car
en mon cuer ne pourroie troi
q de li puisse mo desir se ce
me fait q me uuille greuer
puis q samor ma faite co pa
rer tot li pdoing a mo define
ment z se mes cuers li faut ma
mour li rent Sainz nus a
manz or de mesfait pdo voe
mi deuroit par droit bon los te
nir car ie forfis en bone enten
cion z bie cuidai que me deust
merir mais ma dame ne qerr
se mon mal no por ce si he mo
z ma garison er qse mi mal li
sont bel z plaisanz por ce me
he z sui mes mal vuillaz Es
fins amanz pue quil dier uoir
li quelx doit mieuz pproit da
mors ioir ou cil qui aime de
cuer a so pooir z nest si sen mie
bien couurir ou cil qui se sanz
cuer por deceuoir z bien li set
garder p son sauoir dites a
manz qui uaut mieuz p raiso
leaus folie ou sage trihison

Chastelain
de Coucy.

Cout mest bele la
douce comencence dou nouel
temps a lentrant de pascour
que boil et prez sunt de mainte
semblance uert z vermoil co
uert verbe ee de floz z ie sui las

Ce Couplet manque
au M.S. Cl.
5e Couplet du M.S. Cl.
Se Guerredon fuffent rendu adroit
Car mi deuft Amors mon lieu fenir
Qar iai ete en bone intention
Et bien cuidai ques men doust uenir
Mais ma Dame ne me uent se mon non
Ne qe de moy et ma garison
Quant mes mau li sont doux et plaisans
Por ce me he et en sui mes mal vueillans.

5e Couplet
M.S. Cl.
He franche riens porqui ie muir amans
Faites Amors en vos plus beau senir
Sor totes fins est ce la melz vaillanz
Et ne pas quant sen puisie bien mentir
Car fins amans ne puet estre auennans
Se mort nen part por ce morai iouffrans
Et Chanterai sans Ioye et sans finer
Querries ne doi a su d'Amors penser.

83

La de mo
cuer nestui
mais la se
blance. dont me conquist as
moz ploins de dou cour cele
cui rai toz iors en remembrace
si q mes cuers ne sert dautre
labour. ha fasche riens en cui
iai ma fiance mei por ure bon.
car sen uos truis le seblant
mi couur. uos maurez mort a
loi de trahitour. sen uaudra
mout noaus ure ualour. se
morez ensi p deceuace. Las
q ma mort de debon aire lasce
q̄ si me fait morir a tel do
lour. de sel beaux euls me uit

sanz desfiace ferir ou cuer q̄i
ot autre estoz. mais uolentiers
en prisse uengance. p deu le cra
tour. tel q mil foiz la peusse
le roi ferir au uij. se cuer ensinc
dautel sauoz ne pu ne ra etes
ne feusse clamor. se reusse de
sine uengier poissace. Ne
cuidiez pas dame que re recle
de uos amer samorz nel me def
fent. car fine amorz uen mon
cuer 7 maistroie qui tout me
done a uos entierement. si queil
nest conforz qui de moi uoisg
ne p qui maumet souet q̄ ie
mobli pensar en uis la gent
en tel delit aimus mo pense
ment de uos dame a cui amis
me rent. car sa uos nestra ay
ler ne querroie. He é franc
dre riens puis quen ure me
naie. me sui touz mis en me
secorre len. car nus dos nest
cortois qui trop delaie. si sen
esmaie icil qui si atent. cuis pe
tiz biés uaut mieuz se der me
uoie. q ou fait cortoisemt. que
cent greignor fait entouseue.
car qui le suen done resimau
ment son green pert 7 si cos
te ausinc. con a celui qui bo
nement outroie. Os hascon
ua cen la ou mescuers ten
uoie. la trouerai ne los di
re autrement cors saz ma

Simple et cortois
de biau contenement
et uiuia dant frache
color uelaye.
graille ʒ gras blanc ʒ gent
ʒ uifriant ʒ gnt beaute ue
raie.
ne sor
Quit longuen scaurai
dolour ahue. mais li ennuiz
men aura plus greue. et ce q
iai lonc temps estre en mue q
nus solaz ne me uenoit a gre
mais se deu plait encor aurai
iante. cime doucours mest au
cuer descendue qui ma donne
nouele nouele uiolente. pquoi
mi mal sunt de mort oblie.
Quit ma demore que
iaie chante a ioie au douz teps
destey autresi com ie soloie.
mais une amours me guerroi
e ʒ tient esgare. ou iai mis
tout mon penser en quelque
leu que ie soie. Souent ai
ploze don ta
lar q ie nauoie
et plus desire qntre ses.ij. bz
nestoie si vuil bien qle men
croie que iai mo ae leaument
ame que nule rien ne disoie.
Des quil est ensi nest pas diz
que ie me plaigne. ie nai pas
meu quele ne me daigne et
si sui gariz destre so ami. se li
plait quo li remaigne Da
me mon talat uos dirai saz
deceuance. p.i. beau seblat

maurez gire de pesance. qui
emperes de frace not ioie si
grunt. he las por q chaut mox
men a la renubstice

[M]a douce dame on ne
me crvie que uos ne facez chat
trouer. ainz dient aucun oren
droit que ie fais chancons suz
amier. mais ce ne me puet
gruter. car ie ne chant por
nullui fors por uos a cui ie
sui. et ure amors mesemont
qui me maint ou cuer pfont
la iai sentie 7 fent tote ma uie
[C]il qui de bien amer ixtroit

et qui en pues son cuer ostet
ne doit mie faire p droit bon
chant ne beaux dz controuer
sa mia puis recourer iamais
ior nautai enui. se ce no iai tot
pdu car riens ne ps en ce mod
fors uoscui mes amors sont
ne dautre amie ne me pst on
quel enie [S]ouent me court
desirrer quant plus suzlitz en
tre la gent q ie soie seus p pe
set la ou suiu tute mi pesemer
he bele 7 blonde au cors gent
dune chose aigft desir q uos
peusse tolir ou embler. 1 douz
baisier. p si que seconnoit uos
en cuidoie. uolentiers le uos
remoroie.

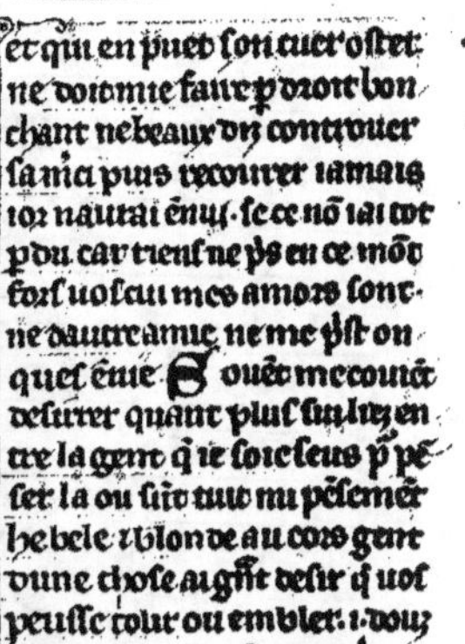

.Jehan de
Noeuile.

[P]ur mabelit li chsz

des oiseillons 7 la uerdoiits

et estez qui repaire 7 nompor

quant ce nest pas la choisons

dont mes fins cuers se muer

a chancon faire 7 amours me

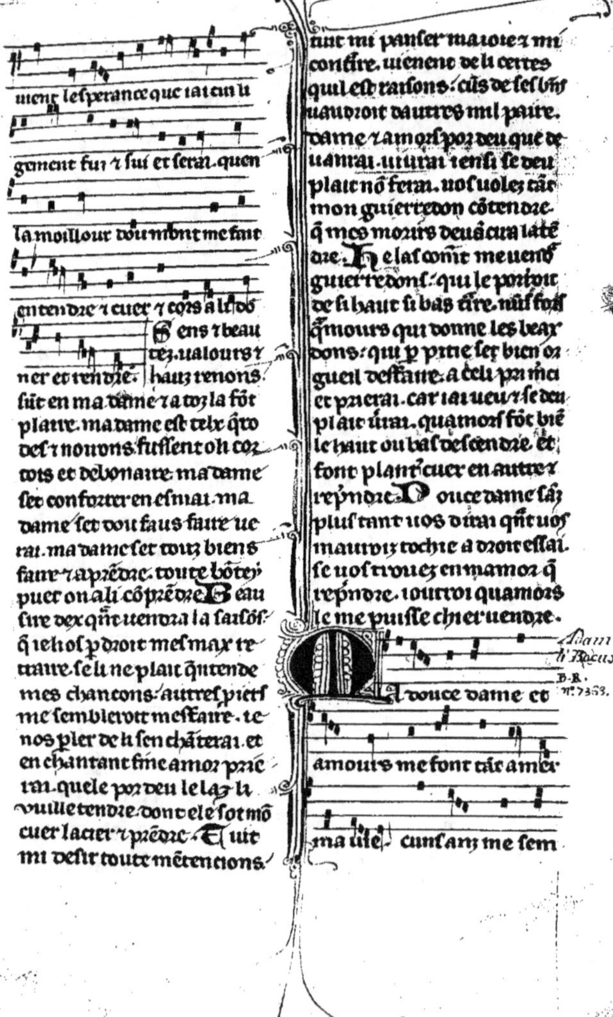
Adam
li Bocus.
B.R.
N° 7363.

ble unf (ous) tors et ma cof
tunte est iolie mais (si) vie
ne mal est mie el max (con)
me fait sentir se li espoir
de toir ne me tenist (com)paig

plaisir ne fait tant qiez desir
que uos deuenez mamie.
Por ce que toute ualors.
est dedanz uos herbgie au tens
toudra estior mon cuer en ure
baillie. auoix en treslairie
ne fait riens fors q gesir. mes
qui a droit deptir le set touz
lors monteplie

a dame ne sait dan
ter de ioli corage. ie la uoilla
droir nomer bele a bonet ca
ge. ie li fis homage. (qu')ant pre
miers la ui. mais com a truhi
que merci ni puis trouer doc
ie sui en si grant esmai que
pres sui de deselperer. he dex
coment mi maintendrai (con)mors

Qist espoirs est mes
retous caraves mes
nue. cuers li fie. si quere
ne pens (qu')illors par quoi ne
li senefie (con) me salue tel fie
sus le point tou sou(con)tir(que) de
dire nai loisir. es gens der y
benine D ame blâche com
me flors tendre de cuirien de
lie. la mieudre entre les moil
lors (ex)ample de cortoisie. dex
a si tres grant prie mis des
biens en uos turnir aincau
tre se doit tenir pou menor
a bien paie. Qui ne mue
roit colors. de ueoir la seig
norie. les resgars plois de
doucours dont uo estes si
garnie. que toz en mortai
deuie. samors p son doiz

ne mi laissent durer Qu'il
le cuir a li parler lors per mo(n)
lenguage. ne le por bie(n) res
garder son simple visage ou
ques mais tel rage nus ho(m)s
no senti douce riens m'a ch(e)
me faites endurer. non por
quant je ne vivroie .i. sault or
sault rien ant. D'amors vient
toute ma joie (et)c. Qui con
nette la trauoi ou mic cuers
tepaire. a dele en cun toz biés
uoi di si mon a faire sele a
miuuet faire de moi so dui

a Nus hom ne

puet ami re

conforter se cele non ou il a son

cuer mis. por ce m'estuet souent

plaindre et plorer. que nus cofort

ne me vient ce mest uis de la

ou j'ai toute ma remembrance.

por li aimer ai souent esmaia(n)

ce a dire voir. Dame merci do

nez moi esperance de joie

Je ne puis pas so
uent a li parler. ne te
avoir. mirer les beaux euilz
de son vis. ce poise moi que
Je ni puis aler. car a de cest mes
cuers la crentis. he bele riens
douce sanz conoissance. car me
metez en moillor atendance de
ioie avoir. Dame. Je ne sai
tant vis u mci crer quele ne
cuit que je soie fanz q(ue) tate gent
se sont pris aguil que pomnc
iert sa coneus fins amis. ice
mocit. ice me desauace. i ce
me tolt ma joie et ma fiace et
fait doloir. Dame. Aucuis
ia q(ue) me suelet blamer qua(n)t
te ne di a cui te sui amis. mais
la dame ne saura mo peser
nus qui soit nez us uos cui

ie le di coardemit proieus fa[n]z
routance. uos penstes loifs bil
ueoir a ma se[m]blace mon cuer
fauoir. Dame. Amors de
uof me vult dou tot clam[er] car
eu uof eft treftouz li larrecins
trop fauez bie[n] le cuer du ho
me embler. mais uou[s] remore
neftil certues ne fais ainz le
tenez efmaia[n]t en balate amors
en uos ai fait ma remblace de
mon uoloir. Dame O ha[n] co[m]
ua ren a nant uel fanz faillan
ce. phelippe di que fil ne fuft
de france trop puet ualoir.
Dame.   *Gaces Brulles.*

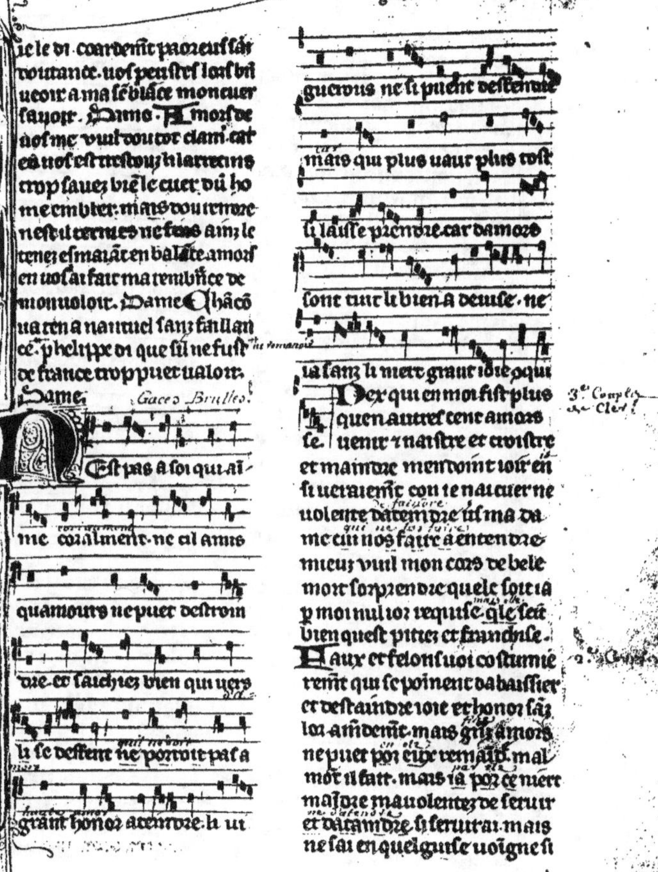

ua fanz li mi eft graut ioie pqui
Cer qui en moi fift plus
quen autref cent amors
fe. uenir z naistre et croiftre
et maintre mentdoint ioir en
fi uetaie[m]t con te nai cuer ne
uolente datempre tis ma da
me cui nos faire a entendre
mieuz vuil mon cors de bele
mort forprendre quele foit ia
p moi nul ior requife q[ue] le feit
bien queft pitiez et franchife.
Haux et felons uoi coftumie
reffit qui fe poinent dabaiffier
et deftaindre ioie et honor faz
loi atiidenic. mais g[ra]iz amors
ne puet por eftre uemaifs. mal
mot il fait. mais ia por ce mi eft
maioie m[er]ueolentez de feruir
et datamdre fi feruirai. mais
ne fai en quelguife uoigne fi

haut de si bas par fuisse. Ce
touz li monz savoit ce q ie sen
nesli felon deuroient ma mort
plaindre q'i morant ni feli con
amors consent ne me puet cp
greü ne desturbiore tel gre me
fai conques em prendre osai
si haute amor quen moi ne
doit descendre li guerredos
ne fa rien iert requise celeou
doucors 7 beautez est assise.

Ie nai mestier de desconfor
tement na male gent ne se
fait bon complaindre mais cil
qui aime si uoir seit entent
que granz amors nest pas le
giere a faindre puis quel se
uiet p mi fin cuer estendre
a sa uiu ne porroit nus con
tendre et ele sest dedenz le
mien esprise la mci deu qua
son gre me iostise. Toute
autre riens ocist home 7 de
uiue forf soul amors qnt de
est a mort prise. Chantez re
naut qui amez sanz faintise
car laissie lontli oui de fait
venise.

Gaces Brulles.

Ne me sont pas a choi
son de chanter prey ne ver

Quant il li plaist enfin euer a descendre
Et na povoir quel puisse ailloirs entendre
Et il est si dedans les mien esprises
La merci Dieu a son gre me justise
fin.

gier. plaissez ne boisson gne
ma dame le plait a comader
nen puis auoir plus auenant
raison. por ce mest bon que
sa ualor retraie sa cortoisie
et sa beaute uetaie. donc dex
li uot si grant plante doner
quil len esgier les autres o
Ce nonporquant
Amour doit li en pu
blier. son qua mon cuer
ai faite deli amer. doit de
uoir sai quanqedui en morß
mais ie ne puis si bele mort
douter. deceuament autres
senz me desuoie. tres granz
amors qui meseigne tel uoi
e qua mon uoloir moi et
mon cuer tendron. mais p

ia por rien ne s'en departiront.

p mō chief ia nen retornerō. Ja ne porrai ma grant ioie a cheuer. morir mestuet en lieu de guierredon. soef trait mal qui en cuide eschap. beaus con forz est datendre garisō. mais sanz espoir me tormēte 7 esmai e. 1 ceste amors qui mocit 7 apai e. mai me fait en ma dame pē ser. tel que raisons nosseroit en anter. Biens 7 beautez sont en li compaignō. sens 7 valors les i fist assambler. et cil q uoit son cors 7 sa facon quant plus a sen plus li couient pēser. quant ainz la ui bien soi que iē mor roie. plus la uerroie mi grant desir p si bele achoison dōt ia naurai sanz nule reancon.

Touz iors cuidai ceste dolor celer que nou seust la bele o le douz nō. nel nou saura qui li doit donc con t. quant nus nē sent langoisse se ie nō. dit ai que fox. ia nus hons q̄ la uoi e. se nices nest qui biē ne sai che 7 uoie. q̄ iaig cele q̄ tant moez loer. a ce que le est bone 7 bele sanz per. Ainsi amo rous touz iors di 7 diroie nus nest amis q̄ otre amī guerroi e. puis qle uuet dedanz son cuer entrer. q̄ sa uertu nus ne puet cotrester.

Plus mociront amors quant la verroie
Et si le font pas si bele acharden
Que ia naurai ioie sans guerredon.

Les couplets qui suivent ne se trouvent dans le M.S. Clert. &

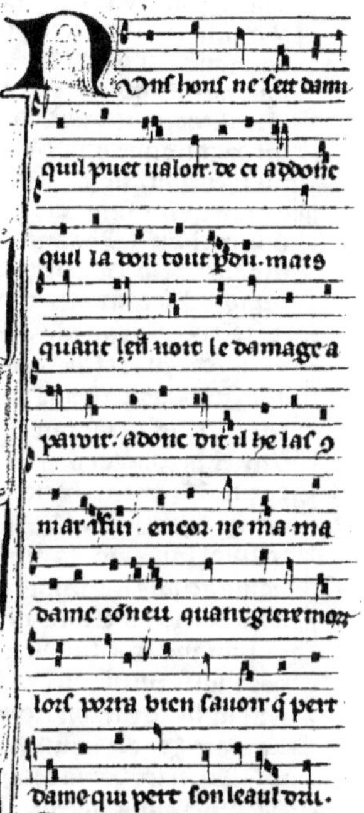
Nus hons ne set dam
quil puet ualoir de ci a donc
quil la doit tout pdu. mais
quant len uoit le damage a
paroir. adonc dit il he las o
mar i fui. encor ne ma ma
dame cōneu quant giere mor
lors porra bien sauoir q̄ pert
dame qui pert son leaul dru.

Onques de li nacōpli mō uoloir. mais ne ma pas por tot ce receu. aīz ferai mieuz por samor mō pooir. quainz mais ne fis se tot ma deceu. ō ques noi pler dome ueincu q̄ grant honor peust apres auoir. por ce vuil mieuz morir de loz

leſcu Morir vuil ie qñt darriſ
la requier. puiſ quele ma .ij. foiz
ou .iij. meſti. ne ꝑmeſſe ne mi
puet mes aidier. ne deſormaiſ
m uaillent riens chaſti. mout
ſui doutanz quele nait autre a
mi bien uouſiſſe por iſſir de
dongier eſtre ſanz eulz qñt ie
ꝑmierſ lauj. Por quoi me
fiſt onquef au conſcier ſeblat
damorſ qñt or mocie enſi. cu
cui ie loi chaſcui ior. tãt ꝑſiet·
ne iugent pas le felon cuer de
li. large dauoir ⁊ tenãt de mai.
por quel forfait me fait el re
pairier. la donc ioi ꝓf mõ cora
ge pti. Tant ai chacie bien
deuiſſe acheuer. maiſ eſi meſt
deſtine ⁊ ꝓmis. que ia niiſ bieſ
ne me uendra dami. puis que
ie ſui de li ueoir eſchis. ne ie
ne puif droite achoiſon troũ
por quoi ie puiſſe aler en ſon
paiſ ne ſon gent corſ ueoir ne
eſgarder. Sele uouſiſt que
ioſaſſe parier de ma dolor au
cũ de mef amis. qui mr peuſt
aucai confort doner. bie peuf
ſe guir cemeſt auis. ahi. ple
ſanz ne uos puiſ oblier. por
uos mortal ia ne aurai mci.
ceq ni eſt ni puet on paſtirũ

Quer ⁊ corſ
entieremt en ſon ſuiſe meti.
beau meſt ſele me repnt ſi toſt
⁊ ie meſferai. er qñt ie a eſciãt
ſef comãz trefpaſſerai. ia puiſ
naie alegemt deſ max dont ie
quier aie. Ne ſai por quoi
ne coñt. mauiõ qñt ſi haut
penſai. nou ie pñ le hõ demt
car en moi choſe nẽ ai. q dani
ſi hautemt me deuſ mettre
en eſſai. forſ amorſ tãt ſoule
nñ qui ſor moi a ſeignorie.

ne des oiseaux li chant. ne douz
mayz ne auriz ne rossignoz ioliz ne mi fait si ioiant ne pense q haute amor signoriz. q
damor vienent mi chant et
mi plor ne dautre labor. ne ser-
mes cuers a nul ior. Si bone conquis
ma dame en esgardant. q tait
co ie soie uis ne serai fors qua-
nuis. morir en atendāt me
sera los rps. q̃n amor na nule si haute honor a fin ameor
q por li soffrir dolor. Dame
donorz de ps. con servir bien
auenāt. q̃n une simple uis de
grant beaute espris. trouasse
i. douz semblant z i. douz ris
q semblant ameris. mais da-
moriz nai ie tres fort que iaor
des dames la flor de beaute m-
riaor ele q̃n ie dou pais

serai tornez en plorant. pez uo
franc cuer gentil q iea doc soie
fis. donc a deu uos com ār douz
amis. lois autan cota deuis ne
la mortlor ne facēt losengroz
faillir au retor. ia tāt. ui aiet
del lor Mon seignor de bar
q ps r ualor maintent chascu
lor voigne dex ioie rhonour.

Tant plus que dion
puet estre sanz raison. ne que
raisons puet estre sanz mesure ne porroit nus selonc men-
tencion estre uaillanz ne cortois adroiture qui de son cuer
ne fait a amorz don. mais q
amors destroigne sa prison.
lors puet valoir quant amors

Village de
Rains.

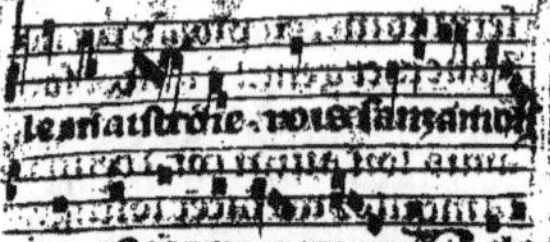

le m aiſdroie · vois ſi m'amour
pas eſtre neuaue noie

et boinſ bienſ eſt leurſ ſaiſonſ ſe
il uoſ plaiſt que de moi preigniez
cure que ſui a lonc tenſ ſaz
girdon dun tuer ſi fin d'une
amor ſi pure q mon pooir nai
nule entencion forſ bie ſeruir
ſi met on abandon tuer t corſ
tout et boit tout mi outroie
ne recroinai qui qu'au venir me
uoie. N eſt paſ amiſ qui oſte
ſo penſer de bone q l'en aueig
ne mo tuer ne uuil partir ne
uoſ leurer ainz uuil a deſ que
touz iorſ men ſoueigne ta ſaz
ma ne len uoie torner · p deuſ
moi nautoit il ou ventrer corſ
il faudroit dame ſe der me uoi
e · d con le di uoir maiſ pou
truiſ qui men croie ...... ame
mi ou te ſui au fin · ſe nat ſe
courſ de uoſ que p tpſ veig
ne trop me haſtai qñt i apriſ
a uoler · ne uoloir nai que poi
fol ne me re teigne · q me ruiꝰ
mout mout en fait a blam
ſe ie ne puiſ en uoſ ma tro
uer · ce fu amorſ qui m'a miſ
en tel uoie d'amorſ me plaig
ſamorſ ne me ruuoie. D a

me t amorſ ſe iai us uoſ meſ
pſ · por deu uoſ pri que le me
proniez · neſt miuoille dome
ſi entrepriſ · ſauaine foiz eſt
de laſſeurez · ie panſ a uouſ
nuit t iour iorſ t cor diſna trñ
autre neſt mieſ tuerſ entetiſ
amorſ the doit t uiret qñ cor
li croie · la ſi ie ne puiſ mon
chaſtel q febloie · *Jacque de Chiſon·*

Quele amorſ qui m'eſt
ou tuer entre d'une dame qui
ma lume t eſpreht · mi fait chan
ter ceſt folie prouee qua moi
na fiert damer ſi hautement ſi
en mera amorſ qui me oſent
que q'i mettre en bel leu ma pe
ſee · voue ma tore veuroit

estre doubles et la ualour dou
Douce
dame chau
cuer que si haut cent · ce chose
honozee · a cui touz biens z toute
honozs apent · ne cuidiez pas
que ie die a uolee q ie uos aig
de cuer entierement · si me doie
uer pamozs conforteist con
ques nul iоr ne fu p moi fau
see · mais on ne set qui aime
ne qui bee · car chascun dit ql
aime leaument · Tantost
com ius la uele la semee · gi
mis mon cuer si amozeuse
ment que ne le truis ne soir
ne matinee · sai achoison de
chant ueine · car bone amozs
le menseigne z aprent · si ne
conois ma dure destinee · con
ques damozs ne pensai a rien
nee · donc ie p drоit eusse ali
gemt · il faux amanz qui
uont p la contree · qui font se
blant z chiere de neat · z des da
mes ne quierent fozs la bee ·
font a samaz maint grit en
nui souent · mais ie me ri et
duil ne sai comt · car une am
ma ioie ramenee · touz iors t
pans ne riens tant ne mage
mais ie me duil dou panser
folement · Amer mestuet

lor toutes les meriee · car mes
fox cuers si atise z q entent se
est ma ioie creue z amontee de ma
dolor z de mon grief tormt ·
or puis ie dire q cuers amorous
sent · si en aurai une dure sou
dee · car ie uoi bie la mort me
est donnee · de cest suis ie autre
loier natent ·

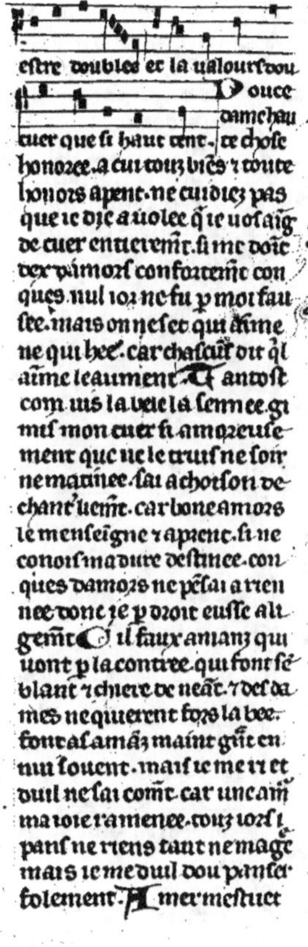

Ne lairai que ie ne die

de mes maux une ptie z irour

dabaiart cuers conortoux fau

se plus uaire que pre q men

uoia en sulie · la por uos natura

mais les eulz plorour fox est

qui en uos se fie · que uos estes

la bele au souffrair touss ne uos
Bevele es dou
ce amie q sebles
ame mi mie ·

rose espine. mez niel de nuele
al aim. qui de fin cuer uos pe
que sil a troite flone au uaine
di na pas le bec si raum. que de
nos ait grir cure. saime mieuz
que quenuis die oisel rosti. q
la ure compaugnie.

E sui pas si esbahz
por yuer ne por froidure. ne
por estrange pais lointains de
ma norreture. que de mauen
turine face chancon bone de
dit z de son legiere a chanter
por reconforter lemal qui me
tient qui damors me uient.
L autrier estoie pensis z laz
point denuoiseure. q fit uns
doucespons toliz me dit que
ie masseure que li fruiz meu

re de mon guierredon. z qua
mors fera raison a pitie ma
ter z en bien muuer: lemal q
z c. Uns folz guierres pen
sis na point de malauenture.
conte est tex housseheriz. q sau
te en autre pasture. a dōc met
er uire por soi faire bō. iames
de cele prison nistra sāruuer
iain mieuz enduurer. lemal
qui me. zc.

E z por quoi
plaing z sopir
seignor nen fais pas a blasmer
touz iors mestuer ma mort ser
iir amors nen puis mon cuer
oster. mais en cuer ai densme
Amer si en uuil bien lesmax
pen
souffrir iusqua puisse mort.

Se amors me fait ses max sentir
il ne men doit mie peser. quau
tres nou puet mie soffrir une
sanz soi reposer. 7 ie sui amis
saz mentir ia dex ne men lait re
pentir car en amant vuil bien
finer. Amors tele hore fu ia
dis que uos me laissiez estre
en pes. mais or sui ie vetais a
mis nauurai rien qui magree
mes. serui ie donc de uos ocis.
nenil trop auriez mespris quit
ie tout por uos servir les Ou
ers quen puis mes se sui pensis.
quit tu me charges si gref fes. ha
cors se neat tesbahis ia nama
onques cuers mauuais. fer tat
q tu maies conquis ce q plus
desirres tot dis. uoire cuers mes.
la mort est pres Sui de pon
tiaus en fort pson nos a mis a
mors sanz cofort. iis celes qui
sanz achoiso nos ociurot nen
ont il tort. oil car leaumie amo
ta ne nos en repentiros. ho ami
fait iusqua la mort Guiz de
fine sa chanco. ha fins pyra
mus que ferons iis amors ne
somes tot fort.

On ne puis ie plus ce
ier le mal damors que ie sent

si me destroit durement que

ne puis aillors penser. bien doi

oblier toute autre pensee pour

fine amor qui sest afermee en
Cist maux
me uint des
moi sanz retor. garderisi me
post en pensant. mout me grieue
et mout me plait tant quen
puis mon cuer oster. ne uos de
mander ce que plus magree
mais p amors miert ioie don
nee se ie lai nul ior. Riens ne
puis tant desirrer nautre ioie
ne demat fors q ueoir so seblat.
son douz ris so biau pler. 7 son
douz penser sauoir a celee. q
samors me fust donee saz au
trui ami. Se tat me uoloit
doner fait mauroit lie 7 ioiat
mes mieuz vuil tout mon ui
uant por li griez maux endurf
q p son pler iis moi fust mee
cele ou mamor ai tote a tor
nee. sanz faire autre a tor
Dame cui ie nos nomer a
uos me toig en comat. 7 tat

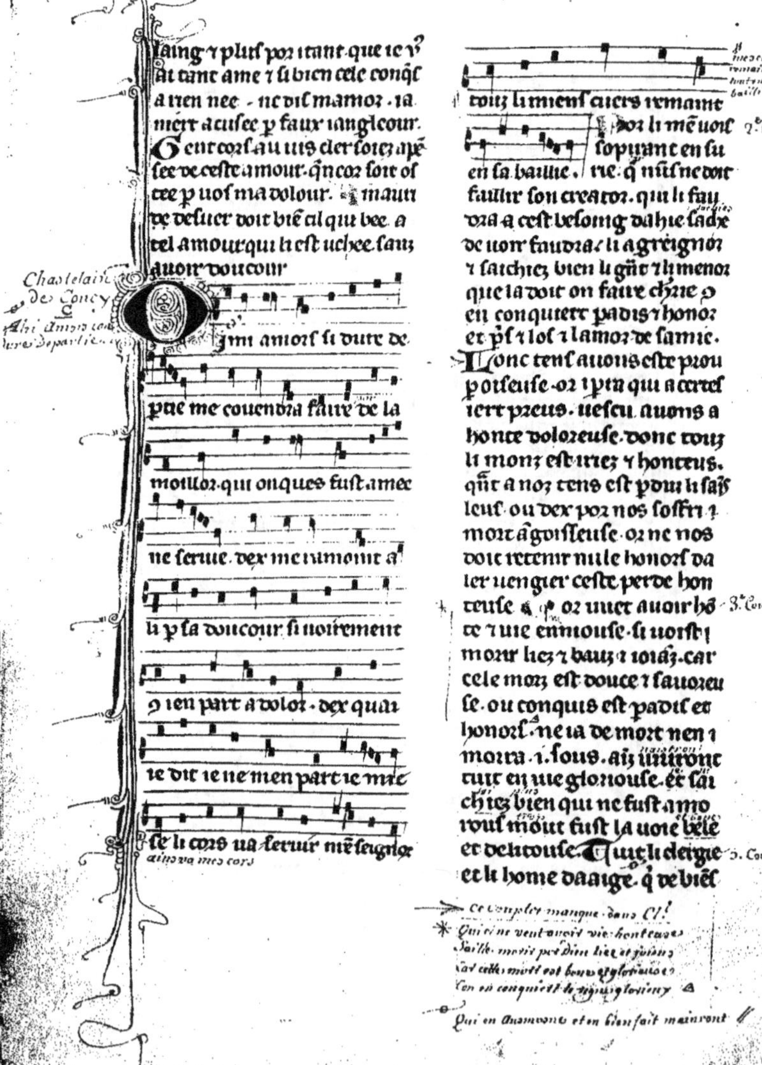

faiz ⁊ d'aumosnes uiurōt pu
ront tuit a cest pelerinage. ⁊ les
dames qui chastes se rendront ⁊
le autre portent cel qui iront. et
sel eles font y mal consoil folage.
ha les quelx genz mauuaises
les feront. car tuit li bon iront
en cest uiage. Der est assis en
son haut heritage. or parra bien
con cil le secorront. cui il geta
de la prison ombrage quant
il fu mis en la croiz que tuit or.
certes tuit cil sont hom qui uont
sil nont pourte ou uieillece ou ma
lage. et cil qui rone ⁊ sain ⁊ ri
che sont ne porront pas demo
rer sanz hontage — *Perrin d'Angecort.*

Oques por esloignement

ne ui ma dame en obli. mais

ades enterement a este mes

cuers en li. en cor mi aient nui

li mesdisant a lor pooir. Ja

merai por mieuz ualoir. sil

Bien sont honnis tuit cil qui demainront
Se nes retient pourete ou malage
Et cil qui riches et sain et fort seront
Ne puent pas demorer sans hontage.

en deuoient creuer. ja por mes
disanz ne lairai la mere Qest
primes ui son gent cors ⁊ les eulz
qui mont chi. si fui feruz roide
ment que dou grant cop mesba
hi. si que tantost me rendi ou
pitiez ne set menoir. r ean co
en uoi auoir. ps ma. or en ait
mci. La bele qui mon cuer a
me tient ioli. oli sanz ale
gement onc tel mueille ne ui
car quant plus sui en tormente
plus me truis ameneuz. de li
seruir or li pri quen gre vuil
le recenoir. ce que de leal uo
loir mourroi a li ligement.
Ensi me cofort amors con ie
laing leaume. Dame a cui
touz biens apent qui mo cuer
auez saisi. se ie ne uos uoi so
uent nai ie pas mois dessun
noc por ce rien ne soffri aiz me
couient plus doloir. li desirs
de uos ueoir mart se ma ne
auez. Dame mci uos mocrez
Chancon ua ten droit uenir
a mignot ⁊ si li di que pour
mon auancenir de pri bone
amour por mi. car il a touz
iors sui de leaul cuer sanz mo
uoir. ⁊ por ce sai re de uoir sa

cuer en son luge demaine. et
si sai bien que ne me puet seurer. longue atente tant soit a
moi greuainne tant ma gds
quel me fait adrcer. li 7 la cor
tait quel me fait sembl q cest li
dex de la ioie mondaine O ele
cui iaing est tant de bote plai
ne quil mestauts que la doi
comparer. a lestoile q nome
tremontaine. dont la bote ne
puet onques fauser. le maren
pmi la mer hautaine fait tr-
noier et a droit port sigl. et set
et uoit quel part il doit aler p
lestoile dont la iiiuz est saine
Ausi nos di qui foruoie en
outrage. en fausete. en penser
folemt. sil uuet en bien muer
son fol usage. uoist esgarder
le beau contenenst 7 la ualor
de la tres bone 7 saige. 7 uuoiez
iert en bon enseignemt o ma
ronier a cui lestoile apnt par
mi lami le plus seur passage
Quens daiou ia umis mo
cuer en ostage q il amours
nourerai tuuserist touz iors
serai leaus en son homage. he
fitz de roi car li fartes y cest de
uire corsi la maure; domage
7 sen cruistra ausime. car il
nest nus. le fin amort lejnt
ne soie ades plus cortois so
aa iges a a a a

Thomas Erier.

ne ne sorent mon
pensey li felon en mon uiuant
amz lorai touz iorz cele z ferai
voz en auant. maintte foiz moi
fait dolant. mais tot auroie
oblie se ma dame en mon ae
me faisoit. i. beau semblant
donne mauroit ioie grant :
Mais nen ai pas uolete il
mest bien apaiisat. qant touz
iorz me sont doublei li mal q
iai porte tant. mais ie me uoit
confortant en ce q on ma cote.
q urai amant siit sauue sil
muirent en desiriant. ne se
uoist nus esmaiant. Se
merciz ma demore que lurai
te demandant. fors cele qui
de beaute ua totes auttres pas

tanc. cle a uis fin et riat. chief
blone. gent corz honore. mes
ce que moen degre li est trop
mesauenant uiure me fait la
guisat. N a mie de seu plaite
qui amorz ua esloignat. quele
amour tost conforte. i. desesoil
lie amat. douce ie ne uois mi uoil
lant comt nus a si osei le cuer
qui fuit fausete uis amis na so
comat. onques faux not cuer
uaillat. H auremt nia asse
ne amisa douce platiat ie li ai
fait fraute ses bons siu du fie
tenant. qui au cuer me ua
poignat de gut dolor ma fie
ue belas ie lai enertee p miel
qui pordurant uot ma mort
a esciant. M a dame de pon
tiz mat la roine q chitey ai p
ce q omadey le ma plus ne
li demat sil li plait quoie mo
chant .

R seroit meretz de
carson dame sauenir i deuoi
e quoublier nos ont li felon
qui disoient ie uos amoie

Bestourné.

les en desment si men croie. Qan
uos ai si m'entencion que mo[n]
na mes rien qui soit moie.
Et dame puisque ie uos do[n]z
cuer et cors ou que ie soie. se
ie n'ai de uos guerredon mar
ui onques se dex me uoie. une
gent cors qui me maistroie
et destroint si en sa p[ri]so[n]. q[ue] des
cuit q[ue] morir en doie. He dex
cor fuissent or seure d'etax faux
al qui sanz faintise ont toziors
leaument ame et li faux euissent
assise en lor frons une corne
bise. lors auriez toc esprouc
dame con ie uos aing et prise.
Si l'autre chantent en estre
et dient quamors les debrise.
mais ie me truis enamore toz
iors por uos en une guise. da
me iai grant folie empris. se uos
pitie grant bonte ne pri es en
gre mon seruise. Ma douce
dame a cui ie sui. bien est et
raisons que ie uos die nest
pas adroit par li ieus de ii.
quant li uns n'aime mie. da
me de touz les biens garnie
laschiez mon cuer non onques

Perrin d'Angecort.

bies darfil ptir. qui us la dame
a desleal corage. ne nus fins
cuers ne puet tant de mar taire. sil se maintient us amors
fanz meffaire que fa poinne
ne foit fi emploie. que c. ioief
aie por une ha dne. Mout f
donc for qui a amors feruit.
na aroine fon fen i fou ufage
ie fais. i. uou que que foit dou
loir. que ia de li feruir en mo
aaige. ne retrairrai oi dofe per
qil me paire. fe ma dame nali
ge mon contire por li mortai
si feru fi uengie. qua toz fins
cuers deura eftre enemie.
Dame de uof ne me quier ta
ptir. que quil men foit de prou
ou de domage. poir auef do
cire ou de garir. moi qui toz
fui urés en heritage. mais bo
ne foiz qui dedanz moitre pairt
de leaute me done. i. eraplai
re. por ceatendrai en bon efpoir
alhe. qui uof plaira fierr ma
poinne merie. He mefoi
tant ie uos doi inle hair. tat p
eftres felon i plaim doutrage
touz iorf uof truis en gur de moi
nuifir. i fanz raifon haez mo
auantage. mais ma dame f
tat faige et debonaire q bien
faura conoiftre ure afaire. fi
que ia merr uof fauferez oie.
coz uoz poinrs ne dour fele ma
                              phie.

quques mais ior de ma
uie noi si grant mestier q'mors
me feist a ihe a chant comencier
las de son dongier me cuidai os
ter. mais or mestuet deurrer sa
douce amistie. plus conques
a granz outrecuide
mais la moitie tre ma fait
couoitier. dame de tel seignor
e cui ie nos proier. ne nici ne
quier aillors demander. amis
la me font amer sen ai le cuer
lie quant si bien mot enseigne.

R uol ie bien quil
souuient bone amour de ni
car plus asprement mi tient

quainz mais ne senti. ce ma
le cuer estoi de chanter. ens
doit amanz mostrer le mal io
Et souenirs me retient
que iai de celi dont cist iolis
maux me uiene q maine
ont por li qui ia ne seront hoi
de parler. a mon cuer doi opi
rer lautrui ausi C ar dun
estre se mar tient qui ma es
baubi p quoi ie coi ql auiet
A touz les autres ausi sil ne
oient que ie mi a lancer comte
en li resgarder tot en obli
uus cuers qui mes deuiet
na pas meschoisi. mais a nui
lui na puent. no porqist ie di
qu muluer sanz nul si fait sem
bler qist amors sen uuer mes
ter chascun oigni

ques ne me poi par
ceuoir que pour bien amer
leaument peusse rie damors

auoir qui roniast a alegre
ment. et des que ioi enten
dement ne fu sanz pensee
iolie. nonques nen oi ior
de ma uie fors que dolour
des lencomencement Que
quamors me face doloir ia
nen ptirai mon uiuant. mais
me couuent touz iors uo
loir q̃ de moi face sõ talant.
ie ne ser pas uolagement
mais de bon cuer sanz eche
rie. de bien amer mest ps
cuie qui ne me faudra mõ
uiuant ¶ amors mont
nus a non chaloit onques
por ce ne meu repent. qua
des ne face mõ deuoir dades
siur mout bonemt. comt
quil soit a li me ter. iela sai
si de bien garuie que au
cun temps ne lautamie q̃
ne pesoit de son leal ami

S amors doignast ensi uoloir
con der fair de la soe gent. que
le riche ne uu et ueoir celui q̃ pe
fausement. mais le bou poutre
a sa part prent qui toz iors sert
sanz tricherie celui met en sa
compaignie. et bone amors
deust faire ausiment Et se
ie plus nen puis auoir ie me
coing a paiez de tant. de quoi g
ne puet pis ualoir nus nest si
bons qui n en ament. que bone
amors aprent a faire tote cor
toisie et couuent tote uilenie
hair. celui qui aime leaumene

Rou de Nauarre.
N. CI.

Pour froidu
re ne pour y
uer felon ne laisserai que face
damours une chancon. y si di
rai que qui aime repente sen
sil puet. chascuns le dit mais

mentir len estuet · qui bien aim
me il ne sen puet ptir · taht que
larme li soit don cors prte ...

Pour moi le di que lai mis a
raison · a moi tencai · puis pret
consoil de li faire a choison · pe
men esmai que li esmaiz de mo
fin panser muet · plus pans a
li r plus en iapluet · dame mia
ieneuos puis faillir · aincois
fera mers por pluie faillir Da
me serai de mes grfz maus pa
our · ne uos poist pas que bien
poez alegier ma dolour · r tu te
uas chancon ali si li di en plo
rant · cune mia damors en sopi
rant uaut bien · c · taiz a fin le
aul ami que ne porroit pries
cuidier samie · H ort sont li
laiz r grant li couertour · ce nest
pas gas en que cil est qui aime
p amors · r que diras puis que
ie sai rconois son semblanc r
ie me toing ensi deus la gent ·
ma ele donc ps loie ne saisi · o
il certes ia nen iert dessaisie ·

Puisquainsi est que ia reonin
bonement en lonc espoir · car
il nest riens que ie uousisse au

tant que son uoloir faire par
tout sanz achoison trou · r il se
ust mon cuer r mon peser · q p
ce cuit q iauroie mci · der quat
vertai por quoi ie la mati Pus
ne porroit decestui mal esmier
fors uos dame con brie il puet
durer · et sil uos plait nou me
tez en obli · que nule foiz mes
cuers ne uos oblie ·   *R. de Nauarre*

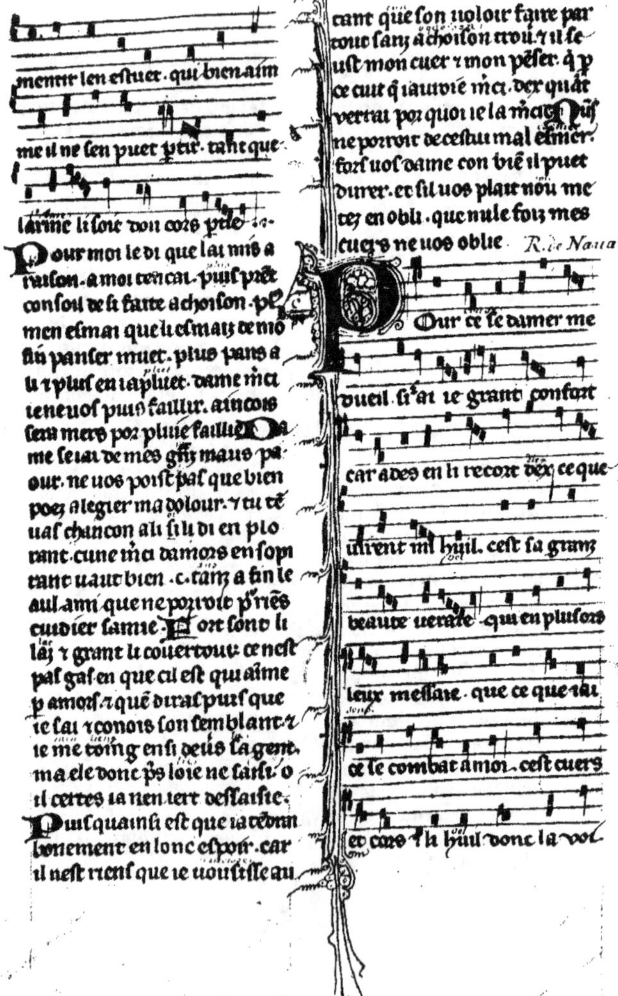

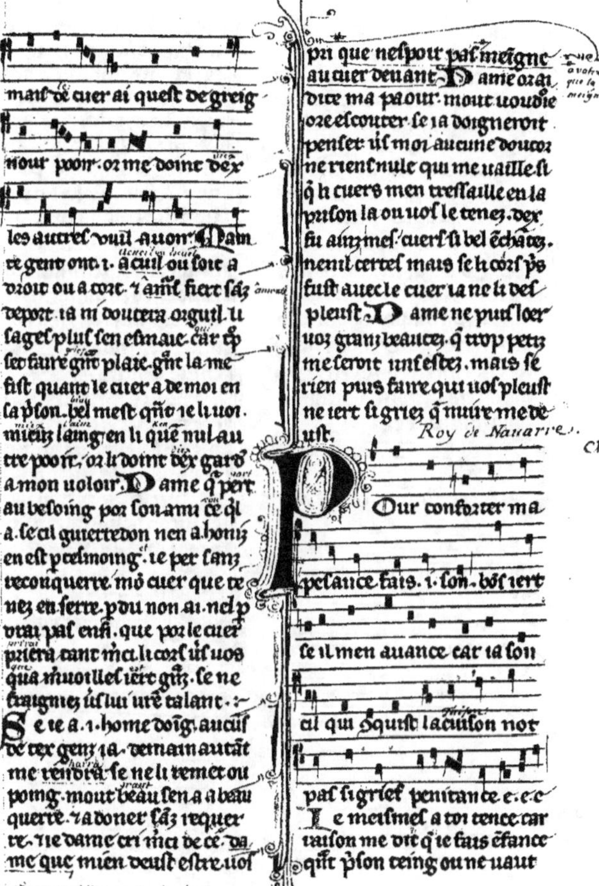

mais de cuer ai quest de grieg

nour poor or me doint dex

les autres vuil auoir. Main
re genu ont .i. a cuil ou soie a
droit ou a tort. i ainsi fiert saz
deport ia mi doutera orguil. li
sages plus sen esmaie. car ep
ser faire gnt plaie. gnt la me
fist quant le cuer a de moi en
la prison. bel mest qno re li uoi
mieuz laing en li que nul au
tre pooit. or li doint dex gard
a mon uoloir. Dame q per
au besoing por son ami ce qil
a. se cil guerredon nen a honiz
en est prelmoing. ie per sanz
reconquerre mo cuer que te
nez en serre. por non ai. nel p
urai pas enfi. que por le cuer
priera tant mei li cors qil uos
qua muoillel iere giz. se ne
craigniez. qsui ure talant. :~
Se ie a .i. home doig. aucuf
de ter genz ia remain autat
me rendra se ne li remet ou
poing. mout beau sen a beau
querre. ra doner saz requer
re. ne dame cri mei de ce da
me que mien deust estre uol

pri que nespoir pas meigne
au cuer deuant. Damie orai
dire ma pa our. mout uoudie
ore escouter se ia doigneroit
penser us moi aucune doucor
ne rien enule qui me uaille si
q li cuers men tressaille en la
prison la ou uos le tenez. der
fu ainz mes cuers si bel echatz.
nenil certes mais se li cors ps
fust auecle cuer ia ne li des
pleust. Dame ne puis loer
uoz granz beautez. q trop petiz
me seroit unsestez. mais se
rien puis faire qui uos pleust
ne iert si griez. q muire me de
uist.   Roy de Nauarre. CI. N.

Roy de
Nauarre
P Our mal temps ne
pour gelee ne pour froide ma
tinee ne por nule autre rien
nee ne ptrai ma pensee da
mours que iai que trop ai a
mee de cuer lierai va la ta ta
R. de Nauarre
P helippe ie uos demant
qui ami de cuer uerai sont qui
aimment leaument bacheler
nouel et gay li uns a tout son

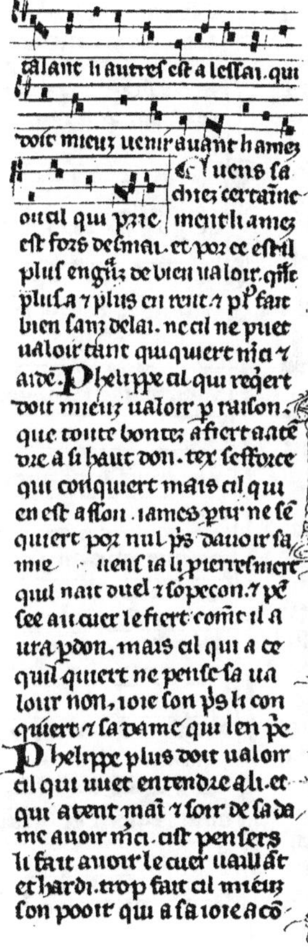

96

Cuens ſa
diiez certaine-
ment li amez
eſt foꝛs delmal. et poꝛ ce eſt il
pluf engꝛꝰ de bien ualoir. qſſe
pluſa ⁊ plus en tout ⁊ pꝉ fait
bien ſanz delai. ne cil ne puet
ualoir tant qui quiert n̄a ⁊
aide. Phelippe cil qui reqert
doit mieuz ualoir p raiſon.
que toute bontez a fiert a ante
uie a ſi haut don. tex ſefforce
qui conquiert mais cil qui
en eſt a ſſon. iames ꝑtꝰ ne ſe
quiert poꝛ nul pꝛs dauoir ſa
mie   ueuf ia li pienf mere
quil nait duel ⁊ ſopecon. ⁊ pe
ſee au cuer le fiert come il a
ura pdon. mais cil qui a ce
quil quiert ne penſe ſa ua
loir non. ioie ſon pꝝs li con
quiert ⁊ ſa dame qui len pe
Phelippe plus doit ualoir
cil qui uuet entendie a li. et
qui atent mal ⁊ ſoir de ſa da
me auoir m̄ci. ciſt penſers
li fait auoir le cuer uaillāt
et hardi. trop fait cil mieuz
ſon pooir qui a ſa ioie a cō

plie Cuens ſachiez uof biē
de noir q̃ cil auez uof failli. ſe
uaut moins poꝛ ioie auoir
dont ſont tuit amant failli
hom̄. leal qui ſe doit doloir
uaut mieuz de leal ami. dōt
faiſons dames ſauoir p tot
con ne ſ aime mie. Phelip
pe ie fais ſauoir a auberon
mon ami. quil nos en die le
uoir ou ſa lengue ſoit hont
e Cuens a atorgne lou noir
mant de par uos et li pe q̃l
not en mant ſon uolour qui
a droit de la partie

Sire sa-
chiez crain-
ement q(ue)
en font maint. mours faut p ameors. se remaint ioie 7 baudors 7 fail
leur tornoiem(en)t. si ot colpe
uielles 7 mauuais. nest failli
p dame con aint. mais cf cheualiers remaint. Phelippe
bien mi acort quil remaint es
cheualiers mais tout ce fait li
dongiers que dames moinet
tant fort quant il sont uisqua
la mort. lors lor metet achoi
son bons respons ni puet eu.
seu font maint deselperer.
Sire il senplaignent a tort
et sen partent. plus lor plait
li augz quatendre damour
confort. naimint ualor ne
deport. anif tolent 7 fot mai
sont nest raisons nest ru-
sonf al qui uuet ami se doit
de tout amender. Phelippe
legierement sen partent qui
paouront. q les dames trop
lor sont de sauuage a coite-
ment. dame doit a tre lent
por mieuz faire ali baer. que
damer doit dame sauoir por
plus fuite ami ualoir. Sire
trop haistiuement uuelet mai
par tout lemont cil q amorous se font auoir ioie entierement. mais dames a lor

calant uuelent lor amis greuer. en durer doit on lor no-
lour sanz plaindre 7 sanz deceuoir. Phelippe amis sor-
né seuent pas le pooir. Sire
tout por uoir font le mot ualoir. ~ ~ ~ ~ R. de Nauarre

Par deu sire de cham-
paigne et de bne ieme su-
mour dune rien meruoilliez.
que ie uoi bien que uos ne
chantez mie. ainz estes pou-
iohz 7 enuoisiez. car me
ditel por quoi uos le laistiez.
estez reuient et la saisons
flont. que toz li monz doit

estre baus

estre bauz ⁊ liez. et bien cachiez
que moins en naudriez lamorſ
ſeſtoit ſi tost de uoſ ptie
Phelippe nai de chancõ fai
re enuie. que damorſ ſuiptiz
et eſloigniez · ie lai lonc tens
honoree ⁊ ſeruie · nonques
p li ne fuz ior auaciez ſi ne vuil
plus de li eſtre chargiez p tot
la uoi rremeſe ⁊ faillie · mout
eſt ſel nonor ſeſ pris abaſſiez
vou tout men part ⁊uoſ ſi fe
riez · ſe ne uolez demorer en fo
lie · Sire a gñt tort mauez a
mour blaſmee ⁊ douptir fol
conſoil me donez ſamor auez
mal ſerui ⁊guilee · por ce neſt
pas ſeſ nons deſhonorez · q̃
damorſ uient toute honors ⁊
bontez · qui bien la ſert en faiz
et en penſee ne puet faillir
ne remaigne honorez q̃ ſaz
amorſ neſt nul adroit loez
et al puet bien pou naloir q̃
nibec · Phelippe amorſ eſt
choſe forſennee · ne nuſ ne
doit ſitigre ſes uoletez tãt
la conois trichereſſe puec
que te pri pou li ⁊ ſel fauſe

tez · Ainz me ſui ſi de li fuir laſſez
que ien he ceuſ p cui ele eſt lo
ee · por ce uos p que iameſ ne
chantez que uos ſeriez toz iorſ
p li guilez · ſi con ie ſiu q̃ ainz
nen oi ſouuee · Sire trop eſt
amorſ ⁊ douce ⁊ chiere ⁊ trop
men plait li ſuits ⁊li ños · ſer
uirai la ſanz moi retire arriere
uueure ⁊ de cuer ⁊ de faire chan
cons · qñt li plaira ſen aurai
guerredon · que ie la ſai leal et
droituriere ſele q̃ tot eſt blaſ
mee del felonſ · des deſloiaus
qui quierent achoiſoſ · ⁊ mout
meſt bel qñt il la truet fiere ·
Phelippe amorſ eſt fauſe ⁊
trop legiere · encor dirtez q̃ uoi
re eſt ma raiſonſ qñt uoſ ſauz
conoiſtre ſa meniere · ne ten
dirdiz pris leſ ptiz a bricons ·
trop conoiſ bien amors ⁊ ſeſ
facons · al len contrer noſiert
de bele chiere · puis trouetez
guiles ⁊ tralniſoſ · ⁊ en la fin
nen naut neant li doſ · ẽp le
couient conqirre a gñt piere ·
Sire dazent qui aurira uoz
ſarmonſ · a fine amor mout
troi qui me ſemont ⁊ main
tendrai ma meniere pleniere ·
Phelippe encor uenra autͤ
ſaiſonſ · aincoiſ quaiez oḋs
leſ bons reſpons me dirtez
uoſ · q̃morſ neſt pas entiere

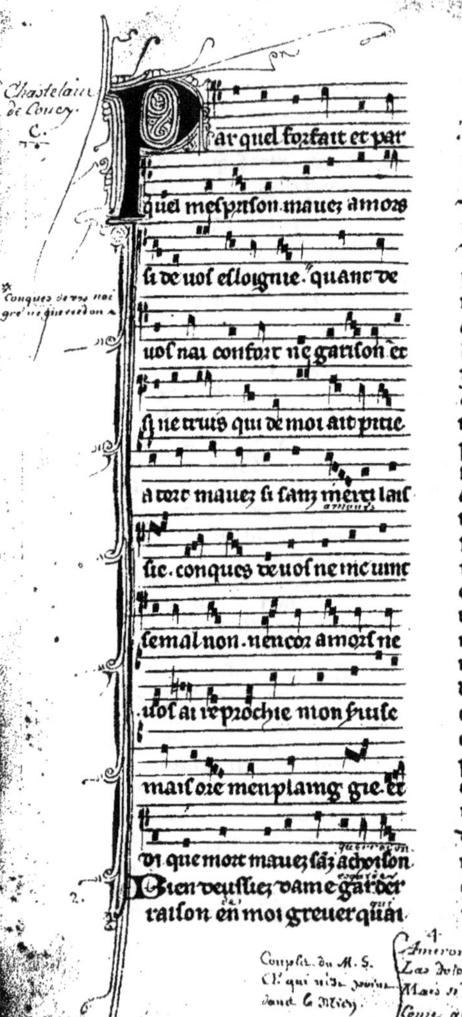

serui et proie tant longuemet
en bone entencion. nonques
.i. ior ne me feistes lie. male
ment ai mon seruise explote
se par mei ne uoi g aguierre
don ma amors trop maue;
trauaillie. ne me laissie ensi
desconsoillie que ma dame ne
me giet de prson. Et uos da
me ciudroiz mostrer ualors
que uos aue; ure leaul amu a
legie; moi mes mains r mes
doloers que ie sui qui mieuz
duira serui. de uos aten guier
redon et merci. ne ma ioie ne
puet uenir uaillors et segi 1
saul mors sui r mar uos ui dit
ai que for ains men conig a ga
ri. mais trop uient len dame uo
stre secors Ne ciudiez pas da
me ce soit folers se ie uos aig
er doit ce ser et pri tant ai ser
ui ire en sera lonors que uous
maure; mon seruise meri de
uos proier me dout et fais har
di. quen amors a hardemis r pa
ors. ne tout ne coil nea mon
ciler nou di. et se ie rien pour
paor i obli. uoinque pitie; dou
ce dame r amors. Se fins a
mis destrois et angoissous.
dout ioie auoir por seruir leau
ment. dont doi ie bien pdroit
estre ioious. que ie sui al qui
plus en a tormit q tant uos aig

ꝛ uoſ pꝛi boneᵐt ne poꝛ autꝛc
ue puiſ eſtꝛe amoꝛouſ ꝛ mes
chancouſ faiſ poꝛ uoſ ſoule
ment nonqueſ nul ioꝛ ne chā
tai fauſemt. ſi me laſt dex ba
me ioꝛ de uous.

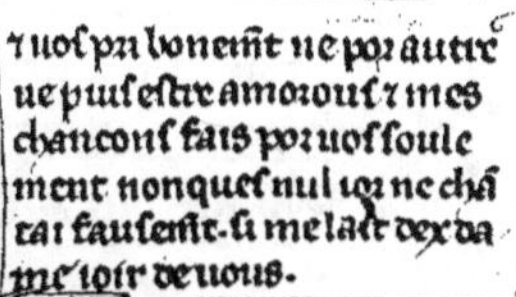

Our faire lautrui ꝟo
lentre chanterai ſi nen ai talāt

ſi nai paſ en amoꝛ trvitc ioie

ne ſolaz donc ie chant. ne ia

el ne men ſaichent gꝛe · qui

montea loꝛ uoloir blaſme li

mentcour felon taiſant. Le
chant a guiſe deſgare qui ne
ſet qui ſe ua queraſt. car ie nai
paſ damoꝛſ ainz he la fauſe
que iainoie tant. mais poꝛ
deſcouuir mon panſey. q̄ iai
pluſ dedenz en celey meſtuet
faire ioiouſ talāt ⁊ nnul
ſerut m̄ a greue fauſe aꝰꝰ

male et deceuariz. qui longue
ment ma ſi pene que ſe iama
ſe · 1 · pou auant moꝛt meuſt
meuſt a ſa uolente · ſi feiſt de
moi auaute q̄ſ iſ li nai ma
ioie gꝛant.

Planſis damoꝛs vuil re

traire coment li miens cuers

me mehurſe. qua ſon talāt meſ

tuer faire. ce dont iai ennuiꝛ

poinne. trop me fait ma do

loꝛ plaire. ſi toing amour a

vilainnie qui moeit en ſon ſer

uiſe quant toz ſiu a ſa deuiſe
a doloꝛ me couiet taire et
ſeruir amoꝛ certeinne. car toz
meſ penſers repaire a eſtre li
ſuens demoine. ſe cele meſt
debonaire que de touz bons

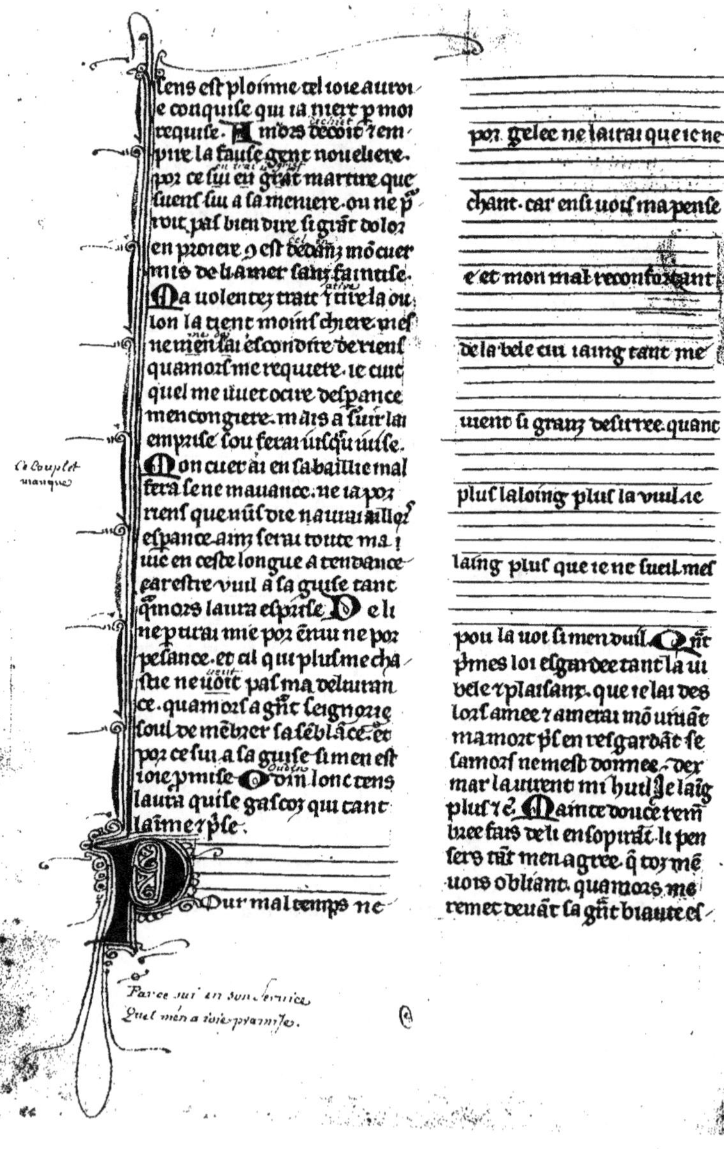

tens est pl[ai]ne tel ioie auroi
e conquise qui ia niert p[ar] moi
requise. Amors deçoit l'em
pire la fause gent noueliere.
por ce sui en grant martire que
sueut l'iu a sa meniere. ou ne p[uet]
uoit pas bien dire si grant dolor
en proiere q[ui] est dedanz mon cuer
mis de li amer sans faintise.
Ma volentez trait [et] tire la ou
l'on la tient moins chiere ; ia
ne m'en lai escondire de riens
qu'amors me requiere. ie cuit
qu'el me uuet ocire d'espance
men congiere. mais a sui[r] la
emprise l'ou ferai iusqu'[a] l'uise.
Mon cuer ai en la baillie mal
fera se ne m'auance. ne la por
riens que nus die n'auirai a illoi[s]
espance ainz serui toute ma [u]
uie en ceste longue atendance
car estre vuil a sa guise tant
q[ue]'amors l'aura espirse. De li
ne p[ar]tirai mie por ennui ne por
pesance. et al qui plus me cha
stie ne uoit pas ma deliuran
ce. qu'amors a grant seignorie
soul de membrer sa semblance. et
por ce sui a sa guise si m'en est
ioie p[ar]mise. Or di lonc tens
l'aura quise gascoz qui tant
l'aimer p[ar]sie.

Pur mal temps ne

por gelee ne lairai que ie ne
chant. car ensi uois ma pense
e et mon mal reconfortant
de la bele cui i'aing tant me
uient si granz desirree. quant
plus la loing plus la uuil ae
laing plus que ie ne sueil. mes
pou la uoi si m'en duil. Q[ua]nt
p[ri]mes l'oi esgardee tant la ui
bele [et] plaisant. que ie l'ai des
lors amee [et] amerai mon uiuant
ma mort pis en regardant se
s'amors ne m'est donnee. der
mar la uirent mi huil ie l'aing
plus [et]c. Mainte douce rem
bree fais de li en sopirant. li pen
sers tant m'en agree. q[ue] tor me[s]
uois obliant. qu'amors me
remet deuant sa grant biaute es

metee ⁊ son amorous acueil.
Jelaing· La pmoi niert· o
bliee· maisie nesai sele ⁊s ent·
por ce que tant lai amee sele
amit mon auancemt· et sele
faiz autre amant ⁊a naitrai lo
gue duree sele me torne a or
gueil· Je lais Ce mocit qu
sa conscire nos aler a so talat
por la gent malauree qui toz
tors uont deuinant· loing de
li remain pensant sen trai du
re consirree· que souent mes
eulz en muiel· Je Bele ⁊ bone
de uos chant ⁊ pans en uos a
iornee· ⁊ la nuit qnc me despoil
Jelaing· Bochart ce me fait
pensant que nest pas vou mal
greuee vo vie sopiran ãtueil·

Gaces Brules

Pour uerdure ne

pour pree· ne por fuille ne por

flour nule chancon ne magre

e se ne muet de fine amour

mais li saignanc proiechit

vonro ta dame niert amee ne

chantout fort quen pascour·

lois se plaignent sanz dolour·
Dame coing aesgarde q̄ croc
faut qnz men tront· car ioie
a corte duree qui aiment par
tel folour· ⁊ ioie a pouere sauoz
qui en tel leu est gastee· sen li ar
tant de uigour que hee sa des
honor· Fause drue abando
nee uient les nos et puis les los
ne la samors niert emblee q̄
ne la saichent plusour· mais
a dame de ualour bele ⁊ bone
⁊ a cemee· qui ne croit losege
our· doit len panser nuit ⁊ ior
Moue ma amours atornee
douce poine ⁊ beau labor· car
ta por rien qui soit nee nobli·
crui ceste honor· vamer toute
la millor qui soit p les bons
loee· mais de ce sui en errour
conquel namai sanz paour·
Tant sest amours afinee ẽ
mon cuer a bon seior· mais
li faut engr̄eour que iai pp
haute pensee que tuit li aue
ameour· mais li faux engre
our sont hueure malauree

engin de mainte color. por tor
ner ioie a tristor. Dame ce
le paro me tor que ma mor
me soit doublee ⁊ mi descon
fort greignor. donti e mortui
sanz retor se par uos ne sont
menour

Plus ne uem ne ge ge

ce ne froidure ne me poroit

retenir de chanter. que ie ne

pansa nule creature tant q

ie fais a leaument amer. no

quel blasmer ne men soit a

droiture. car qui aime de fin

cuer sanz fauser il ne sen doit
il ne diu pas / ne raison ne
plaindre mie. / mesure qua
mours face maus endur. car

onques uoi tar de bone aucture.
q quant ie puis a madame
poser et remenbrer sa tres dou
ce faiture. et quant mi huil
losent bien esgard iel toig
a gnt seignorie Qui bien
amende de bone amor enquer
re ne di pas quil seruoie do
loir. si con ie fais ma ...
me thiere et seruiru ...
en bon espoir sanz deceuer lui
siens en tel meniere q iames
plus neli ferai sauoir. tant
uoir que ne ineseroie On
quel neui amt cruel ne fiere
a nul amt q aime en bon espoir
mais faus amanz se tient tost
arriere qut on ie fait main
tenant lor uoloir. mais du
ucoir et dune bele chiere sui
plus ioianz qnt iela puis a
uoir. q autres ne seroit dame

Par grant franchise

me couient chanter se uuil

auoir la rien que plus desir

mais ie ne sai ou ie puisse

maus guerredoner. Li faus
amant qui se uentent dari fot
les lcaus de male mort morir
et les dames en font mout a
blasmer qui aiment cel q̃ pri
ent por trahir. por ce morrai
conques ne soi fauser ne puis
muier mon domage ne plaig
ne. douce dame froiz glaiues
uos destroigne trop me faites
de pfont copiter. Douce da
me cui iaour et souploi 7 ser
uirai en trestout mō ae. for to
te rien a li seruir moutroi se
mes seruises nol uenoit a

gre. mais aist tiuuaux merta
des bien le uoi. q̃t plus uos
fer 7 ie plus uos truis fiere. 7
mieuz fussiez uos leuee en froi
de biere. que longuemēt en ga
bessiez de moi. Or ai ie dit
come fox estre loi. ia limeffaiz
ne men soit pdonez. q̃t mau
diteai celi cui plus doi foi. ser
uirai la de bone uolēte 7 se li pl
aît que me retoigne a soi ame
rai la come ma dame chiere
ou se ce non la passiōs la fiere
sen brief tme ne pnt demoi cō
roi. Douce dame biē me de
uez aidier soul por itant que
mesdisant felon. se lōt uente
que par lor losengier feront
ptir .ii. amanz sanz raisō. las
quen puisie qn moi na semal
non. tolu maiiez 7 ioie 7 aleiā
ce. mais ueillece qui dautrui
prent uengerce ure gene cors
si me puist iustluier. G eax si
re dex que me uait esloignr
puis queuers li ne truis def
fension. am ce lai de leal cuer
entier. nonques nul mal ni
pensai se bien nō. p ce mor
rai conques ne soi ttrieh. las
tant marui ure bele seblan
ce. et uoz beaux cuilz q̃ mōt
naute sanz lace. males bro
ches les uos puissēt faich.
Et nō porqne ie ne mē qer

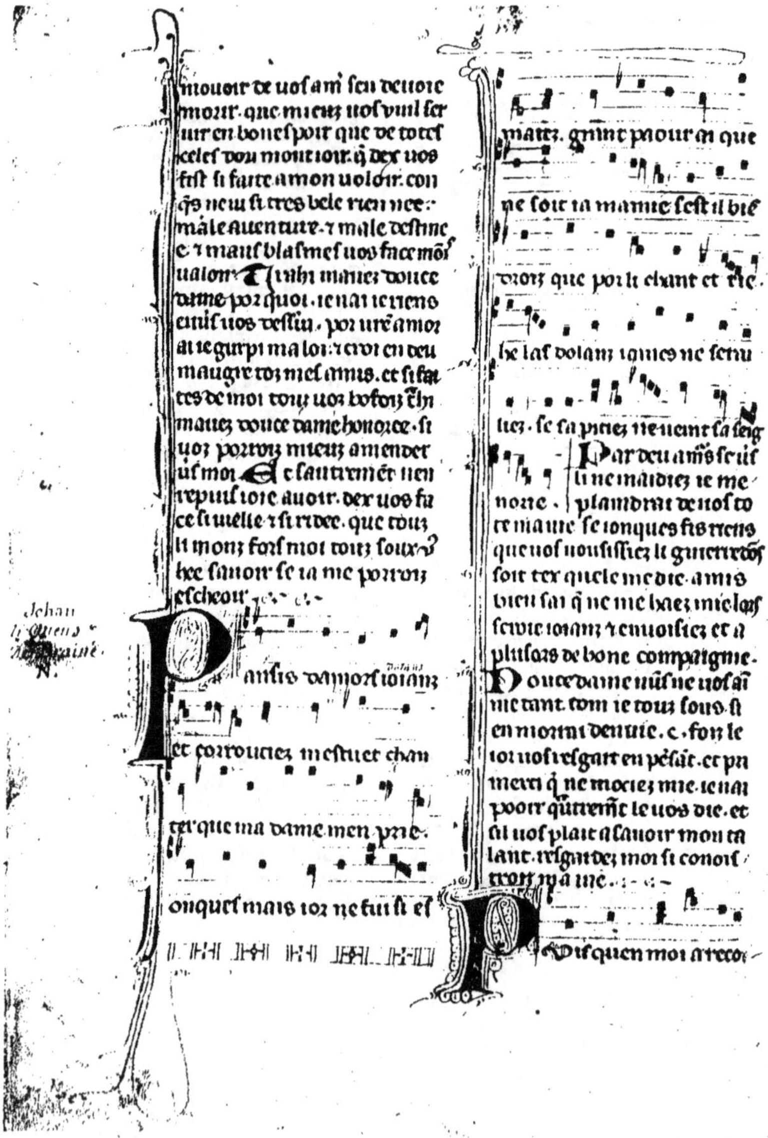

mouoir de uos ami sen deuoie
mouir. que mieuz uos uuil ser
uir en bonespoir que de totes
celes dou mouc ioir. q̃ der uos
fust si farte amon uoloir. con
q̃s neiu si tres bele rien nee
male auenture · ꝛ male destine
e · ꝛ mauf blasmes uos face mõ
ualoir. [C]imhi maniez douce
dame por quoi · ie nai ie riens
einsi uos uestiu · por ure amor
ai ie gurpi ma loi · ꝛ croi en deu
maugre toz mes amis. et si fai
tes de moi touz uos boton Ehi
manez douce dame honozee · si
uoz porroiz mieuz amender
uf moi [E]e sautitmét iien
repuil ioie auoir. der uos fu
ce si uieile ꝛ si ridee. que touz
li monz fors moi touz soux
bee sauoir se ia me porroiz
escheour

Jehan
li Quens
de Bretaigne.
N.

Pansio damors ioianz

et corrouciez mesuier chan

ter que ma dame men prie.

onques mais ior ne fui si es

matez. quint paour en que

ne soit ta maniie sest il bie

croiz que por li chant et rie.

be las dolanz iquues ne serui

liez. se sa pitiez ne uient la seig
[P]ar deu amis serui
li ne maidiez ie me
norre. plaindrai de nos co
re maune se ionques fis riens
que uos uousissiez li guuerircõf
soit ter quele me die. amis
bien sai q̃ ne me baiez miel̃ laf
seruie ioranz ꝛ enuoisiez et a
plusors de bone compaigne.
[D]ouce dame nuf ne uos ai
me tant. com ie touz souo. si
en moirai denuie. c · foiz le
ior uos regart en pensai. et pa
merai q̃ ne moriez mie. ie nai
pooir quitremc le uos die. et
sil uos plait a sauoir mon ta
lant. resgardez moi si conois
troiz iy a me.

[P]isquen moi a recor

utre seignor amors dont
bien me tient voie p tit. dex la
me doint si bonement seruir
que de moi soit bone chācons
oie. que serui dex et coment
ieit seruie. que ie ne sai se
dex me doint ioir. plusbele
amer. ne moillour obeir.
Mour deuroit biē p droite
cortoisie. leaux amis t faire et
establir. quele nousist sec biē
a droit partir. q sin lamis asse
nast aamie. mais qsit plus z
de leaul cuer seruie. si faut lim
uiure et lautre fait mour. et a
poines sentremet dou merir.
Ie ne di pas que bone amor
se fie. et qui la set t atendre et
seruir quil peust pas a giuer

redon faillir. mais folx si croit
t sages sumelie. de pitie dout
ne se soit endeimie. amours
uousist desore mais softr que
ie peusse ama ioie uenir. A
mours le uuet p tiez est esluel
lie. or couendra t sauoit t oit
le gent respons er le tres douz
plaisir que ma dame me fera
et lahie. mais nai encor la uo
lente sentie. p ou amors car li
faitel sentir. ou cors sauoir a
rel fait sourenir. He e trache
riens ploine de cortoisie qui
si sauez chascun ioz embelir
en touz bons faiz qsit te plus
uos remir. ure solaz t ure cor
toisie. cil auroit cuers sa uolē
te complie se il peussent lor
uoloir acoplit de uos ucoir
bonemēt aloisir. Ia artois
amors qui les fort afoiblue
droiz est quele uos ait a son
plesir. bien sauez li t guerre
maintenir. Phelippe amis
se dami t damie uoloit amis
le plus leaul. bien choisir
li deuroit de gnon souenir.

Gautier d'Espinois.

Pdis quil mestuet de
ma dolour chanter t en chan

rant virai ma meseſtance lé
ne voit pas a mon chant ve
mander ſil i a eſuoiſeure aẑ
chant ſelonc lauentu re ſi
come cil qui ne puez merci trv
uier. et qui en ſoi na mais poſt
de fiance.

[S]i com equo q̃ſer de recorder ce
quautres dit et p ſa ſoraurvance ncla voigna
narciſus eſgarder. aiz ſecha to
te vardure forſ la uoix q̃ encor
vure. auſi porrai tout forſ mia
crier. et ſecherai de vuel i de pe
ſance [D]ouce vame q̃ me po
eẑ voner ſor toute riẽſ de meſ
mauſ alegence. ſi me laiſſiez
mozir por bien ami. urẽ en teſ
la meſpſure. mer fache creatẽ
a la mozt ſui ie nẽ puiſ ſecha
per. ſe leautez ou pitiez nema
uace [T]uit li maſon qui
ſeuent bien ourer i reſtaint

cil qui ſeuent nigromance i
porroient treſtout lor tens
uſer en oeure et en porteiture
amer quil feiſſent figure q̃ de
beaute la peuſt reſembler. de
cuer. de corſ. de ſen i de uaillā
ce [M]ais amorſ q̃ narciſus
fiſt mirer i qui vequo uoſt
prendre la uentance. ſen leu
de moi li feiſt autre amer. tel
qui de li neuſt cure. miſ euſt
en ſa vrorture le grit orguil
qui la fiſt reueler et ſẽ uentſt
plus toſt arepentāce. [M]aſ q̃
vit qui porvoit endurer tanta
ſon cuer vorguil et de bobance q̃
li ofaſt ſoi ne ſamor ueer. tant
fuſt veſtrange nature. q̃u ſie
gle na creature qui de beaute
puiſt ali eſtriuer que ſa bõteẑ
ue trarſliſt en beatice. — Jean li Cuueliers d'Airaz

ce me semont de chanter liement que tant la fai bele et
uaillant et fage. si uoirenfit
com laing de fin corage foi-
ent par li a legie mi torment

SI ail enfi eft que raifons et
droiture dient que iai efploi-
tie folemt en tant que ian fi
haut mife ma cure. mais ce
quamors me comade rapren-
ne porroie refufer fanz outrage. qui bien la fert mieuz en
uaut fon aaige. por ce fart
bon deuenir de fa gent. Por
ce la fer. nuf honf ne fen doit
faindre damour feruir. car
touz bienf uient de li. ma ioie
puet efforcier et eftudie. fi
douceuifr conquef ne le feti-
embla mon cuer i ma dame
en faifi. qui bien me puet a-
legier ma greuance. et fe li
plaif q muire en atendance
fi laing ie tant ql me plaif
bien ainfi. Quant plus me

uoi girroier i deftindre des
mauf damorf qui ne mont
paf gurpi. et quat mieuz ai
ma pefee eft pluf graindre.
donc ie uo cleu dame fachiez
de fi. fi ma uf uof finc amoz
en hardi. douce dame ne la-
iez en uiltance cuer bie aps
libergiez en uaillace ne mociez ie ne lai defui. Mon
cuer auez tref bone dame
chiete. puif qamourf la mis
eu utre dongie ne len doi p-
tir ne tire arriere. mieuz am
morir q len uoie efloignier.
car uns efpoirf me dit i fait
cuidier qnicor aurai recouer
a la ioie la ou par droit auenir ne deuroie. or mi puiff
pex i fine amour aidier.

Car Aufaux.

Puis que iai chancon
meue por la tref moillor dou
mont. ia ne muert lamourf
tolue que tant ai ou cuer p-
font affez pluf quautre gent

nont. car se ma poinne est p
vne sachent bien tut al qui
sont merv ia lamors descrelie
Dex coment seruit crche cel
te amors qui me confont q̃ue
la ne sera seue se p mort ne la
vespont. mi huit ramors me
sont dont ma mortai coneu
c ce doit espoir me dofont del
perance qui margue Ie nai
pas damour doubliere. car a
oel meus croissant la moie
r si niest fi fiere q̃ por el nep
plour ne chant. mais ie me
confort de tant quamours
mest bien droituriere p̃ fai
re les siens ioiant. mais po
en est costumiere La fine
beautez entiere vôt dame oe
vons tant a cele que plus ai
chiere. tient mon cuer tres
fin amant. tout adestuf en
dormant. ꝛ mes cuerꝯ mest
si trichiere. q̃lme fait chant
plorant tãt a diuse me me
re. Iai ie nos faire, piere
se ne la fais en chantãt. car
trop seroit oulgriere. si ue
sai coment ne q̃fit puisse

auoir. ꝛ beau semblant q̃iit
uoi ma dame en la chiere a
pomes en resgardãt en puis
mes euk ̃tre arriere.   Gobin
                            de
                            Rains.

Our le teps qui uer
uoie mestuet chanter por mon
cuer metre en ioie. et confort
por rien nemi tendroie de bien
amer se ie dame ritrubie. qui
sanz guiler mi uousist ꝯfor
ter plus ioliꝫ en seruie ne a
mon gre de li ne partiroie.
Out seroit bone uie de bie
amer qui auroit bele amie p̃
deportet sanz orguil sanz en
uie ꝛ sanz uentet. ne la ne
ust ẽue dautrui am. ne ne
uousist fauset. mais ꝯ leal
amie celui amer q̃ de fi cuer la

prie. Fine amor ï entiere
voit on loer ï la gent mal par
liere sor touz blasmer. li hons
qui est trichierres ne puet du
rer. ne fëme losangiere qui
uuet guiler. qui aime por do
ner. damors est noueliere. cil
est guilez. qui plus laime ï tet
chier. Et cil cuide auoir a
mie q son plesir. quele ne lai
me mie por li sëur. cil est folx
qui si fie nen quier mar. ne
conoist sa folie uiscqu mort.
car por .i. soul fol ris li folx
chaitis qui pr est sa cors mes
uoudroit mort quuil. I
uer damors nos prie ï fait p
ier. chacuns bone amor tie
sanz desuer. qil ne sefeduoie mie
por losengier. car cil q aime
ï prie de cuer enuier. der len ai
me ï tient chier. ami que que
nus die cest bon mestier qui n
a leaul amie.

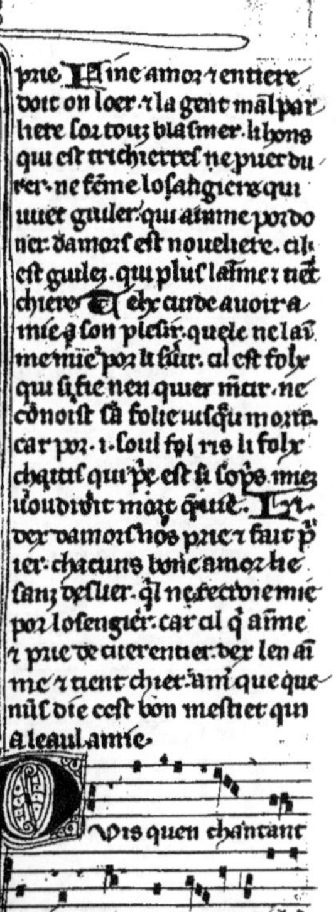

tout mon droit heritage. qͥ lé

a lonc temps que ie li fis hõ

mage nen ptirai nul ior de

ne a lay. fort qua moi a costan
ce. Secorrez moi dame pru
chennement. car ure amors
ma mis en grief torment. Co
ment quil soit dou tot a uos me
Puoisque ie rrenz
siu de lamoreuse loy. bie doi
amours en chantant essaucier.
Encor ia moillour raison por
quoi ie doi chanter damorous
pessertier. car saiz menacier
siu au cuer traiz et feruz duns

euz vairz sees 7 aguz. riatiz
por mieuz assener. a ce ne puet
contrester haubers ne escuz.
Ie ne sui pas de tel cop en es
froi. ne ie nen quier iames as
soagier. car se li maux a me
nuisoit en moi, il couendroit
lamour amenuisier 7 au droit
uigier, amors fart si con li feur
car depres le sent on plus. 9
ne fait de lesciui 7 q ne se uuet
bruler si se traie ensus. Se
ie vuil donc ami a droit ie don
ce qui me fait embraser a pchier
mais que ie gart enuis ma da
me foy. si q ie fais si me vuille
ele aidier. sa crien cortoe mes
onques ne fui si muf-ses cuer
uf moi ne repus tat moy-sse
refuser. que p son douz resgar
der ne me semblast ieus.
er la raisons por quoi ie
ne recivi de hamer ne de mi
a proier qut sa bouche men
chace. 7 ie la uoi en deptant
me couient repairier uisq le
nuier. 7 lors q ie sui uenus. e
ie me dit leuez sus. aiz que ie
puisse pler. nil ne me toist
escuser. tat sui espoirz. He

Adam
li Bocus
B.R.
a. 7383

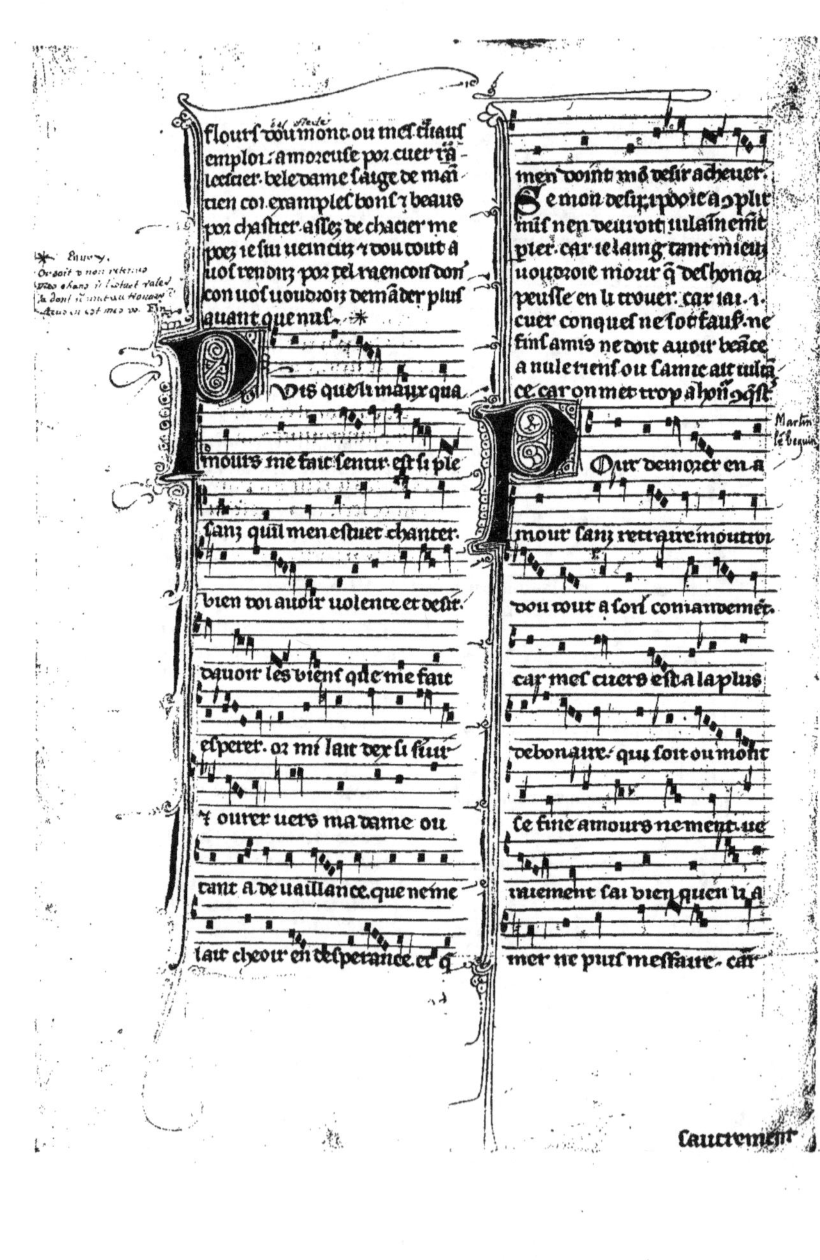

flours vou mont ou mes chauf
emploi amoreuse poi cuer ta
loccier bele dame saige de mai
tien coi examples bons r beaus
poi chastier asses de chacier me
poes ie sui ueincuz r vou tout a
uos rendiz poi tel ruencoi don
con uos uoudroiz demander plus
auant que nul

Pris quel maux qua
mours me fait sentir est li ple
sanz quil men estuet chanter
bien voi auoir uolente et desir
dauoir les biens qle me fait
esperer or mi lait dex li suir
r ourer uers ma dame ou
tant a de uaillance que ne me
lait cheoir en desperance et q

men voint mo desir acheuer
Se mon desir ipooie a plir
mis nen deuroit iulaisne mit
pier car ie laing tant mieu
uoudroie mourt q deshonoi
peusse en li trouer car iai i
cuer conquel ne sorsaus ne
fins amis ne doit auoir besce
a nule riens ou samie ait ulca
ce car on met trop a hon qist

Pour demorer en a
mour sanz retraire mouttoi
vou tout a son comanuemet
car mes cuerd est a la plus
debonaire qui soit ou mont
ce fine amours ne ment ue
uiement sai bien quen li A
mer ne puis messaire car

Martin
le beguin

lautrement

amors que ien pri ne fait au-
li con ie sui suens soit mote.
Leaus amors de mes maus
que ferai. consoilliez moi ie sui
de uos sopris. celerai ie ma da
me ou li dirai que por li sui en
poinne ? mi amis. li celers m
guerroie. et se ie li disoie. tost
dirroit fu de ci. et il nest rien q
ie redoute si. si me tairai que
ie ne li ennoie. Por que chatant ensi me deduirai en atendant ce quamors ma pmis. m
ci auoir que ne deseruirai. tot
mon uiuant ne moillor qui
lont quis. et se ie requeroie
ma dame et gi failloie si com
autre ont failli. iamais desduit en espoir si ioli. nauroie
en moi si aing mieuz quainsi
soie Des lors que ui ma dame ? mi donai. ainz puis ne
fin de li amer faintis. ne ia ne
vuille amors que nul de lai mete le douz penser que li ai pris.
mieuz penser ne sauroie. et
plus ie ne porroie amis met
en obli. si me couient despoir
de mai. uiure ? menoir pour
rie ne recroiroie. Aucune
gent mor demande que iai. q

si porte pesme color ou uis. r ie
lor ai respondu ie ne sai si ai m̃
ti cest vestre finsamis. ensi mes
cuers lor note. et por quoi lor di
roie qfit ma dame nou di. qui
ma nature r tost maurote gari
se en uoloit son fin cuer mettre
en uore.

ne que ia de pole uaine ne me
feist tant donor. donc est ce
ma ioie plainne. Dex uer
ront donc ia mi hul maures
grit ioie acoplir. ie nos cuid
tant le uiu que ce peust aue
nir. las trop sui en grief bala
ce trop crien cnie r meschean
ce. veu p segi doi faillir q ma
mor3 soit ma uemace. As
ses ar donc ie me duil r bien
de quoi restoir. mais qn tiai
son douz aciul. pou me chaut
de maus soffrir. en samorou
se semblance refrain mire r
ma voutace. iam sanz fain
dre r sanz pir icest coure mes
perance. Dou pur est il ne
an3 ni uaut mauf ne descon
fors. ce fu mes comcen3 cert
ma fins cert mes resor3. cest
ma grieuance r malhie cest ma
vroite seignorie. suen3 soit li
droi3 erli tor3 que ie nen par
tirai mie. Chancon mo co
paignon prie que madame
mantoudie qn son corrou3
gist ma mort r en la ptie r
ma uie.

bone amour. car plus puet re
dre en .i. seul ior amors de bie
et de ioie. que nule riens sou
tiegle uoie. por ce vuil ou q
ie soie estre suens sanz partir
de li. car sanz li ior ne uiuroie.
Pure ueillece ma saut
li mestroint fortune mescuers
cui proece faut descroit come
lune. se iai fait bonte que
uaut ie nen truis neslune
niil de ma uie ne chaut qst

obscure et baume. doiz der mon
grant pechie. dont ie me sai y
chargie laue de ta grant pitie
quest a touz comune. Ihu
erz ploins de uituz poissaz sof
franz z fors. soies moi uerais
escuz contre les griz effors des
assauz que mont renduz dea
bles z la mors. de legier serai
uemcuz que miens en est li
tors se ie sui au desoz. nest pas
diz li mauz moz. recoi moi
sires pe touz tu sous es mes
confors. Der qui sez ma co
science z de diz z de faiz. bien
conois que desmefance me
sui trop uis toi mesfaiz se ne
fust en griz so fraice de moi fust
touz li plaiz. done moi tel re
pentance que soie a toi a ce
trestorne la folour mo cuer
le traitour que ie sopir. et p
plour saceuers toi sa paiz.
Pourquoi se plaint

damors nuls mais amors si deust
plaindre. car ele rent assez plus
qu'il puet par sens a t'amdre ne par
bel servir. or uiurez on sanz des
servir recourer ioie et amie et
qui ne la lorc quil pne si mes
dit damors ⁊ de cele ou onqs
lor ne troua fors cortoisie.
La qui sera loiaus druz coment con le puist destaindre
niert de seruir recreuz ainz iert
ades en lui graindre fors uisq
a morir et ne lostera iehir et
sil aucint quil le die. et sa dame lescondie. cuer ait mout
lor dendurer puis la dolour
⁊ mieuz li plaira la uie. De
ces qui sont au desus damors
uoit on plus remaindre ⁊ met

le mestier ius que de ces q'amors
font tamdre et asser soffr chal-
cuns chace son desir qui a besoig-
ne dalie. por ce doit estir satisfie
dame de sonor. car q fait uon ser-
seignor ses enemis inseplie

iu plusann
ne plus en
puit. plus a mestier de confort
quamors est de tel nature que
son ami moine a mort. puis
en a ioie ⁊ deport. sil est de bone
auenture mais ie nen puis poir
auoir. ainz ma mis a non chaloir
cele qui na de moi cure. Onques riens ne fu si dure dayi
mant en mon recort des sopirs

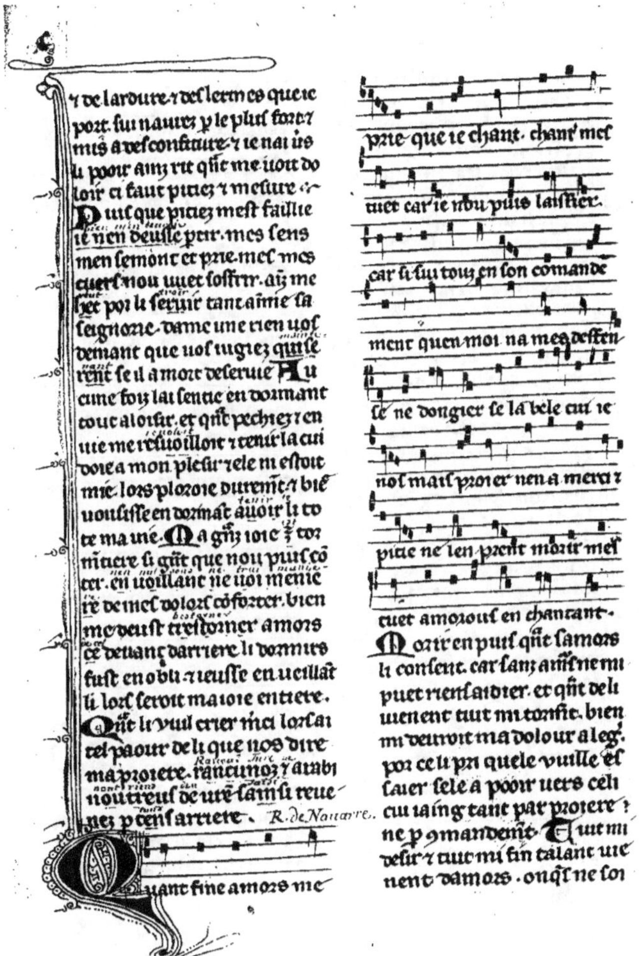

... de lardure. ⁊ des lermes que ie
port. sui naurez p̃ le plus fort ⁊
mis a desconfiture. ⁊ ie nai irs
li pooir ainz rit q̃il me uoit do
loir ci faut pitiez ⁊ mesure ·
Puis que pitiez mest faillie
ie nen deusse peir. mes sens
men semont et prie mes mes
cuers nou uuet soffrir. ainz me
hez por li seruir tant aimie sa
seignorie. dame une rien uos
demant que uos iugiez quise
rent se il a mort deseruie. Au
cune foiz lai sentie en dormant
tout aloisir. et q̃it pechiez ⁊ en
uie me reuuoilloit ⁊ tenir la cui
uoie a mon plesur ⁊ ele m estoit
mie. lors ploroie durement ⁊ bie
uousisse en dormant auoir li to
te ma uie. Ma gnz ioie ⁊ tor
miuere si gũt que nou puis co
ter. en uoillant ne uoi menie
re de mes volor coforter. bien
me deust trestorner amors
ce deuant darriere li dormirs
fust en obli ⁊ ieusse en ueillat
li lors seroit ma ioie entiere.
Q̃it li puil crier mci lors ai
tel paour de li que nos dire
ma proiere. rancunoz ⁊ arabi
noutreus de ure sam si reue
nez p̃ ensarriere. R. de Nauarre.
Q uant fine amors me

prie que ie chant. chant mes
tuet car ie ndu puis laissier.
car si sui touz en son comande
ment quen moi na mes desten
te ne dongier se la bele cui ie
nos mais proier nen a merci ⁊
pitie ne len prent morir mes
tuet amorous en chantant.
Morir en puis q̃it samors
li consent. car sanz auis ne mi
puet rien saidier. et q̃it de li
uienent tuit mi tonsie. bien
mi deuroit ma dolour alegr.
por celi pri quele vuille es
sauer sele a poor uers celi
cui iaing tant par proiere ?
ne p̃ gmandent. Tuit mi
desir ⁊ tuit mi fin talant uie
nent damors . onq̃s ne soi

trichier. ainz sai am si amoreu
sement douce dame cui ia ne
quier changier. des icel ior q
uos soi acointier uos donai si
cuer et cors 7 talant. que rien
fors uos ne me feroit ioiant.
Qnt si me sui afinez finement
en fine amor q̃utre desduit
nen quier. ne fins amis ne doit
uiure autrement. mais quil
nen puist ptir ne esloigner
se bien amni puet auoir mes
tier. i autai ioie de ute beau
cors gent. bele 7 bone de douz
acointement. Se dex me
doint ce que ie li demant. ou
mont na rien qui tat face a
prisier come cele de cui ma
chancon chant. de grt ualor
7 de bon pris entier. plus sert
ualor que ne set sohaidier.
or me doint dex li amer 7 ser
uir. tant que mci aie queuoir
querant. Ie cau doiz amis
bie me puis effich. que iaig
dou mont toute la mieuz uail
lant. la plus cortoise 7 la mieuz
auenant. Chancon ua te
garde ne te tangir 7 di noblot
q cuers qui serrpent ne sent
mie ce q li miens cuers set.

Vidame
de Chartre

Qvant foillissent li

boschaige. que pré sont uert
7 flor. que cil oisselllon sauua
ge. chantent au douz tenps
sert. las 7 ie plaing mon do
mage. quant pluie et chant
et ri. moins ai ioie en mon co
raige ensi me muir por celi.
qui nen uuet auoir merci si
ne men toing mie a sage.
Par tout conois mo dama
ge. qui me uiet ce sai de fi. q
mors a tel seignorage. qil le
mestuet faire ensi. se mis i ai
mon aage. ne sai se ia meri
meri. la bele la prouz la sage.
por cui iai solaz guerpi. dont
fine amors ma trahi qui me

met en son homage. [A]mors
en ure seruise maueş mis e [un] nochaloir. si laueş qn nule guise.
ne men pourroie mouoir. por ce
mestuet a deuise q hque uoul
uoleş uoloir. mis sui en uostr
franchise leaument en bon espoir
si ne puis aperceuoir que prieş uof
en soit pse. [M]out ai pitie en uof
quise nonques neli por ueoir.
me celi ne laueş mise qui tot seit
et doit ualoir bien aueş mamor
emprise quant ie plus me desespoir. puis fu en ure frechise si sai
bien qua estouoir mestuer morir ou sauoir que ioie me soit
pmise [D]ame uoir toş i morroie qce ie neuos os prier. se chā-
tant neuos disoie ce dont iai
greignor mestier. bele a cui mes
cuers soutroie. tuit mi celeş de-
sierrier sont deuos ou qie ie-
soie soulemr tant uos requier
que me frisueş endier sa ure a-
mour auanroie. [M]air felon
i losengier auront fait maint
destorbier a ces tu amis mais
vie.

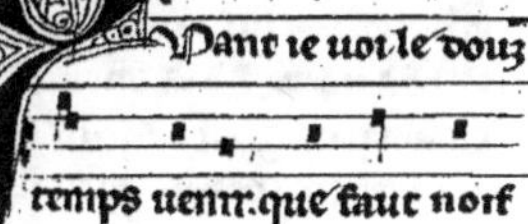

et gelec. et ior les oiseaux tentir ou bois sor la ramee. lors
me fait ma dame sentir vn
mal donc ie ne puis garir. ne
ia nen aurai mec. entre quil
li voigne a plaisir. quel mait
ioie donee. [I]a der cor
mi tantes mo-
rir qñc nai ce
qui magree. mor preng moi
plus nou puis soffrir ne lai ie
esgardee. encor vuil ie q son
plaisir mi face ma dame langur
se ma mort auiure. mor sui laf
li mi vuet tenir que longuemt
me hec. [D]ouce dame or uos
vuil prier que de rien que ie di-
e. ne uos doignieş ia corroder
mais teneş a folie p biau semblant sanş outruier me poeş
ma uie esloignier. si ne mo-
cireş mie. naueş honor de guerroier ce donc esdel saisie.

Gaces Brulles

.C.

côtre amor. puis qn moi se fu-
mise. car ma ioie ⁊ ma dolors
est toute a sa deuise. ı a santu
naurai nul ior ce q plus me
rostisc. qui que me toigne a
color ie ferai son seruise. ha
uer ie marquis ce dôt ie muir
pensis. Ja uoir. De cest ma
graindre paor q ma dame ôt
assise losangier ⁊ miteour. et
gent de male guise. mais pou
toute losengeor. se st sen est en-
tremise. tost les auroit mis en
tour. ⁊ moi hors de ioise. ha p
quoi dis. ainz maura ocis. Ja-
uoir. Guillot le contre me dier sou me salue. quil ait ⁊ serue en mei ou sa poine a pdue.
qmors na mes nul ami se ses
cuers sen remue. fors moi q
son oes choisi. quar ma dame
oi ueue ha si bien fst gut mo
cuer imis. Ja uoir. Guillot
beax amis uil sfert ma ioie
creue. quil mest puis que ie
nou ui. tel honor auenue qn
mon lit ou me dormi est ma
dame ueniue. bie mer pitiez
en obli. qui tel dormat remu-
e. ha en son uis comu. ı douz
ris Ja uoir. Ha enemis a
en son pais gascos qui ⁊ fort
amis ⁊ iert tor dis Ja uoir

Ce Couplet et l'Envoy manquent au
M.S. C!

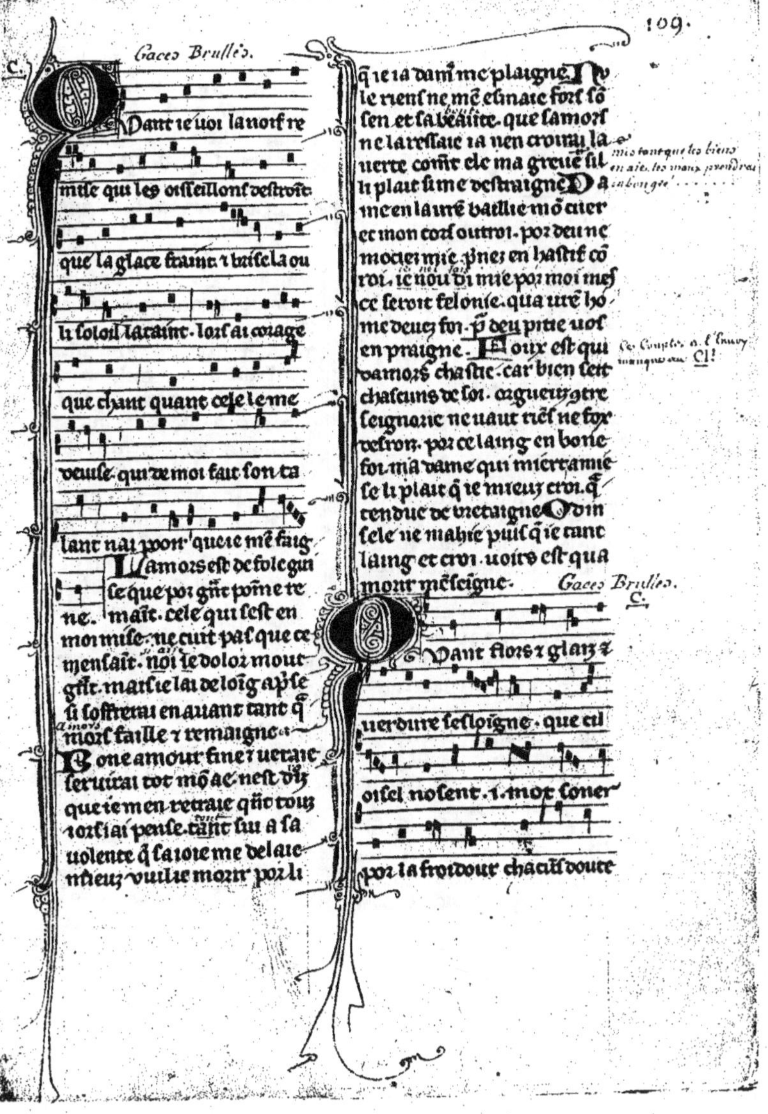

mis tant que les biens
en aie, les maus prendrai
en bon gré

Les Couples a l'Enuoy
manque au Cl!

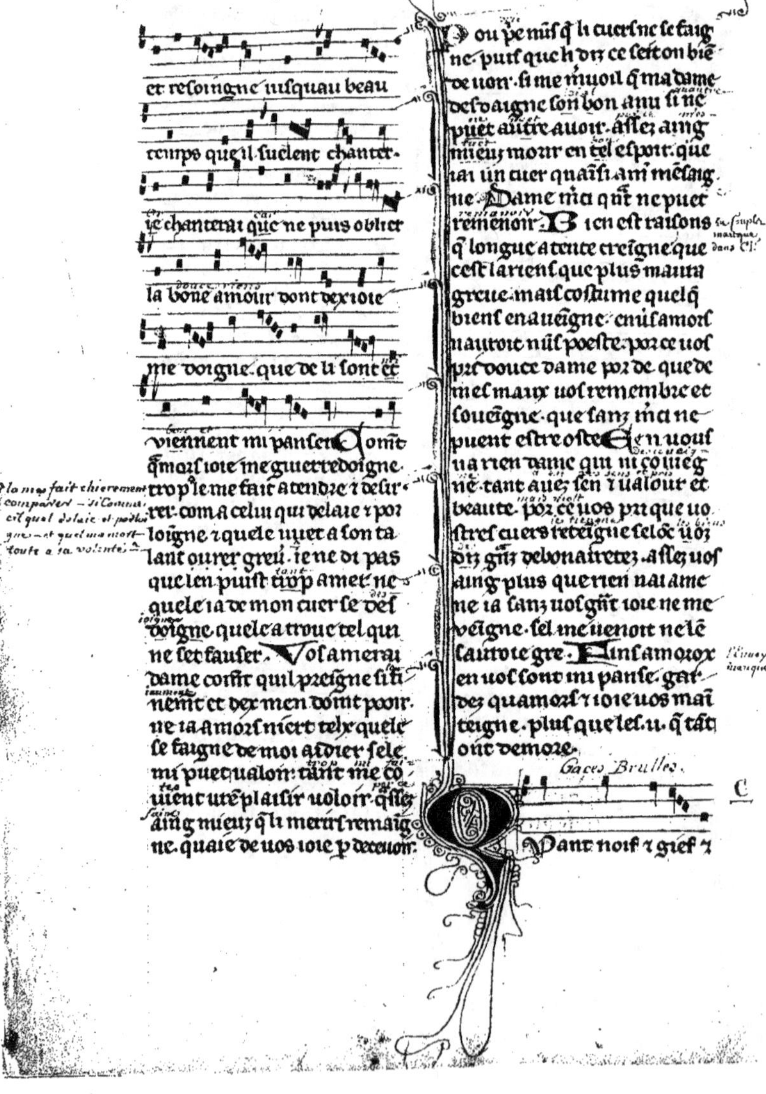

Gaces Brulles.

gre ⁊ sanz guterredon. Mout
fu de cruel nature q̇ amors fist
sanz raison. quen li ai mise ma
cure ⁊ tote mençeaion. mais le
autrez ce droiture ne mi fot se
nuire non. bien est fox qui sa
sehure en li ne en son douz nõ.
Como que ioie en doie loc
tens ma amis grieue. si ne sai
se der me noie se iai plus que
nuls ame. chacũ suure ce se des
loie. q̇mors lont trop mal me
ne. mais por rien ne me ten
droie que que men ait desti
ne. D itant ma dame mou

+ nen mentiroie, que quel ~

croie
troie si len sauroie bon gre sa
son plesir p̃ la foi que uoi des
ia si gñr ioie ⁊ autre amor nã
uroie en mon ae̅ nau mien
tort nõu laisteroie à faire sa
uolente. Dame maut tchie
re ie marl ie uos aing finemt.
ia por auoir autre aime ne ui
uiroie longuemē. car la uié ⁊
paigme me plait ensi douce
mē. que ia ne̅ iert deptie ma
mour au mien esciance. Que
q̇ losengier uos dient douce
dame a uos me rent. se moi
cuidient tricherie. il uos nen
ia neant. ainz serai toute ma
uie en uie comã deuise. fins a
mis ũs douce amie doie estre
cui amors rent. Ne crez lo
sengerie de la felonesse gent.
mal mont fait der les mau
pie que iou sai a esciant.

estoit moie, pas la
foi que ie doi lu, ia si
grant ioie nauroie
dautre amor en mon
ae +

Ce Couplet et
l'Envoi manquent
au Cl?

Jacq. Brulles.
C.

remenoir deloise les qui ne
puent entendre adonc mes
tuer a amour mon cuer tien
dre. mais per pechie cuidail

Car a amis grant force et
loet entendre. grant poour.
q contrele ne se puet nus def
fendre fors eniouf q ne doig
ner uoloir que hontes est de
lor seruise prendre et qui de
li ne vuet sa ioie emprendre
sache deuoir que sa ioie en
iert maindre. Bien puis a
mer ma dame sanz proier.
mais ce nest pas amors qua
moi appen de quil nest pas dir
ne dire nole quier q de li baift
sa bas por moi deffende se gn
pitiez q toute ricame de ne
uait raison er li tant q men
tende. Amer ineftuet car le
nou puis laisfier. ne ia raifo
ne droit ne me deffende qua
mors me puet de gnt ioie a
uancier. plus q utuz q en cest

mont seftende. et se li plaic q sa
ualour me uende. poirz mi sui
ne sai qua moi mi ren de. Ne
fait amors souent rire t morir
q ie ne sai de mon mal tho que
dire. qnt plus i pans plus mes
tuet esbahir. t plus t plus mi dou
ble le martire. mais de legier uait
qsse ioie t tre. t beau seblant fuf
sent sanz escondire. Laigla
moillour que ualours saiche
eflire. bien ait mes cuers qui
cele la desire. na en li proie p
reant en sopire.   Chastelain de Couci

Dant li rossignol io
li; chante sor la flour deftey q
nait la rose t li lis et la rosee
ouuert proi. ploins de bone
uolunte chanterai g fin damis
mais de tant sui esbahir ople
rai si tref haut penfey qila poi

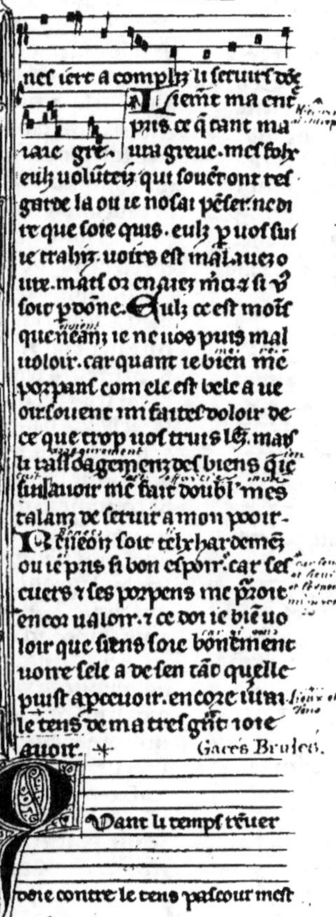

...nes iere acompliz li seruirs d(e)
li sient ma entre=
prise ce q tant ma
raie gre. una grieue. mes fols
euls uolunteis qui soueront res
garde la ou ie nosai penser. ne di
tre que soie quis. euls puos sui
ie trahir. uoirs est mal auezo
uite. mais or en aiez mais si u
soir pdone. Eulz ce est molt
que ne a(n)z ie ne uos puis mal
uoloir. car quant ie bien me
porpans com ele est bele a ue
oir soueent mi faites dolour de
ce que trop uos truis les. mais
li rassoagemenz des biens qie
sui lauoir me fait doubl mes
talanz de seruir a mon pooir.
Reessoir soie trelx hardemez
ou ie pris si bon espoir. car ces
cuers r ses porpens me proie
encor ualoir. r ce doi ie bien uo
loir que siens soie bonement
uoire sele a desen tao quelle
puist apceuoir. encore iurai
le tens de ma tres grit ioie
auoir. ✳   Gacés Brulés.

Quant li temps rituer

...oie contre le tens pascour mest

uis que ie chanter doie apres
ma grant dolour. donc tant a
uoir soloie uos seruir fine a(m)or
mais se ma dame auoit mouta
uoire richour. Que mes cuers
ne uuet mule auoir fors li cui
Grant
pointes et
nen doigne chalou: grit ure en
amor maistenir. plus q ne uos
puis dire qui tant la uiier ser
uir. por ce muiir a maistre. q
ne men puis ptr. fouir est qui
ce resirte don o il cuide morir.
Que mes re. Las peur me
solace ce donc iai bon mestier.
de faillir me menace qit ie
plus la requier. ne por mal q
me face ne ynil mo cuer cha
gier. pechie fait sel porchace
mute r mo englbrier. Que
Mout ai chier coparee ceste
amour lonc tens a. de ma di

me honoree. se uiuet si mocin
et sil ne li agree ne sai q ce sera
or et uoi quele est deshcee se de
moi mie na · Que mes En
atente dahie auirai lonc tens
ame. si ma en sa baillie leal
amor troue. z qui ensi se fie
tost la guierredone. p̄ moi
non di ie mie dautrui lai esp
ue · Que mes O di sachiez
bie de uoir q nule aue ne vuil
auoir.

De fine am
cai quest pister
de felonnie garnie de guiu
redon de cofort z dahie us fin
ami qui la de cuer serue. po
cele seruirai. tant q mie uiurai
ou p son don sanrai quest grit
ioie damie ou sanz ice naui
ia couenable uie · Fine am
est de tel force establue que sa
toz bicul moinc droite mais
e ia fins amis niert ter quil
men desdie. z ie li outroiem
que siens sui z serai en li me
fierui z en sa seignorie q des
biens ler z des biens est nome.
La haute honor que de uos
ai oie z li bons ps dame moat
deuie. fine beautez sens plos
de cortoisie dont eat en uos
troual quit iicoit uos alai co
ques plus nobliama uolete
hardie le grant desir q sinsa
mis oblie. Dame ma tres
grant amor moblie q mest
ou cuer rasinee z florie. ne nai
uoloir que de rien lescondie.
ainz li dis que latendrui oles
maux q ie en ai tant q leure
uinu uenue z acoplie. quest
uos iert en moi a droit prie
Dame ensi soffrirai tait co
uiure portai ne ia uoir ne
ctoirai q uos corez thie par
faus amanz q mors na en lui

z Que ia sans ce n'aurai contable uie.
H Des grans desirs de fine Amor noublie.
D Ce couplet manque deuex Cl?

lie ꝗ lendemai seriez esbahie.
Quant uoi le tens bel et
cler. ainz que soit noif ne gelee
chaunt por moi reconforter. q'se
trop ai ioie obliee. merueille
est com puis duter q des bee
a moi greuer dou monde la
Bien set q
nen puis pas
nieuz amee. cer por ce cu'e
quele me bee. mais ne fait pas
a blasmer que ter est ma des
tinee. ie sui faiz por li amer
ia der ne men doint fauser. nes
cele a ma mort iuree. Mout
me plait a esgarder le pais et
la contree. ou ie nox souet aler
por la gent mal auree. mais
si nou sauront garder sel me
vuet ioie doner que bien ne
lor soit emblee. Qut oi en
pole entrer chascun de sa de
uirtee. r les mencoges cont

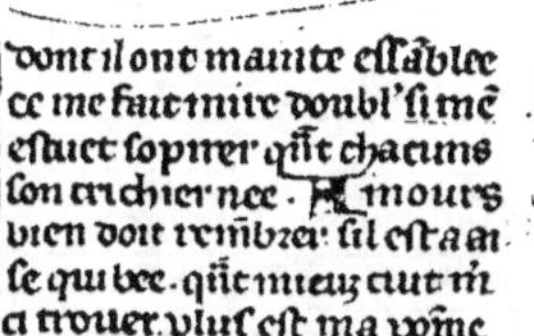

dont il ont mainte establee
ce me fait mlt doubl' si me
estuet sopirer qant chacuns
son eur chier nee. Amours
bien doit remembrer sil est ai
se qui bee. qant mieuz cuit m'
a trouer. plus est ma poine
doublee. ce me fait mlt tres
penser que nos mais a li par
ler. de rien qui ne li agree.
Bien me peust amender
sauf ce quele fust greuee.
mais por deu li vueil mand
qant ie nai mei trouee quitre
ne vueille encontrer. car
mout li deuuoit peser. sest
de faus amanz gabee. Ma
chancon vuil definer. Gui
ne uos puis oblier por uos
ai la mort blamee.

Quant uoi uenir le

beau tens ꝛ la flour que ter

be uert sespant aual la pre

e. lors me souient de ma

douce dolour. et dou douz

leu ou mes cuers tent et bee.

sai tant de ioie et sai tant de

doucour. que ia mouoit nen

quetroie nul iour. et quant ie

sui plus loing de sa contree.

tant est plus pres mes cuers
Au mot na
riens dont ie
et ma pensee. soie en estoir
quant me souient et quant ie
la sainee. et si sait bien quele
fait grant folour que maintee
fotz la truis us moi iree. mais
beaux semblanz me remet en
uigour. semploierai mie bien
mi grant amor donc ie lai tant
dedanz mo cuer amee selcau
tez mi lait auoir duire. Da
me mai sere sun fins amis nes
puez pas uers moi ure uen
tance. que ures sui et serai a
touz dis. ie nou laitai pour
mal ne pour greuance. se pri

uos sui de bien amer espris
douce dame ne men doit estre
pris. et se por uos trauure ne pe
sance. ia nen chartai en mau
uaise esperance. I E eau sui
der coment porroie auoir. i
ceste amour que tant auai re
quise. ia ne deust ne soffrir ne
uoloir la bele rien qui tat est
bien aprise. puis quele mot
dou tout en son pooir. qui me
teist si longuemit doloir. sele
seust o samors me tostise. ia
ne faufrist pitiez ne len fust
prise. Blondiau de Nesle.

faire vil

113

Amours mar ui ces qui uos
ont trahie. qñt uos sor moi
ure duel en uengiez. si nai ie
pas enui uos deseruie nule
chose dont doie estre esmaiez.
mon cuer auez pieca nen fu
adoiez. ainz ma lessie por ure
deignie ? si uos plair cruel
[...] messaiez. ce uos di. car
[...] de mi ne ferez enemi. mais
ie uos pri que mal en aiez. ? se
uos auez leuie que gi ai me
destroigniez. mar ui beautez
sanz pitie. A gnt estoir ai

la dolour uemeue qui me cau
dai de ceste honor torni si ne
cuit pas quele en soit recru
e. que chafcun ior ne la face
engignier. m a douce dame
et por moi esprouer. p cui gi
ai toute ioie pdue. si que ie
nai de cui auttrui ami. ne ser
uir ne deseruir ne puis por
mal soffrir. que ma pomme
uuille que ie ai por li eue. ne
fai se nia trouer ponvic en
son cuer auer. Nenul p deu
amcors miett chier uendue.
ie uen cuit pas sanz morir es
chaper ioie or de li. mais or
mest resolue. rien ni ai mis
quele uen uuille oster. fors
uolente quele uen puet giter.
donc lamorz est en mon cuer
descendue. que ie retping por
mon cuer desirrer et desir. q
son plaisir me lait de li ioir.
car auttreuir ne la quier engig
nier si me soit ioie redue. ? puis
se amour recouer. con ie di
uoir sanz fauser. Coment
que soit ma ioie defenie ainz
de uiure ne fui ior enuiez. met
or uoi bien que la morz me
deffie. moit par bien mest e
uauz emploiez qua mon uo
loir ai este angoissiez. se sui
al liez qui demoront enuie. et
se paus sui de rien empiriez

ne lor prī et si lor di qlpriēr deu
por mi. car ie sui de si grātz mes
faiz chatriez que mamie en se
ra perie. bien uoi q̄ la mort sui
uigiez ⁊ pregne uos en pitez.

chose la bele dont ie uos di que
nus querre ne li ose ne pler da
mour ali. au liśā la flour de
rose men desdui ⁊ mē obli. car
mes cuers point ne repose si ne
os crier merci. Damor nai.
Mout ai longuemēt couerte
ceste uolente damors. mais se
p̄ nule desserte men peust ue
nir secors ne plaindre pas la per
te de la rente de ii. iors. car lire q̄
iai sofferte mi aligeroit ma do
lour. Por con est de ioie sire q̄
souent la puet ueoir. ⁊ al plus
qui li puet dire prie de sō uoloir
mais ie ne puis pas eslire cha
cuns face son pooir. mieuz vuil
estre en cest martire q̄ dune autre
ioie auoir. Damor. Grant
honor li a donee dame dex par
tout le mout qūt li moillor de
sa contree. seu pōment ⁊ pesee
en font. mais tāz neu fu a plee
ia si hardi ne seront. A toz est
si redoutee ia semblāt neleu
feront. Damor. Ie sui la sen
longue atente con ques samor
ne li qūs ⁊ toz iors i metrai mē
tente et seruirai se ia mus. sor to
te rien m a talante les gēz cors
⁊ se scliers uis. mais ce moet et
tormite q̄ sui loing de son pais
Damor. M ander li vuil mō
seruise ⁊ sāluz par mon escrit
et prier p̄ sa frāchise que la ioie

ne mobliie. mais aucun pxu en
eslise cui ele damour asfic con
ne puet en nule guise auoir io
e sanz velir. Damor Ensi
mesloigne amors z kutzen po
ce certiie maura desteuie.

que ses hons fui. Grät Con
for ai die si men repent. trop
en parol certainnemir. car anui
noi son acomeniit. si vuil que
le maint leauniir. mais on de
uine plus souent ce doulc len
a greignor talar. Grät Le
quier plus et faire nou doi. ma
dame a cui dou tot mouri. mais
quen li truisse bonefoi. ne auch
ni soit mieuz de moi. er se ie tui
i sai er croi. iames neu puis a
uoir trop poi. Grät Ne qer
pas deslcaul amor. mais opraig
me sanz folour son bel parler
z sa doucour. er lun por lautre
face honour qui damors qert
plus grät loisour. tousiorsem
pire au chief dou tor. Grät
Trop mem auoir damors
conquis. qui plus en qert ho
nor z pis. z en desduit z ioie et
pris. er plus cortois z mieuz
apris asses conquiert ce mest
auis. qui bons vcuucur pour
estre amis. Grät Conuers
mout trait grief poinne de
ceste amor lointaine. dame
xr mi ramoine doucour et
bone estroine de perdre amor
uilainne z touz ces q sen por
uent. Grät Ainz tel mer
uoille mais noi. grät de ce
muir conqs ne ui. er sele na
de moi mci. na soig damie

ne dann. tant p desir lamor de
li que toutes autres en obli.
Quant naist flors bla-
che et uermoille que li arbre
sunt rame et li douz tens sa
paroille de uenir a la clarte
de moi me uient a meruoille
comente iai rime. mon cuer la
ou il cressaille trop p a il haut
monte. ha la sie li pli met
ci se gi faill mal maura bailli.
I ce ne puis ie pas dire que li
mien scuers soit a moi ainz
est mes mestre r mes sire ce ql
panse a force outroi. nen sai
autre mieuz eslire. bien co
nois r uoi q uer mesiuerant

ture la ou ie ne uoi. ha las re
Quant ai cele mo corage que
ie nou puis soffrir mes espoir
li aura damage. mieuz me
uenist estre en pes. mais graz
amors semble rage. ia nuls
fin. maauais ne sera en so aa
ge. quen puis mais se le le fais.
ha las. C est bien estrange
meniere de ce con plus amera
quil sen couient traire arriere
der confort chose ci a. car al q
plus laura chiere plus ensui te
retraira. ce fait la gent lo segie
re que ia der naura. ha las.
Douce simple et coie men uos
proi soul itant. se li uos frans
cuers outroie ce que li quier 7
demant. que de uos neanz ne
soie que restoie de deuant. car
se ie ice ploie mon seruie a uab
ha las.
Quant uoi estez le tens
reuenir que bois et pre come
cent renuerdir. se iai ame bie
men uoit souenir. mour uoi

har ceus qui me font guerpir
la bele riens cui iaing tant ce
selir. Des li bel hiul. si bel hiul
si bel hiul. me font amer ccnt
tant plus que ne suil. Cil
qi damer norent onques caiat
ne seuent pas langoisse qi ie set
que ie sui ail ple mien esctant.
amors fist ia plus lier pionac.
ha las chaitis con or le me ruct
Dex tant la uuil. tant la vuil
y tant la vuil por son solaz et
por son bel acuil.
Quant uoi le tens fe
lou raibagier et lerbe uert
re soloil resplandre lorz cha
ccun quil me seroit mestiers
que ma dame uousist son ho
me prendre. quen tot le mont
plus de richour ne quier. car
tuit li bon qui sone serolent
moindre. que de li mien uoir.
si le ie ne puis cel ne me uuet
aendre grant ioie auoir. A
Lasie ne puis mon fi cuer
chastoier. ne uiscali ne puis
damors desffodre qi toz les mar
dou mont ma fait chargi. ne
nuis fors moi ne se porroit def
fendre. si cruelise mi puer el
saier. quprcs la mow mestuct
les biens atndre de lamour
uoir. si le ie ne puis. I ceste
amors qui si grief me respot.
de mon uoloir ma si ps lauz
suntise qi ie enaig totes celes
qui funt que iay moi ne iert
une requise. las ie ne fai q

est autre amant font car taig
a des cest p tel deuise si leaumt
sele mait que ne sai en qil gut
ce ten sen repent. Ie ne ps
pas toute la rien dou mont se
ma dame ne plait p sa fran
chise. que son ami celui quele
con font uousist i pou merir
son biau seruise lon autorie
re plus que aut al q sont car
la doucours men est ou tors en
tree si bonement sele mait.
Ie ne me pot onques ame
suter damer celi a cui mesauer
sapuie ne ilsautre ne itoure
e penser car cest la rien a cui
mes cuers sestriue si mait der
ie ne la quier fauser ainz la
merai coment quel me destru
e p laima que ten atent se de
moi ne sen fuie ie naig rien
tant.

Qi bien uuet amors
deseruie amors est rmale et
bone le puis mesuauble en
iuire et le plus sage enbricone

les emprisone; deliure les de
liurez emprisone amors fait
morir uiure amors coluet
amors done Et fole et sage
est amors uie i mort ioie et
Amors ua pauen
ture luns ipert lauf
uolort i gnaigne p outra
ge et p mesure en saume len
i ma haigne eur i mesauen
ture sont ades en sa compaig
ne por cest raisons et droitu
re que chascuns sen lot i plai
gne Et fole Amor; lar
ge i auere por que leuoir en
retraie amors est douce i ame
re a celui qui bie la paie ains
est mariastre i mere q le bat
i si rapaie et al qui plus la
compere cest al qui moins
sen esmaie Et fole S ouet
rte et souent plore qui bien
imet son corage bie i mar
li corrent sore son pu quiert
et son domage i se ioie len

demore nen doit hair son corage. q̃ li biens vuile seule hore les maus dun an assoage. Et fole [L]il chneure dit sanz faintaise damors a la definaille q̃ cel con il la deuise la trueue chascuns sanz faille ꝛ al cui amors iostise ꝛ qui por li se trauaille ne porroit en nule guise coillir le grain sãz la paille. Et fole

coillir estraingement mu hai q̃ si franche la trouai ne cuidai mes mal sentir mais or me fait si languir q̃ bie(n) sai q̃ dautre amor ne morrai. [N]uns ne puet guenchir a lamour ne lai ꝛ cle por li murir come fis amis uerrai auil mest que ie serrai deuãt deu si g(e) martir ne porquit sanz repentir seruirai ne ie ne men retrairai.

...ust auenu ⁊ q̃ la guaigne a
moi estre estraigne. cant ia dou
cent perdu con li tens sõt tenu.
Qui quen ait le tort eu dame
ie me claing uedu. que iai bie
apceu que mi mal mẽ sont ue
nu. mes cuers uos remaigne
pitie uos en pigne q̃ maint ho
me ont deceu losengier ⁊ cõ fon
du. Par moi nient il ia seu
sen ont il maint plait tenu ⁊
mout mont soie corru ⁊ mai
te foiz aiueu que chascuõ ma
plaigne ⁊ agree ⁊ enlaigne.
or ont au deuãt tendu li renoie
mescreu. Dame ne me soit
tolu ce que iai tant atendu
por hauteri ne por faus hu.
que auez cõneu comĩt quil en
praigne ni autez cõpaigne
ne ia ne serai meuz. dou poĩt
ou me sui tenuz.

Thiebaut
de Blazon.

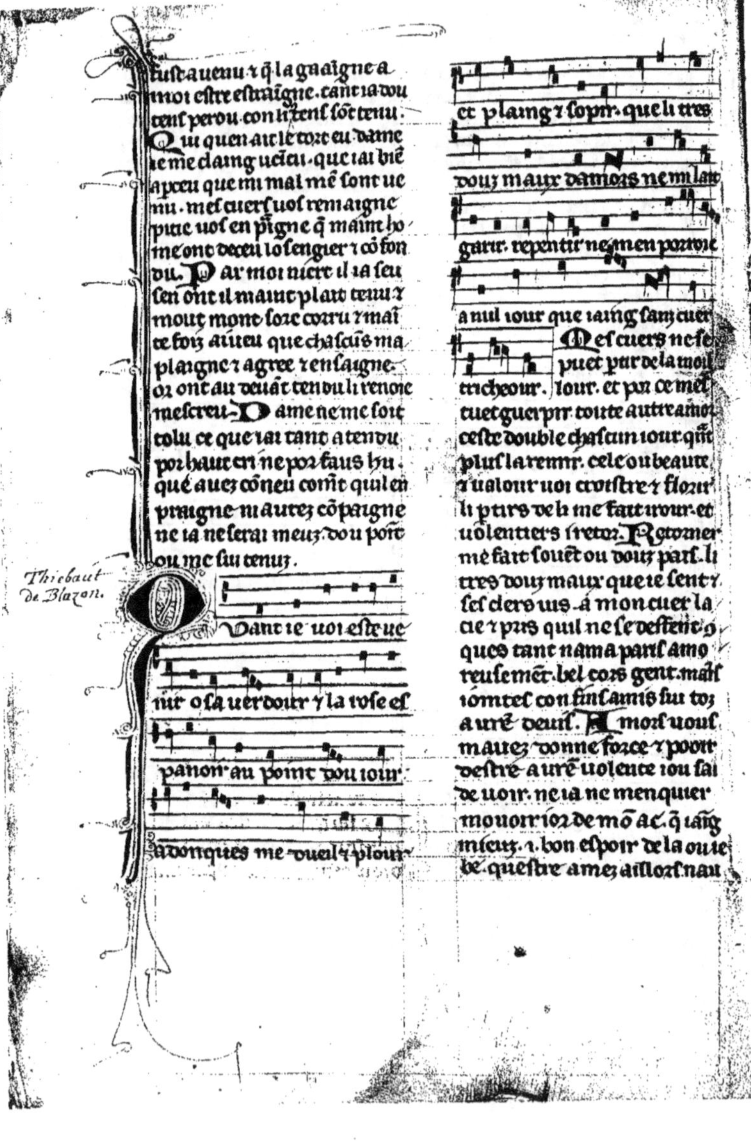

...ere amie auoir q̃ feist tot mon
uoloir. Chancon tu miras
a li faire sauoir. dou douz mal
quai endure mai τ soir sei se
uuet aperceuoir pate l en por de
que ie ne porroie auoir grant
ioie sanz li. sa beaute τ son sen
mi fait ualoir. car ie laig sanz
deceuoir. Toz iors mais faz de
ceuoir quant iai tot pese sanz
p̃ fle ou il mestuet remenoir
tant desir mon bel ueoir.

ou ie nai point de fiance que
ma doie troū. ainz muir por
trop desirrer ce dont ie nai
poissace. mes douz maus
mestuet loer. trop me plaist.
mais iou coper. Douce a dou
ce penitence en si douz maux
endurer. qua sa simple cōte
nance τ a son cortois parler
me sor si mon cuer ebler q se
pitiez ne mauance. sinai sanz
rendre τ sanz quitter me pst
tout sanz reconter.

qua pomnes iert acomplir
li seruirs dont iaie gre. Lt
ement ont entrepris ce qui
tant maura grene. mi fol huil
uolunter qui sonent ono es
garde la ou ie nai mie ose di
re q iestoie quis euls p uos
sui ie trahir. uoir cest mal a
uer oure. mais or en aiez m
ci. et si uos soit pardone.
Qi or uoudroit leal
amant trouer si uoigne a moi
por choisir. mais bie se voit
bele dame garder quele ne
maint por trahir. quele se
roit que fole q que uilaine.
sen porroit tost maloir au
si con fist la fauste chapelai
ne. au tous li monz doit hair.
Or iamour de celebr de ces
p culie surmout laidir. por
ce que fis couture des culz. et
dient tuit iai mespris de
lanel qui fu mis en traine. i
mais a bon droit i fu mis. q
p lanel fu faite la saisine par
que ie sui entrepris.
Gauthier d'Es
pinoi
Quant uoi yuer retroi
dure apiron. quainsi destroint
oiseles fipris et bise. lors me cui
dai de chanter retendir. mais
fine amour me semont raritle.
quamour me fait a estre a sa
uaule r me donne tel cuer et

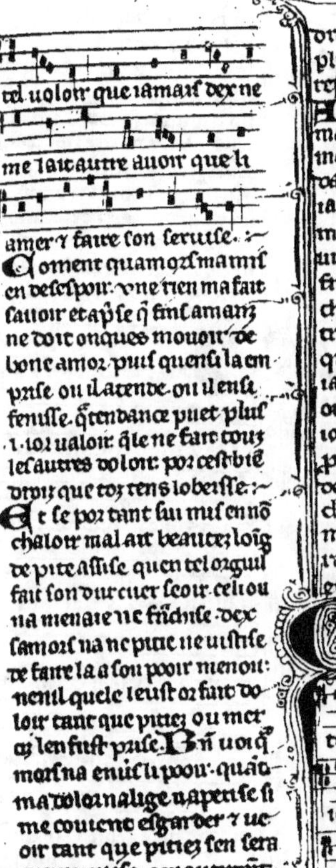

tel uoloir que iamais dex ne
me lait autre auoir que li
amer ⁊ faire son seruise.

Coment quamors ma mis
en desespoir: vne rien ma fait
sauoir et apcse q fins amanz
ne doit onques mouoir de
bone amor puis quensi la em
prise ou il atende ou il ensi
fenisse. Qtendance puet plus
.i. tot ualoir q le ne fait touz
les autres uoloir por cest bie
droiz que toz tens loberisse:~

Et se por tant sui mis en no
chaloir mal ait beautez loig
de pite assise quen tel orguil
fait son dur cuer seoir. celi ou
na menaie ne fruchise dex
samors na ne pitie ne uistise
de faire la a son pooir menoit:
nenil quele leust or fait do
loir tant que pitiez ou mer
cis len fust prise. Bn uoi q
mors na en ui li pooir quac
ma uolor naluge na pense si
me couient esgarder ⁊ ue
oir tant que pitiez sen sera
entrepmise car autremit
mcruele ia conquise si arc

dorai moi en bon espoir. et se ie
plus nen recurdoie auoir ne
repuis ie partir en nule guise
Il me sui donez sanz decruon
mais ce que a cest ce que lon
moins prise. bien le me fait ma
dame apceuoir. ha dex comet
ia na ele pas mise samour en
moi q ensi me iostise. si acou
uient ses doruz resgarz puoir
fist p mes eulz en li mon cuer
cheoir lamour qui si me des
troincz debise. Douce dame
qui honor et franchise bibet
iastes en une doruz menoir
outruiez moi selonc ure uoloir
iote quamors maura toz ioruf
pmise. Mon bon seignor
de bar en ma reprise dites
chancon que de tot son pooir
maintiegne amor en si por
ra ualoir plus q nus hom sil
est en son seruise. *Perrin dAngecourt*

Qant uoi en la fin des
tey la fuille cheoir ⁊ la grant
io liuere doiseaux remenoir.
lors ai de chanter uoloir

greignour que ie ne soloie
car cele a cui ie moutroie li
gement men a fait comande
ment li chanterai . et quant
ma dame plaira ioie aurai
Cuer qui naisme ou na amie
ne puet riens ualoir. pour ce
iai le mien donne sanz iames
mouoir. et si sai bien tout de
noir. que phaut penser foloi
e coment quauenir men doi
e. leaumt a amours fuir me
rent tant con uiurai . Et qnt
Tant me plait sa granz beau
te a rementeuoir. que iai tot
autre pense mis en noncha
loir. las z si ne puis sauoir.
se mon pensey bien emploie
car por rien neli diroie q ie
cent forsquen chantat si fai
tement li gehirai . Et qnt
Dame en droite leaute et
sanz deceuoir. en uo debonai
rete met tot mon poor. car
me doigniez receuoir dame
en cui corz bies ondroie. yo granz
beaute me guerroie si gefint
se ie nai esligemet por uous
morrai . Dame . Meldisan
tio mauuaistie; ma mlt fait
doloir. z sai mainte foiz doute
ure apceuoir mauf feus les
puisse toz ardoir. si uoir com
ie le uoudroie z bone amour
cui ien proie uengiez me do
nez chatcun . i . cornstetel co ie
ai . Et qnt . Perrin d'Angecort.
Quant ie uoi le biau ma
tir co le felon tens entrer. qui
fait ces oiseax taisir et laissier
ioliueter. por ce nai ie pasoste
mon cuer de leal desir. mais
por mon us maintenir a cest
motot me reclaim . Ie sui iolz
Laig leau
ment sanz
por ce que iaing. trahir. sanz

poindre t sanz fausete. cele qui
me fait languir sanz auoir de
moi pitie. bien set de uirte q ie
sui siens sanz guenchir. mais en
espoir de mci li ier ast moros
chantez. Dame ma uos mo
ciez. Vostmoriez sanz raison
dame sanz humilite. ne pert
pas auoz facon quen uo cuer
ait cruaute. mais grant debo
nairete por ce sui ie en sospe
con. simple uis t cuer felon
mont mis en grio desconfort.
Sa beautez ma mort. Mort
ma sanz point dachoiso cele
en cui iai a tome mon sen. et
mencenacion por faire sa uole
te sai le doignoir prudoe en
gre por tout autre guerredo
uit mauroit hors de frico si
piroie sanz esmai. Bone ami
q iai me tient gay. *Perrin d'Ange-*
cort.

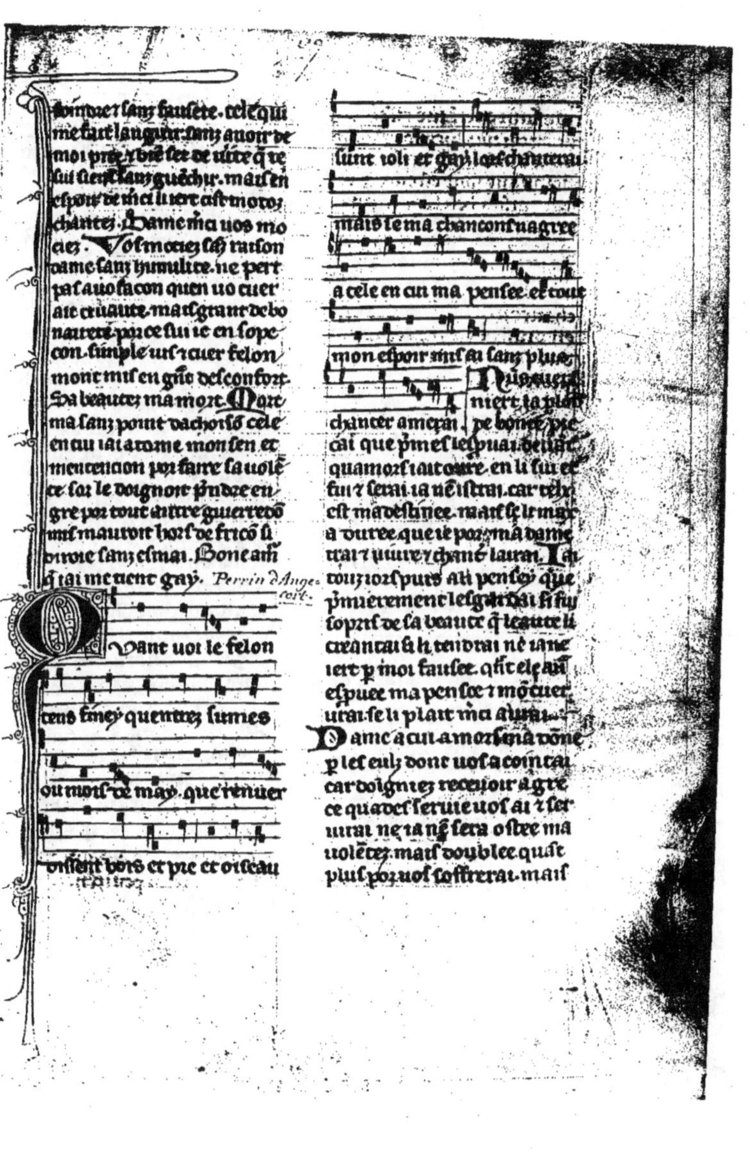

Quisquier niert ia plus
chanter ameran. de bone pie
cai que pmes lespuai. de iai
quamors iai toure. en li sui ee
sui t serai. ia ne istrai. car uelx
est ma destinee. mais se li mai
a duree que se por ma dame
trai t uiure chant lairai. Car
touz iors puis aii pensei que
pmierement lesgardai si fui
sopris de sa beaute q le autre li
creantai si li tendrai ne ia ne
iert p moi fausee. q sit ele ai
espuee ma pensee t mo cuer
urai se li plait ma a urai.
Dame a cui amors m'a done
p les eulz dont uos a coin tai
car doigniez receuoir a gre
ce qua des seruie uos ai t ser
uirai ne ia n̄ sera ostee ma
uolentez mais doublee q̄st
plus por uos soffrerai. mais

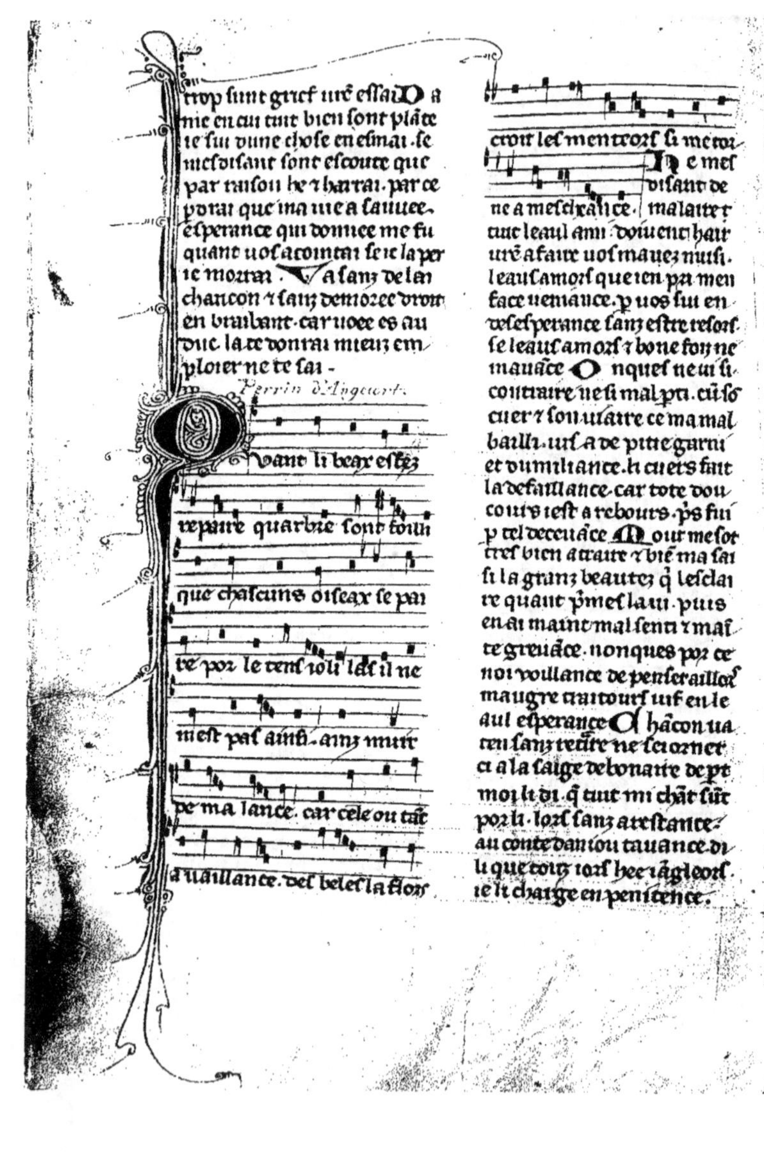

trop sunt grief ure essai O a
mie en cui tuit bien sont plâte
te sui dune chose en esmai se
mesdisant sont escoute que
par raison be z harrai par ce
porrai que ma uie a saluee
esperance qui donnee me fu
quant uos acointai se ie la per
ie morrai. Va sanz de la
chancon z sanz demoree droit
en braibant car uoee es au
duc la te donrai mieuz em
ploier ne te sai -

Perrin d'Angicourt.

Quant li beaz estez
repare quarbre sont foilli
que chascuns oiseax se pai
te por le tens ioli las il ne
mest pas ainsi. ainz muir
pe ma lance. car cele ou tat
a uaillance. uel belet la flors

croit les mentrors si me tu
Il e mes disant de
ne a mescheai ce. ma laute z
tuit leaul ami doiuent hair
ure a faire uos mauez nuisi.
leaul amors que ien pa men
face neniance. p uos fui en
uesesperance sanz estre resors
se leaul amors z bone foiz ne
mauace O nques neui si
contraire ne si mal pti. cui so
cuer z sou uiaire ce ma mal
bailli. uif a de pitie garni
et dumiliance. li cuers fait
la defaillance. car tote dou
cours iest a rebours. ps fui
p tel deceuace M our me sor
tref bien atraire z bie ma fai
si la granz beautez q lescla
re quant pmes laui. puis
en ai maint mal senti z mas
te greuace. nonques por ce
noi voullance de penser aillos
maugre traitours uif en le
aul esperance O hacon ua
ren sanz retire ne sei orner
ci a la saige debonaire de pt
moi li di q tuit mi chât sur
por li. lors sanz arestance
au conte daniou tauance di
li que toiz iorz hee ragreoiz
ie li chaige en penitence.

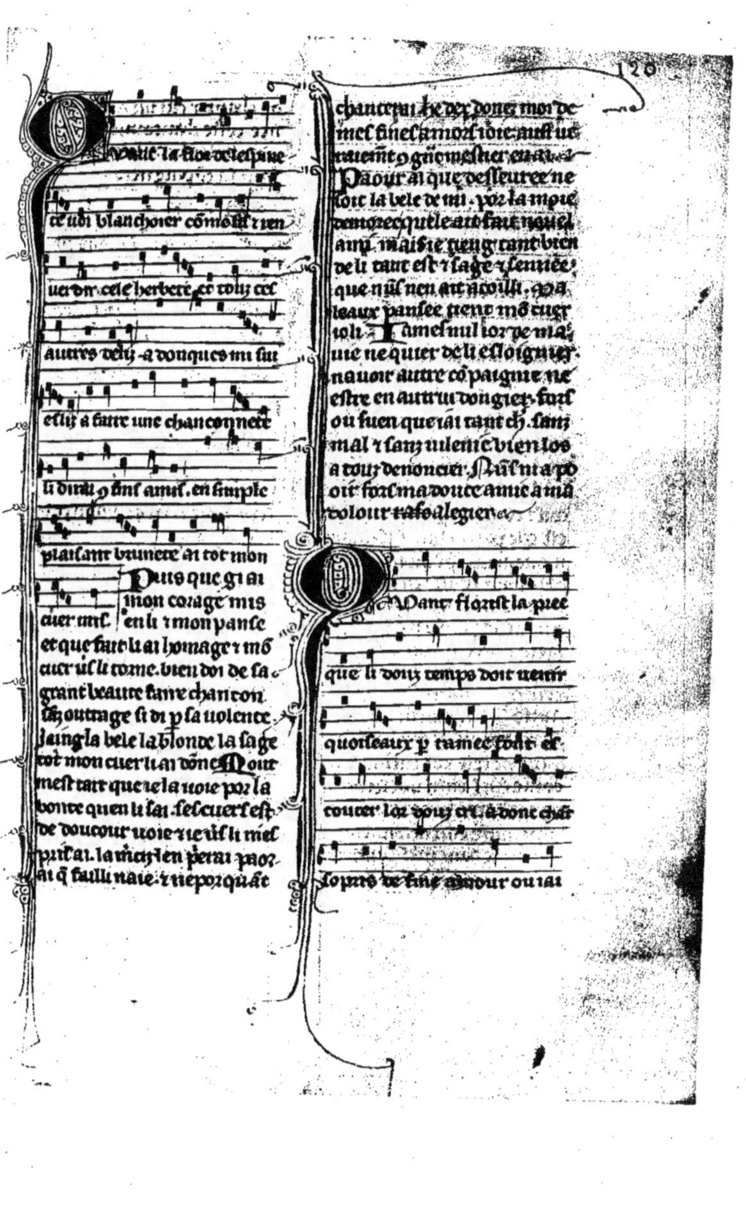
voille la flor de lespine
te ubi blanchoier comoillt rien
uer dit cele herbere et toliz cel
autres deliz. a donques mi sui
et liz a faire une chanconnete
li dirai g sint amis. en simple
plaisant brunete ai tot mon
cuer mis. Puis que gi ai
mon corage mis en li et mon panse
et que tout li ai homage et mo
cuer il li tome. bien doi de sa
grant beaute faire chancon
tez outrage si di y la uiolente
fauing la bele la blonde la sage
tot mon cuer li ai done Mout
mest tart que ie la uoie por la
bonte quen li sai. se se cuer est
de doucour uoie ne uil li miel
puis ai. la merci en perai paor
ai q failli naie et nepor quat
chanterai he dex dones mon de
mes fine samor idre aint ut
truemt g que mestier en ai
Paour ai que desseuree ne
soit la bele de mi . por la moie
pensee quil le ait fait nauel
amit . mais ie peng tant bien
de li tant est et sage et sentiee
que nul nen ait acoilli. Ma
leaux pansee tient mo cuer
ioli. I ames nul ior ne ma
uie ne quier de li esloignier
ne auoir autre compaigne ne
estre en autrui dongier fors
ou suen que iai tant ch sanz
mal et sanz uilenie bien los
a tout denoncier Nul nia po
oir fors ma douce amie a mo
volour rasoalegier
Tant floriist la pree
que li douz temps doit uenir
qui oiseaux y ramee fait et
couter lor douz cri a done chas
somes de fine amour ou iai

mauuieus leau

maintient le quis amors bie gar
dee. mais li miens pas ne se tient
quil ne la serue tor iors. Cil doit
bien mera tvoii qui leaument
sert amours. Amours 7 bo
ne esperance me fait a cele pens
qui ie nai point de fiance q̃ mei
puisse troii. en son doiz maitre
der ne truis nule asseurance
saing mieuz tot achour que
perdre ma pomme. Damors
uient li maus qui ensi memoi
ne. Osne couic a sa viuilla
ce. car mouc bien mi ser men.
en tel lieu auoir beance q̃ mo
cuer fait sopner. aisil me fait
assener a la plus bele de fisce.
si len doi mout mcier 7 di san
fauele. De iai ame iai choisi
damors la plus bele. Bele
7 blonde 7 sauoree cortoise et
de bel maintien. de tout bien
enlumiree. en li ne faut nule
rien. amors ma fait mout de
bien. quant en li mis ma pen
see bien me puet tenir pour
sien a faire sa uolente. Jai a
ma donney cuer 7 cors 7 quiq̃
iai.

Quant uoi blanchoier
la flour destey sor le ram qoi

seillou sont en bauuoir au soir
er au main. Adone por cele cui
taing masaut bone amor qui 
me semone nuit 7 ior de chan 
ter si chanterai. ia por felons
Helaine qui por paris or tant
nou lairai. de comit. not on
ques ce mestaius de beaute au
tant con cele ou mes cuers sa
rent. tant est de haut pris quene
doi estre repris de chanter si
chanterai. ia por felons nou lai
rai. Bien uoi q̃ ne puis ga
rir ne uis eschap. quant ie ne
puis auenir la ou mi panser
sunt tr serone sanz fauser ius
ques au fenir. mais por mon
cuer esbaudir uuil chanter
si chanterai ja por rc. Nuls
ne puet grit hardemt fornir
sanz folor. amors pert a esaat
que p sole error pensai a si i
haute honor dont la mort atet
mais por mon aligemt uuil

chant' si chanterai. ja p. Qla
q̃ iaing tant chancon te ten
uoi. si li di q̃ ie li mat. ı pordeu
li proı. qnele por lamor de moı
sil li plait te chant. car por li
couit mon uuil chant' si chan
terai. ja por felõs. ıi el lairai.
Qoi porroit. ı. guierre
con auoir de louc teuf amer
bien deuroit seutencion me
tre en amois honbzer. dex cil
qui aime eu pdon ne si let pıs
confarter aim languist pluf
quautref homf quant ilne
puet acheuer. maif dame de
grant uaillance ne deuroit
pas oblier. celui qui na foste
nance fors que lamor desir
rer. pıf me fait que darz ne la
ce bien le uos puis affier. ı.
refgarz quant le me lance ce
le cui ie nof nommer. Dame
de beaute la nomper mi mal
me sont douz saiz amer.
Vant par doucour dou
temps nouel se resiorssent oi
seillon. que pre sont uert et

sauue sel sont flors de diuerse

doug desir at tel fir

con quen tremblant fait suer

a pel. itel sont vamors li ra

pel. mais mis nou fec ceu sien

Iaing mieuz tel mal
que nul ioel. ne que lo
nor au roi charlon. si p
cela qui daniel faun ia en la fos
se aulion. que ia nen aie gari
son se ma dame doit estre bel
si maura mort vim tel flacl
quaing de si doug ne morut
hö Certes buer auroie serui
se ele mi doignoit amer. qui
son ebuces a reserui que chacu
la doie honorer. bele et blo de
vone sauz per est ele plus que
ie ne voi si en lo mon cuer z nici
gist en tel lieu o sa penser. de ce

De ce que iaing ma dame
si nus hom ne sen deuroit bla
mer. car dex mist tar be bies
en li. q nus nes porroit aasni
mainc grief mal mia fait edu

rer. or doint dex qil me soit me
ri. car ie ne puis sanz sa mai
ne long garir ne pres durer
Se ma dame uiet a plaisir
bien puet p raison esgard'
con doit bien a uraie tenir la
mour con ne puet oblier. et
puis quamours puet espuer
que ie sui siens sanz repentir
certes ne doi mie faillir. a ce q
me fait desirrer.

Quant li dous temps et sa saison saffeure
Que biaux Estez se raferme et esclaire
Que toutes riens a sa conuenalite
Vient et retrait se trop n'est de male aire &c.
Fauchet.

nest de malaure · lors chanterai

car plus ne men puis taire por

conforter ma cruel auenture

qui si me torne a grant descon

L aing ꞇ desir ce q̇ / de moi na cure · las por
fairi re quoi laing q̇nt te ne / li puis plaire · us moi la truis
si cruel ꞇ si dure · ꞇ us autrui la
uoi si debonaire las por q̇l laig
amors le me font faire · or ai ie
dit folie sanz droiture · en bien
ani ne puet auoir mesure
En ma dolour na mestier co
uerture · si sui sopris que iene
sai que faire · mar acoitai sa es
douce fauture · por si gries max
ꞇ por tel dolour dire · car ce me
fait q̇ nuis ne puet desfaire
fors ses genz cors donc us moi
est si dure · a la mort sui · se sa
guerre me dure · A mors ansis
ie me muir sanz droiture · cer
tes ma mort uos deust bie des
plaire · en uos seruir ai mis to
te ma cure ꞇ mes pensers doc
iai plus de cent paire · por uos

deuoit li miens seruises plaire
si en seroit ma ioie plus seure ·
on dit li fruiz nest prouz qui
ne maure · P echie fera ses
cuers sil li outroie moi a hair
donc si la uoi esteinne · car au
tre rien querre ne li uoudroi
e · fors q̇ samour q̇ a la mort
me moine · se le moat trop
fera que uilenie · ꞇ saisi est q̇
por li morir doie · ce est la mor
dont mieuz morir uoudroie ·

Qdi seit por quoi amors

a non amors qui ne grieue fors

les siens soulement · qui le sa

una sen die son talant que ie

ne sai se der me doine secors ·

amors semble deable qui mais

me · sen gigne plus celui que

li se fie ꞇ co poise men se iaie ta

merci plus que por moi cet
mile tanz por li quanton la
puet irster de felonie. Ie
sui touz siens ⁊ sen sent les do
lors ⁊ me poise de son mal du
rement ⁊ en son bien quit mo
nuancement. car de seignis uier
granz biens a plusors ⁊ al sert
bien son seignor qui chastie
a cui poise quant il fait uilein
e. mais amors na cure de nul
chasti. car ele a cantor ueu roi
qui neli chaut de rien que le
u die. Amors ma fait tan
tel foiz cortoicier quen mon
cortouz na mes poit de poor.
ainz sui plus siens quit plus
me desespoir. aisi con al q
velez le foier gist malades qui
ne se puet destendre ⁊ mena
ce la gent pmi afendre. ensi
oi ie ce por moi desenfler. ql
fait gnt bien qnt on ose par
ler. mieuz enpuet on lassaut
damors atendre.
Pant lerbe muert
uoi la fuille cheoir. que liuenz
fautuis des arbres descendre a
donc couient les doiz chanz re
menoir des orseillons qui mi
puent contendre. adonc meshier
a amors mon cuer tendre mais
par pechie cuidai aillors enten
dre. Mout a amors gnt for
ce et gnt poor. qnt enus
li ne se puet nuil deffend
fors qnmous de cui ne puet cha
loir. uilenie est delor servise pre
dre ⁊q damors ne uiuet sa ioie a
tendre. saichiez por uoir sa ua
lor sen est maindre.
Pant uoi reuerdir
arbroie que li tens desteï re

III IVᵉ Couplet
Qui set amer il seroit bien haïr
Se il vouloit plus que un autres tient
Mais n'est pour ces loiauté ne raison
Qui bien aime qui en doit parler
Ainsi doit chascuns amer sans renommeïr
Et se amours estoit bien apensee
Elle devroit a fin ami loial
Joye et secours sans auoir trop grant mal
Ainsi seroit ieune et honnoutees. Fin.

Gaces Brulles
C.

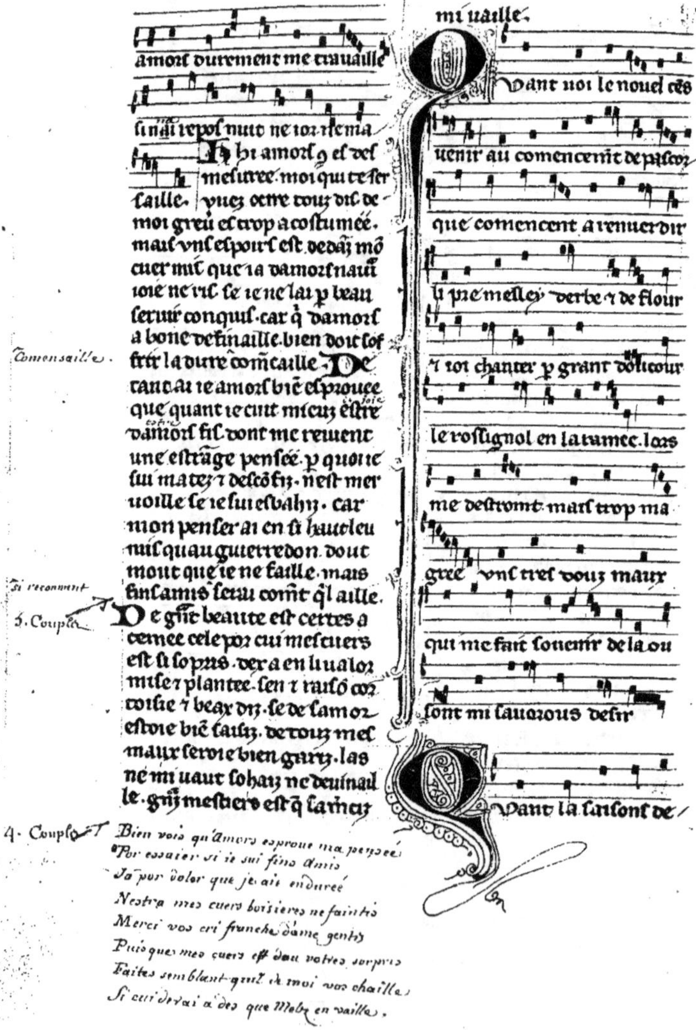

mi uaille.
Q amors durement me trauaille
si n'ai repos nuit ne ior n'ei ma
Quant uoi le nouel tens
uenir au comencemit de pascor
Chi amors g es des
mesuree moi qui te ser
taille. uuez oirre touz dis de
moi greu et trop acostumee.
mais uns espoirs est dedanz mo
que comencent a renuerdir
cuer mis que ia d'amor s'nauf
ioie ne ril se ie ne lai p beau
servir conquis. car q d'amors
li pre mellez uerbe z de flour
a bone definaille bien doit sof
frir la dure comencaille. De
tant ai ie amors bie esprouee
z ioi chanter p grant dolcour
que quant ie cuit mieuz estre
d'amor fis uont me revient
une estrage pensee p quoi ie
le rossignol en la ramee. lors
sui matez z descofiz. n'est mer
uoille se ie sui esbahiz. car
mon penser ai en si hautoleu
me destroint mais trop ma
mis qu'au guerredon dout
mout que ie ne faille. mais
fins amis serui comit q'l aille.
gree ont tres douz maux
De grie beaute est certes a
ceinee cele por cui mes cuers
est si sopris. uera en li ualor
qui me fait souenir de la ou
mise z plantee. sen z raiso cor
toisie z beax diz. se de l'amor
estoie bie faitiz. de touz mes
sont mi saucrous desir
maux seroie bien gariz. las
ne mi uaut sohaiz ne devinail
le. griz mestiers est q s'artneiz
Quant la suisont de

Comensaille.
Si reconnunt
5. Couplet
4. Couplet
Bien vois qu'amors esprove ma penseé
Por essaier si ie sui fins amis
Ja por dolor que je ait endureé
N'estra mes cuers boisieres ne faintis
Merci vos cri franche dame gentis
Puis que mes cuers est dou vostres sorpris
Faites semblant qu'il de moi vos chaille
Si cuiderai a des que mielz en vaille.

qui me fait chanter   ouce
amra oroit loee desurce plā
ne de sauoir oe uof a rct la
soudee honoree q̄ms ooit
anour qui sanz oeceuoir a sa
oanie amiee. ee me fait mtī
r ouiter iene sai mon per bie
men piuf uenter.

que ouice r de mar. et oou3
r plaifanz ioncf r fais tout a
def r ioioux. et fuffe bie amc3
de toutes genz. r li mieudzef
chzf conqucs four q̄ nuf iis
moi ne se peuft oeffenoze et
piuf oonar qĩque chafcunf
uucr pnoze. r puiffe fuia tor
le mont fon gtut .r qũfc moi
fict en paois enttaur Et ieuf
fe uun fort r fiemiāt hanap oo
re chat r tarttie r poiffon r blā

che nape 7 gastel de fromt en
froit celier renfreschi de fres
ions 7 seusse ione garcete 7 te
pre a gras crepon ou tuuasse
que prendre qui bie peust ref
pondre as cops donar 7 nule
fors nen peusse lassar
Oant le roi priier recor
ner lors me uoudroie seiorner
le reuoie oste trouer large
qui ne uousist conter queust
port 7 buef 7 mon ton maslarz
faisanz 7 uenoison graffes
gelines 7 chapons 7 bons fro
Et la da me fust
mages en glaon autresi
cortoise come h mary 7 touz
iors feist mo plesir nuut 7 ior
iusqu mi par 7 li hoftel ne fust
ialous ainz nos lessast souet
touz fouf ne servie pas emot
de cheuauch toz bout aps mau
uais pmore a gorssoux   Gaces Bru
Oi sero de fause priuoie
re bien est raisons quamal aut
car de pensee dobliere ne puet
nul monter en haut porce ne
me chaut damor noueliere y
ne en ai fine 7 entiere qui touz
iors massaut si ne men puis
traire arriere
Autres Couplets
Oant li noueaz tens
veste se pare de froidure que
li bois sont botene que naist

la neroine. fais bone amors
iolinete de chant
faire. et comande mont que
nit hautement. he dame z a
mois uaient bonement con
fort des maus que ie sent.
Bien mauruie amors done
grant bone auenture se ma
dame au cors sene doignoit
auoir cure de moi qui fanz
fainture z fanz faufece li ai tot
mon cuer done. plus di voie
lient. he dame z amors zc.

Dant li beax eftez re
uaire quant bie font flori. que
chaitius oifeaux fa paine poz

le tenf ioli. las il ne mest pas
auif ainz muir de ma lance.
car cele ou tant a uaillance.
def belef la flors croit lef me
reours si me torne a mefche.
Ie me doift de mal
aire tuie leal ami doi
ance. uient hait ure a faire
mauez nulli leauf amors cil
ten pri men face uentale. pst
nos sui en defperance fanz est
refon se leaus amors et bone
foir ne mauace. On nf neui
li contraue ne si mal pti a fou
cuer z fomiliaire ce ma mal
bailli. uis a de pitie garni et
oumiliance. li cuers fait la dif
ferance. car toute doucours
i eft a rebours pf fdi p tel de
ceuance. Mour mefot tret
bien a tire z bien me saist la
grat beaute qui le fclaire qnt p
miers la ui. puis en ai maint
mal senti z maite greuance.
nonques poz ce noi nuillace

de penser aillors malgre ffcors
uif en leal esperance.

q soit sa uolontez. son me ui
uoit. c. foiz fait barnabe aps
ce bien que me uuille khr
tris amis doit ou attdre ou mo
rir. Par deu sire epauez mes
choisi. qnt uos de li uolez sai
sir celui cui ele tient por son le
al ami. ne la uirz iames iour
sanz enui. puis q celui en auez
saisi. trop a le cuer mauuais
z endormi. q samie porte autru
a son col. iaung mieuz soffrir
9 me tenist por fol. C Baudoin
a la bie damois mti qui sa da
me uuet laissier a uit lui. sen
me deuoir desnchier tot p mi.
ne la puisie guerpir des que
sien sui. ainz me plait tant
la tente de mia. q le uilai enioux
en obli. q te mouc he foi que ie
doi saint pou. mais tot le mot
ne pris sanz li. i. clou. C Certes
sire onqs de cuer n ama qui sa
mie uiuet chies autrui laissier
z qui de ce a droit iug uoudra
ie doi seruir ce qle aime z tier
chier. tot mes iuit il ce qle en
fera. mieuz uuil soffrir que
ce qu ele amera que mo hostel
en face son uoloir q l fust sais.
z ia mes se en espoir. Baudo
yn uoir ia chies moi ne uitre
ra mes enemis por ma dame
baillier. mais ma dame li ou
il li plaira uuil ie port z seruir

lanz donngier. ne la por riens
mes cuers ne restra. Cele me
dit beaz amis ie uoir la . cest
foint ile ie non cuit pas de uon
ble le oit por moi fane dolont

Obert neez de pron
com il a le cuer felon qui a i si
lointain baron uuet sa fille
marier qui a si ciere facon que
len si porroit mirer
bes dou uil de siuron gete de tote
facon or uos en uuille mener
cobert ne il dit i bouton quai
si ia lauta aler. Si ne uos doit
on blasmer sain len lessiez aler
mener ce que tant poez amer
se en auez del pooir . nen deuez
laissier mais por cire ne p̄ auon
Dout pauvez le cuer noir
quant uos en sauvoiz le uoir
nauroiz force ne pooir de li ue
oir ne sentir . carchiez si bel a
uoir doit on p̄s de li tenir . a
Robert ie vuil mieuz morir
si li uenoit a plesir que lē lait

sasse p̄tir por trestoute ma o
tree. Ep ie la qui porroit ge
sir une nuit lez son coste. Si
re der uos doint ioir de ce qua
uez desirre . obert ie m̄ cpie
moura ū tillont fait maugbe

Gignor sa
chiez qui or
ne sen ira en cele terre ou der
fu morz i uis . i qui la croiz dou
tremer ne prendra . i por mielc
mais ira en padis qui a en soi
pitie ne remembrance au haut
seignor doit querre sa ueniā
ce. ec deliurer sa tre i son pais
Tuit cil li mauuais demorrōt

p de ca qui naiment deu bien.
ne honor ne ps. et chascuns
dit ma feme q̃ fera iene lai
roie a nul fuer mesamis. cil
sont cheoit en trop fole aten
vance q̃l nest amis fors que
cil sanz dotance qui por nos
fu en la uraie croiz mis. Or
senront cil uaillant bachel
q'aiment deu 7 lonour de
cest mõt q̃ sagemit uuele a
deu aler. 7 li morra oll li cedror
demorront. auugle sont dece
ne dout ie mie. qui .l. secourf
ne fait deu en sa uie. 7 pour li
pou pert la gloire dou mõt
Er se laissa por nos en cr̃
pener. 7 nos dira au ior ou tuit
uenront uos qui ma croiz mã
vastes aport uos en croiz la ou
mi angr̃ sunt. la me uerroiz
et ma mere marie. et uos p̃
cui ie noi onques ahie descẽ
dr̃z tuit en enfer le p̃font. Cha
cuns cuide demorer tor haities
7 q̃ iames ne uoie mal auoir.
ensi le tient enemis 7 pechies
que il nont sen. H ome ne po
oir. biau sire der̃ ostez lor uel
pansee. 7 nos metez en la ur̃e
contree. si faiterit que nos
puissons ueoir. D ouce da
me roine coronee proiez p̃
nos uirge bien euree 7 puis
ap̃s ne nos puet mescheoir.

cest Guillaume le Vinier
frere des Gilles le Viniers, fauchet
pole de ce Jeu Parti a l'ordre de
Guillaume, et croid que le mot de
Frere est un nom d'autorité d'eu
fait un Article lequel scroit
raportes a Gilles le Viniers.

remoneroye du Jeu Party de
Guillaume le vinier.
Erere qui fait miex a prisie? Xe

jes colors. pou p̄ suiz este ne flors
ger cors ne douce acoītāce beax
resgar ne cōtenance ne colors.
en nos na point dastenan ce
ce deust p̄mre i. pors. G̃uil
laume qui ce demāde bien le
remoine colors r mls̄ a pou co
noissāce qui nen ua au lit le
cors que soz beax cōtors p̄er
on cele seurtāce dont lon soste
de doutance r de freors. tant s
me soie en balāce nier iames
cuers sanz paor. Ḡ tre por ne
ne uoudroie q̃ mls̄ meust a ce
mls̄ q̄r celi cui iameroie q̃
coit maurot conquis puis
ueoir en mi le uis r baisier a
si ḡt ioie r embracier doute
uoie amon deus. saichiez se
lautre p̄noie ne seroie pas a
mis. G̃uillaume se der me
uoie folie aues entreps que
se me la tenoie ne prendroie
paois. ia por esgarder son uis
a paues ne mē tendroie saue
chose nē auoie. iai mieuz ps
q̃ptir se nos q̄oie nē por
teroiz cun faus ris. G̃ir a
mois ma si tost p̄s que tiés sui
ou que ie soie r soz G̃ilon mē
metroie a sō deus li quelx ua
phis droite uoie ne li quelx
maintient le pis G̃ uillau
me fox r pensis item a droiz
tore uoie r cil qui ensi donoi
e

est mout chaitis. bien vuil que
gilon en croie r soz iehā men
sin mis.

que il ne puet nul bien auoir
emprore ce dont il morir couuent ami p estouoir. mais q̃
il ne puet remenoir ou ueoir
a plus de secors ꞇ ou pler qui est
dam ors si bel ris ꞇ si solacier feront ma dolour a legier. que
ie ne uuil estre semblanz mere-
mellin ne ses patanz . Si ꝟe
uos auez mout bien plus de uꝛe
amie resgarder. que uoz uentl
gros ꞇ farsiz ne pooit soffrir la
deset. ꞇ por ce amez uos le part
que uoz solaz nest prouz aillors
en sinc ua. de faux plaideours
dont li semblant sont mecon-
gier. mais dacoler ꞇ de baisier
fait bone dame a son ami cuer
large leaul ꞇ hardi. Raoul
dou resgart mest autis q̃l doit
plus ami conforter. questre
de nuit lez li pensis. la ou len
ne puet alumer. ueoir oir ioi-
e mener. len ni doit auoir fors
q plors. ꞇ sele met sa main aillors quant uos cuidera embracier se la potence puet baillier
plus aura duel ie uos affi. q̃
de mon gros uentre sarsi. Rois
uos resemblez le guaignon qui
se uenge en abaiant. pour ce
auez mors en mon baston de qi
ie maloie apuiant. mais pris
auez a loi denfant. car il nest
si granz tenebrors se ie tenoie le

douz cors de ma douce dame ē-
bracie que ia peust me emuier.
et si me puis mieuz deliurer
de mon bordon q uos denfler
Raoul iaig mieuz uꝟe tençõ
a laissier tout cortoisemt que
dire mal dont li felon ritoient
ꞇ uilainne gent ꞇ nos en serieñ
dolant. mais mout uaudroit
mieuz en amor ueoir roir q̃s-
tre aillors rire pleur ꞇ solacier
douz moz qui sont cuer gatoil-
lier ꞇ resioir ꞇ saoler q̃ en tene-
bres tastoner. *Gaces Brulles.*

S'Opris damours et
ploins dire mestuet p effort
chanter se men peusse escondire de tor lai laissie ester: ce
me tolt ioer et rire q la me
couuent penser ou len plus
puet mon martyre...

ni puis truuer.

ni puis trouer fors bien amer.
Iai mainte fois oi dire que cuers
fait desesperer. li esmai z li consir
re doiuent la ioie amener q leur
amis desirre. en ce me doi oforté
bien me puet ma dame ochirr
ia ne mi uerra fauser cest sanz
finer. Doucement mestuer
destaindre qñt ele me dit amis
desormais puet bien remaindre ce
quol mauez requis qmorz est le
gierre a faindre puis quel change
en ii. pail la ou autres puisse a
taindre ne sera ia mes cuers mis
si lai empris Le ne me sai de
li plaindre ne ne sai ce mest auis
trop seroie fort a destraindre mes
cuers puis quil la enups. de tanc
est ma dolors graindre que ie lai
de loing aps adesanri ou a faind.
vertu ma ses douz ris z ses clers
uis. Damors ne me puis deffé
dre face de moi son plesir legie
remc me puet rendre ce quel
ma fait deseruir. bien lai aps
aatendre ne doi perdre por sof
frir. las por ce nest mie meudre
mangoisse dont ie sopir sanz
repentir. ame mois en uoi
entendre a trichier z amentir.
mais onques ni soi apredre
si puisse de uos ioir. a ce uos en
poez pndre que lcaul sonc mi

sopir si est granz pechie de uedre
ioie que len puet mettr a cel
desir. als cor dit quamours
emprendre ne doit nus fanz
maintenir usqu morir.

fanz atente de guerre 
don moutroi a ma dame ser 
uir. puis que toute senten
aon a si come a moi hair q 
le mort a desraison ia dex 
mais ne men doint ioir de 
rien fors que de tot morir 
quautrement ne me puet fail 
lir lire dont el seit la choison.
tant mestier a de guerre
don quiainz ne fina de suir
et ge ai si mentenaon quil

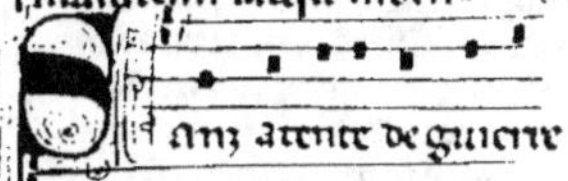

me couient mourir bien hair.
por ce si tient a desraison de
proier touz iorz sanz ioir. mon
aing celui ne q̇ mourt q̇ a ce ne
puis ie faillir. si en ai leal achoison. Mout tieng a cruel la
prison dont fins amis ne puet
issir. por ce se mon cuer ai felõ
qui son mal quist por moi trahir. or ni uoi autre rançõ fors
que daten dre et de seruir. les max
dont nus ne puet garir. fors ou
trichier ou mentir. mais ni morrai se leaus nõ. Dex tant me
plait ceste prison que ia uoir ne
quitisse issir. mais li losengeor
felon qui se poinnet de moi t[ra]-
hir. ne uuelent pas ie trancon
lor cuers ne le porroit soffrir
ensi ne le puis ie garir. quant
au trichier ou au morir ne pan
roie se ma mort nõ. Onc p[...]
eix ne me quier garder. que
plus naie ame et proie. tout
sanz trichier et sanz fausser. la
mour qui tel soing ma lessie.
se les. ii. parz deli ami ne me
tole bien est sanz priere on max
voint ma dame congie. dou
felon panser retorn quele a
por ma mort conciae. Bien
deust ma dame garder. a ce
que tai. v. anz proie. se ie la
uousisse fausser. bien sai pie-
ça que leusse laissie. mais tant

la nuil de cuer amer q̇ ia doucors naura pitie. espoir si lai
fait sanz congie. mais grief
sera a retorner amors puis
quele a conscie. Nupuet ma
chançons definer damors qui
si ma essaie. le conteroffroi ai
proie que nait euue de fauss.
mors serien s[an]p son pechie.

Onc ire damors enseig-
na. a nul deshaitie a chanter.
ie lui cil p[ar] cui on saura. quel co-
soil el en puet doner. car iter est
ma uie et uos qui moez demen-
ter ne uos retenez mie porce de bien amer. quele a bien
pooir de merir toz les max
quele fait sentir.

l'Envoy manque

Ce Couplet Manque

Ou ma dame me dont congé

Toz les max
q̇ dex cõmanda

et q̃ dex porroit recourrer au tai ie
retrait ma dame·lui· por uos q̃
ne puis oblier· dautre amor nai
enuie· icest est sanz finer· rien re
pentirai mie· ne s sere muir· si
uoing ie mame auos seruir· q̃ fet
li cors nou porra soffrir ⸿ Et por
ce dame uos remãt q̃lx est la
uire uolentez· uole; uos q̃ i aten
de tant que losengier soient pas
se· uolentiers le seroie· mais
li mouz en est si puepleȝ· que
trop greueȝ seroie amȝ q̃ passe
fussient cele enuieuse gent q̃
li plus dou mõde si prent·

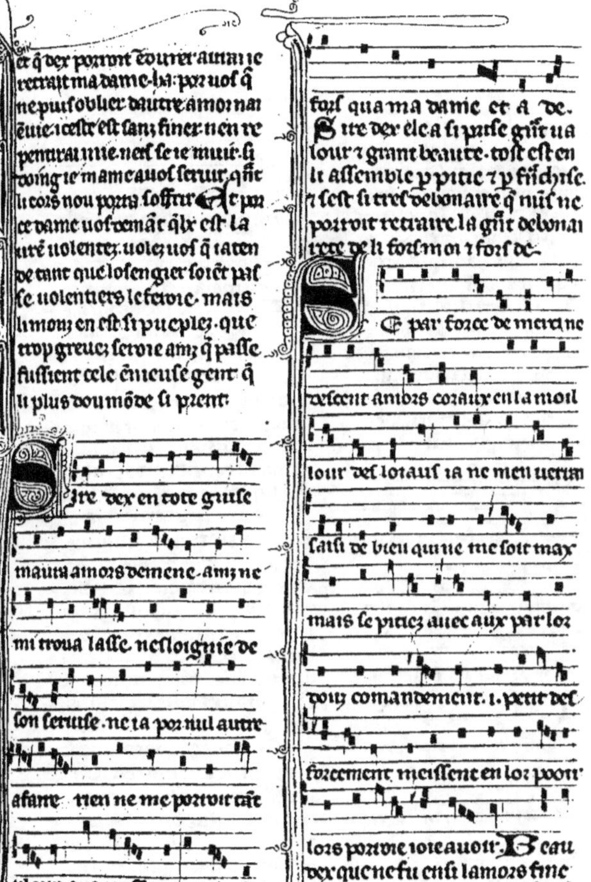

igaus. mais ce que nors est en
li tiennent a honte li faus. dex
qui les orroit en traus conter
oire souent les faus a deuinent
de faire mi conge uoir por fin sa
manz receuoir. De uos renu
rer ensi cest muerre chascun ior
nal. et la colors naturaus de la
face que teur. cest fins rubiz et
cristaux li sorez semblet esmar
en or assis finement. et li huil me
font por uoir lestoile iornal par
uoir. os estes li suplaur
royne den tendensi et donour de
pls de iouent uos a bien uer
trait a bou. qui abat felon po
oir.

sen de cortoisie me fait a
mors si de fin cuer amer que
tuit mi mal me sont douz
Si doucemic me fait amors uolori
sanz amer. qil mest auis cil
ment p echerie qui dit quamors
li fait mort receuoir. car bone
amors est pmenauble iue qui
bien aime il ne li grieue mie sil
a trauail de ueillier de penser
cest fins desouz damie desirer.
Le la desir si de leal uoloir qn
li meuoir sa douce compaignie
dex con ie laing de cuer sai de
ceuoir. sanz traihson sai poit
de uileme. nest pas amanz qui
trop quiert a samie. ne tor ses
biens uuet ali acheu. nus gen
tilz cuers ne si doit puis fier.
Des maux damors me lo fors
de raison. car cest li max qui
plus ma fait greuace souent
me dit q ne doit guerredon
pas receuoir de si haute uailla
ce. mais leaute ou ie ai ma fi
ance fait tant por moi que ie
ne puis cuidier. quaie serui
si lonc tens sanz loier. Et

puis que iai si tres bele achoi
son pmier cele qui sor touz a
poissance de moi don confort et
gariso. ie poi soffrir e(n) metre
en sa voillance mon guerre
don car iaing mieuz p soffran
ce i p son gre auoir mon desir
rier. que estre a mon bel oli por
cohaidrier. Chancon ua te
t si di la plus franche q soit ou
mont ce os bien tesmoignier
por samour chaur ni quier el
gaaignier. *Chastelains de Couci*

de ses coraux amis. mais nus
partir sachiez queque nus die
nest dolorous que dami i damie.
Se feusse de premiers alepren
dre queli congiez me tormentast
ensi. ieusse mise mamie en ure i
men salasse adeu graces et mer
ciz rendre. de ce que ainz soffrites
a nul iorq ie fusse beauz aime a
ure amour. mais ie me teing a
paiez alatendre puis q chacuns
uos aime si sanz prendre. Li re
uoier mamis en la folie doc ie
miere gardez maire saiso. daler
ali. oi ai quis lachoison. dont ie
mortai. et se ne muir ma uie i
uaudra bien mort. car cil qui
a apris a estre liez reuoisiez i io
liz. a assez pis quant sa ioie i fail
lie que sil moroit tot aunehas
chie. Vn confort uoi en ure def
seurance q ie naurai adeu que
reprochier. mais qist por li me
comment uos laissier. onques ne
iu si dure desseurance. car cil q
uoit tel amor desseurer. i na po
oir que puisse recourer. a assez
plus de duel i de pesance. que
nauroit ia li rois sil pdoit fra

ce. Par deu amors touz sui
hors de balance. por mestuet
de uos sanz demorer. tant en ai
fait que ne puis plus durer. et
sil ne fust de reinenoir uiltace
et reproche ialasse demander
a ma dame congie de retorner
mais ele est uoir de si tres grant
uaillance qua son ami ne doit
faire faillance.

I ai chante ne ma gri
te ualu au loing aler se deplait
me uaudra. meillor de moi ont
mainte foiz failli. mal dahazait
qui por ce se faindra de bien amer
que ma dame plaira. li guerre
donl men sera bien renduz. ali
me sui iusqua or atenduz. raten

plui uint con oz li plaira
Quent mot demande
la gent se ie ai p amors chan
te. se iaing ausi finement q
ien ai le semblant mostre. q
iai chante souent. mais bien sai
chent uraiement conques ne
chantai ne ia ne serai a toz de
ma uie sanz amour iolie.
Valors uient de me
ner bone uie ie deuroie bien ua

loir p̄ raiſon . car iai amoz qui
me fait grant ahie . ꝛ meſta
uiſ que tote la choiſon preig
ne damoꝛs qui que vuille ua
loir . ꝛ iai ſi mis treſtot a nõ
chaloir la auſencon de ceſt ſie
gle ꝛ lardue que ie ne quier
foꝛ chanter et deſoui   tr .

Chanter me fait la tres grit
ſeignoꝛie qui damoꝛs uient
et de ſon douz renon . car la pl̄
bele ꝛ la mieuz enſeignie qui
ſoit ou mõt me trét en ſa pri
ſon . he fine amour a cui tot
mabandon . ia ſauez uoſ que
ne fu ſi pꝛ̄ hom . con ie ſui pꝛis
ſe uꝛ̄ coꝛtoiſie ne me ſecourt
ma grit ioie eſt faillie . Ꝼ e
coꝛrez moi p̄ uꝛ̄ grit fraichi

ſe . ma douce dame cui iaig ſaz
repentir . certes bꝺ uoi iai grit
folie empſe . ſe de uoſ nai que
me face eſtoir . haꝺ . amoꝛs car
li faites ſentir la grit doloꝛ que
me fait ſoſtenir . er ſele uuet pig
ne de moi iuſtiſe . mais que toz
ioꝛs me lait en ſon ſeruiſe. Jl
uoſ ſeruir imil uſer mõ aage
douce dame ploine de grit ua
lour qit ie remir iuꝛ̄ ſimple
uiſage. qui eſt touz plois deꝑ
meſſe damour . mes cuers fré
miſt de ioie et de baudoꝛ. puis
apꝛes ce me pꝛent une doloꝛ q̄
ne me lait deſcourir mõ coꝛa
ge iiſuoſ dame cui iai fait lige
homage. Or eſt enſi que ie
noꝛ ma penſee . ne ma dolour
qn chantant deſcourir . iiꝺ ma
dame que iai lonc tenꝺ amee.
ne ia nul ioꝛ ne men quier de
pꝛtir . car ie laing mieuz ſaz nul
eſpoir ſeruir . q̄ dautir dame a
noir tout mõ pleſir. ſꝫ chatenn
ce chant q̄ milt magrre pout
la moillour qui ſoit en la con
tree . Por retioz dou liege mõ
chant ie uoſ cuoi . mais ſachieꝫ
bien deſ mauſ q̄ ie ſoffroi . ne
garirai ſe cele ne ma lege . q̄ pꝭ
legier me puet fare q̄ liege .

Or toutes riens ſoit

amors honoree. car p li sont li
non sachant nozri. et li choraz
lor ualor recouvree. et li preceuis
en sont rauigore. et li sage en
sont desnature. si que dou tot
renienent en lenfance. si met a
mors bien ı mal en balance ꝫ
Mois ꝛ amors sont de grāt seig
norie. bien les voit on ensāble
comparer. car tot le mont ont
pris en lonerie. ne nuls ne puet
de lor laz eschaper. bien aut de
ceu qui lor ieulz fist creuer. la
mours ueist ne croi que que
on die que uraL amāt euissēt
longe uie

et yuers. que nient estez que
li dour temps repaire se doit
fraindre li faux proierres sers.
et fins amis. amender son afai
re. et ie dout mout quil ne me
soit diuers. se il tor est es au
tres debonaire. mais tant me
fi la ou beautez repaire. quā
ymanz sui se tour nest uers
Par deu amours
ainz serai taiz ꝛ pers.
moi fers. et plus destroiz que
cil qui porte haire. q̄ ne sache de
uoL ꝛ. autre uers. q̄ nest ici. qui
tant me fait mal traire. ne soiez
pas come li cignes sers. qua des
bat ses cigniez qn̄t il lor doit

mieuz faire. q̄nt il sont grant z
il uient a son auie. 7 a pmiers les
anortiz 7 cers. ¶ cule pomne
qui guierredon atent. ce est ai
se qui bien i set entendre. car q̄
a desuuier faire son talant. on i
puet bien mainte chose repren
dre. 7 cest cheuauchier mout a cene
ement qui ne seuet lor grant ho
nour atendre. en amors a maint
guierredon a prendre. dont el p
puet bien son duel faire ioiaue.
¶ Certes dame bien cuit a cela
ant ni doi perdre se ne me puis
deffendre. de uos amer me ua
amors hastaut. que ie me claim
uomai sanz plus cop prendre
et uos tenez le baston en estant.
si faites tant c̄on ne uos puist
reprendre. 7 ie uos uuil apuec
ce tant aprendre. se mociez ni
gaignerez neant. ꝗ nus
pint nul nul oiselet au broi q̄
nou mehaint ou ocit ou a fole.
7 amors pint tout autretel co
roi. de mout de cel q̄ el tret a
escole. ceuit les atie si lor most
por quoi. a pmiers est dracus
si liez q̄l uole. mout matrait
uel mais cune faus pole que
uos dirai de ci ce poise moi.
¶ Chancon ua ten cele part ou
ie uoi douz cuers au mois q̄q̄
die en pole. 7 se mi huil sont
loing uauem ice ma fole. mes

---

ie me si tot ades en ma foi.

Dut qu'n est z lente faire

uenir. li arosers de laigue qui

chiet ius. fait bone amors croistre

1 naistre 7 floru. li remebrers

par costume 7 par us. damor

leaul nieit ia nus au desus. aiz

le couuent au desoz maintenir

por cest ma dolour plaine de si

grant paour. dame si fait grant

uigour de chanter quant de cuer

Pl euist a deu pmies
plour. tysloe. car ie su piru
mus. mais ie uoi bien ce ne

puet auenir. ensi morrai que
ia nen aurai plus ahi bele g sui
puof confus qit oit carrel me
uenistes ferir. espl dardat feu
damor qii r uos ui le premier
ior. li ars ne fu pas dabor. quil
trait par grant doucoi O a
me se le seruise deu amesse au
tant a priasse de uerai cuer en
tier. con se fais uos ie sai crain
nement. qn pira dis neust au
tel loier. mais ie ne puis ne ser
uir ne proier. nului fors uos
a cui mes cuers satent. si ne p
puis a poeu oir. q iai ioie en doie
auoir. ne ie ne puis ueoir fors
deilz clos 7 de cuer noir. La p
phete dit uoir quipas ne met
car en la fin faudront li diuici
rier. 7 la fins est uenue uoirteme
q criaute liauic mei 7 pier. ne
seruises ne puet auoir mest'
ne bone amor natendre lon
guemc. ainz a plus orgueulz
pooir er bobanz q doiz uoloir
contre amour na sau non qua
tendre sanz espoir. H ygles
sanz uos ne puis mai trouer.
bien sai et uoi g touz bien ai
failli se uos ensi me uolez eschi
uer que uos demoi naiez quel
que mci. ra naure3 mais nul
si leal ami. ne ne porte3 a nul
ior recourer 7 ie morrai chetis
manie mais pis loig de ure

beau cler uis ou naist la rose
7 li lis H ygle iecoitoir apris
a estre leaus amis. li ne uau
droit mieuz. 7. ris de uos qui
pardis

Aubins de Sezane

chasti . q tant p est voit au co
menst tant que fins cuers aue(z)
pert sauli r son homage rqst
il plus uos criera mei . plus cro
net a outage . por ce sui de uos
cornes si ne voi estre blames .
Ce saichiez bien q a amors
satent que ia naura nul peour
euem . plus est crucir quant
on moms se deffent ne hert
rien tant g el fait son ami-
bie est sauuage ha: q sauroit
les maus que icn senti r la poi
ne r la rage . tant seroit cosp
uez sil uestoit plus q desuez .
Quar amor a mauuaiset
roichef tant . pqoi ca la le pe
oir icu parta . qui aime a des
que al qui se repent . scsiouliz
cuers uaut mieuz de cuer mr
ti . quen lonc seruage est qui
aime . quamors est rele uos
di de tel usage . que iamais
hon qui soit nez qui ait ne
sera aimez . co Toutes les
riens cunilitez deffent . r cor
tisie r franchise autresi faite
amors ce sait certainnement . por
cai a uos r uos amor failli mal
seignozage fait mal sentir.
p ce uos ai guerpi q mon do
mage partin com uos sauez
en uoz griz desleautez Cer
tel amors iames bie fuient
naimera nus p ce ne m auoi

ci . tant uos trouа orgulouse
r tiramt sanz guierre do non q
pitie ni ill . quautre uiage sui
gra que uos bien le saichier de
ti tot mo aage . q ist re uos siu
eschapez bien sui fins cuers co
ronez . A mon maistre ten
ua chancon di li fai cest messa
ge. q men conges r uitez mout
fait amors dire assez .

Jaces Bretes

ant ma mene force de
seignorage et une amor qui
au cuer me deseent . q ie ne puis
plus celer mon corage li chan
terai sele nou me deffent . q
cele ma greue cp longuement
qui de mon cuer ne prist oncho
hostage puis quele lor en son

comandement. ge ce q̃ ie lainc
si amorousement. quen li amer ne
crien mort ne domage. telr est
l'amours qui meflame. 7 esprent
morir en puis. mais point ne m
men repent. q̃ mon fin cuer li do
nai dauantage. quant iesgardai
son cors p̃ mierenit. V̇ ne desriés
qui plus me tient en ire. ce me 1
fait ce quele fait beau semblant
its une gent con ne puet trop des
pure felon sanz foi cruel 7 mesdi
sant. et q̃ir les uoi deuant li e
nuiant lors si ne sai q̃ faire ne
que dire. tout esbahiz me obli
en estant. D e ceste amor donc
ietrai a martyre. qui deuant
li me fait dormir ueillant. ne p̃
roit nisee cuit mon mieuz es
lire. car autrest mi renoil en
dormait. lors uient sa ioie. et
uient a son talant. si angoissor
me truis a lescondire. qua pou
mes cuers ne pt en sopirant.
Douce dame onques ne me sor
faindre. de uos amer ensi lai
comiete. ma uolentez en est
chacun ior graindre. ne cont
ce nauez de moi pitie. q̃ amors
le ma comande 7 proie. q̃ fis
amis doit morir en atendre. ce
quai touz iors penser 7 couoi
tie. puis ne se doit de leaul

amor faindre. puis q̃l ia son ser
uise outroie. ce nest mestis
tant ne nu ser destraindre. que
ia tis li aie mon cuer irie. et se
li plait milt ma bien eslaie on
ques ne soi deceuoir ne ataim
dre. dont maint felon se seront
auantie O es giler lone tens
ma fuaillie ni a leautez q̃ ne
puet pas remaindre - Blondel de Nesle

Tant ai en chantant
proie. que bien porroit mais
remenoit. puis que de moi na
pitie. cele qui set bien mon
uolon. si nen puis auoir con
gie qua fine amor a outroie
tant q̃ iaie sen ne cuer ne poir
ne laisserai mon chant ne samusiie
Comit quele mait lessie en

ure et en dolor menoir. douce
mir m'a engignie se iap l'ne
au dote auoir. q qui me tieg
ne a trichie. ie di que bien ai
emploie. se ma dame feisoit de
moi voloir. les maux q mont
por s'amor trauaillie. Douce
dame en uitre cuer maic r'en uitre
facon la ioie qui me soffraint
de tau ia rente le don. que uo
sfichise m'amaie. que ie n'aie
puofse dolor non. donc ne sai
ie qui a ioie remaie. Ia ne
quier q nuis me soit a issit
fors de prison. ainz uoi bien sa
mour m'atainresen ils li faug
trahison. q ia de moi ne se
claint. mais si ï or me desfint
sanz ia auoir garison. ne ta uo
loir ne li doint quele maio
Mon cors out assailli li mal
d'amors si mont greue. mais
ainz ne si desfendoi li cuers qi
ioi tiuue. dame or en aiez
riia se de moi ai fait uitre a
mi. a la bie de uitre gitt beaute
ne men deuez tenir por ene
mi. ci~ ci. ci.—Vidame de Cha-

tres.

Chintant mestuer plambie...cest

Ant ai d'amors quen

destraindre. ne ia mõ vuil ne
parust a ma chiere. p maintes
foiz me sui penez de faidre dautre semblant dont li pesers ni
ere. qua des cuide esquachier
⁊ ataindre la uolente q̃ toz iors
iere por ioie auoir. Dame. S or
toutes riens vuil auoir sa coi-
tance. dex por quoi lai q̃ ne me hu
ehee. q̃ ce me trait iire ⁊la grñe
pesance q̃ iames nuert de ce miẽ
cuer ostee. ha quai ie dit. ainz
est suens sanz faillãce. nõ est
p foi puisq̃ ne li a gree. ne miẽs
ne siens dont est il en balance
si ne puet pas auoir longue
duree sanz ioie auoir. Dame.
Beaux sire dex con est morte esperance. ⁊la dolors qui mest au
cuer entree. ⁊ se ien muir mlẽ
iert pour ueiance. ce poise ⁊
moi quele en sera blamee. niet
pas ensi comt donc p soffrace
portoit estre ma ioie recoure-
e et se de li me uient ma deliurã
ce. touz iors serai mais fors de
la contree sanz ioie auoir. Dame. Mout liaurai ceste mer
ci requise. dex tant la vuil ne
cuit q̃ ie la uoie. ne ie ne sai q̃
ensi la apruse. a moi greuer q̃
en li me fioie. chancõ ua tan
si li di aueurse. les max q̃ sent
⁊ soffre toute uoie. mais se de
moi neli est pitiez p̃se. ie sai

de uoir q̃ longues ne uiuroie
sanz ioie auoir. Dame. Ainz
de uolour noi faite iustise. las
or comper ce q̃ plus desiroie.
cor uoit amors qua seruir lai
emprise. ⁊ que por riens par
ne men porroie. dex ia direi en
qñ amor a franchise. ie cuit mais
plus uolentiers le sauroie. q̃
sele est tex ⁊ chascuns la deui
se. ia uoir deli ce cuit ne partiroie sanz ioie auoir. Dame

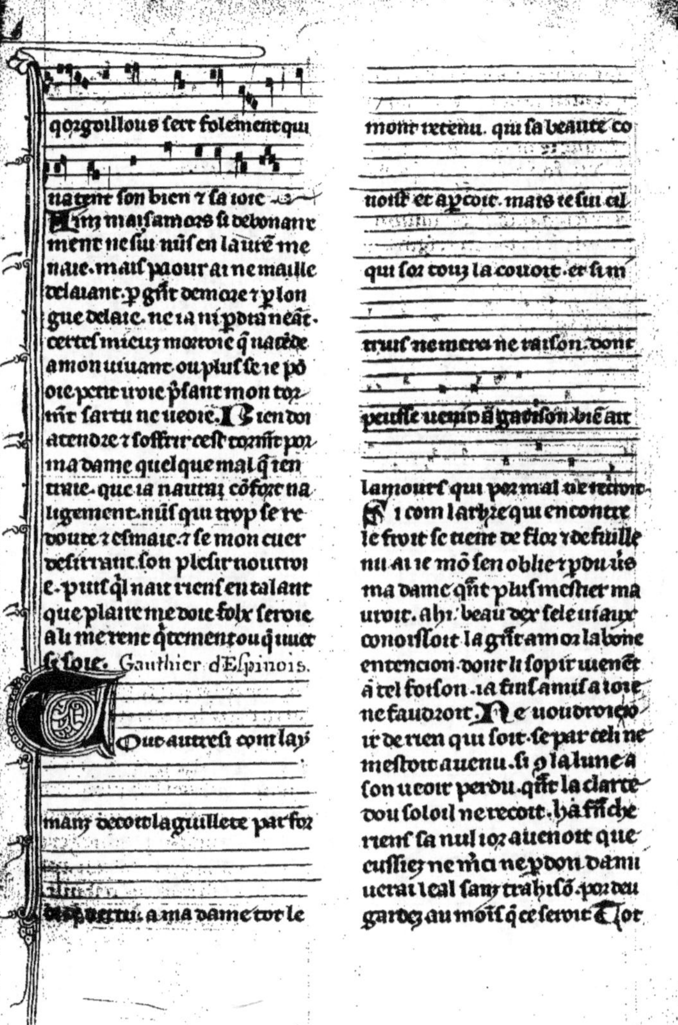

gorgoillous sert folement qui

naissent son bien et sa ioie
Ains mais amors si debonaire
ment ne sui nus en lautre me
naie. mais paour ai ne maille
delaiant. p grnt demore et plon
gue delaie. ne ia ni porrai neant
certes mieuz morroie q nacede
amon uiuant ou plus se ie po
oie pent uroie psant mon tor
mir sartu ne ueoie. Bien doi
atendre et soffrir cest tormte por
ma dame quelque mal q ien
traie. que ia nautrai cofore na
ligement. nus qui trop se re
doute et esmaie. et se mon cuer
desirrant son plesir noutroi
e. puis q l nait riens en talant
que plaire me doie folx seroie
a lui me rene q tement ou q iuer
se soie. Gauthier d'Espinois.

Qui autresi com lai

manz decor la guillete par for

Des uertu a ma dame tor le

mont retenu. qui sa beaute co
noist et aycoit. mais te sui ol

qui soz touz la couoit. er si m

truis ne mera ne raison. dont

peusse uenir a garison bien ait

lamours qui por mal de redoit
Si com larbre qui en contre
le froit se tient de flor et de fuille
nu ai ie mo sen oblie et pou uis
ma dame qnt plus mestier ma
uroit. ah beau der sele usauz
conoistoit la grnt amor la boine
entencion dont li sopir uienet
a tel foison. la fin amis a ioie
ne faudroit. Ne uoudroie io
ir de rien qui soit. se par celi ne
mestoit auenu. si p la lune a
son ueoir perdu. qnt la clarte
dou soloil ne recoit. ha si che
riens sa nul ior auenoit que
cussiez ne mai ne p don dami
uerrai leal sanz trahiso por deu
gardez au mois q ce seruit Flor

ausiment com de l'ombre puet
q ce muert ia ne senti ne tenu ma
ma dame sanz plaie ou cors fe
ru. que ie ne sai dont muet ne q
ce doit. fors du resgart q ie ui
q le auoit mais o le truis si cru
el et felon. qua incois lauroie
c. mile foiz. t. hom resgardee
quele lui une foiz.

R. de Nauarre.
7222. R. ——
Se. M. S. Clair?
attribue cette chanson
a Perrin d'Angecourt.

prier mon quel faire deuenir
mors me fist vilai
ne cortoisie qnt en tel
ioie. leu uolt mon cuer em
ploier. ou der a mis de ses biens
gnt prie. q toz li monz i auroit
q psier. ie cuidoie q mat fussiet
tuit sage. sage non sont. iaing
t si faz folage. car iaing dame
que prier no seroie. t si uai huil
si hardi q lauoie ele q iaig
est de tel seignorie. q sa bontez
me fait outrecuidier. qnt ie la
uoi ie ne sai que ie die si sui so
pris que ie ne los prier. las ien
morrai sele ne ma soage. sele
moert trop fera gnt outrage.
tant sent por li de mal qui me
guerroie. lespoir n estoit sosfrir
ne la porroie. ame en cui
sest toutte honor asscgie a moi
greuer poez tornir pechier. se
fine amor nos a de moi saisie
ne me deuez por ce plus metre
arrier. uns hons de noig leauf
de fin corage dune chacon rien
due a heritage le ior de may der
doint que bien lemploie. car
ia naurai uoloir que ie recroie.
He mesdisant uilaine gent
haie de moi greu uos uoi a pa
roillier. t sachiez bien cest mlt
gnt uilenie. car ie sui raz q ne

auroit mestier

auroit mestier. mais la concor q
manie en son uisage de leautr
li porte tesmoignage. por ce si di
prnour quele nos cruie. se la dur
te de uos ne la mesuore.

Gilbert de Berneuille

Tant me plait a estre a
mis ma dame la ou ie pins.
quil mest tout a desauis que
prines amer comanz. ne ie nai
nul senz qui ne soit touz uis
en amer toz dis. et si namesser
quil soit autrement tant con
soie uis ie ne soie biz se ie me
morf mon cuer
auez ps. certes ne sui
repent pas dolanz. aiz en sui
liez i ioliz. mais uenez toutes
dedenz. uo gina de menz mett

la desoiz. sil est trop penz li
cuers i il sent plus iolieue ne
puis estre ocis. de ma mort ple
uis la pes bonerut. Se sinoi
e a tel honor qsit ie deutroie ii
monr. nauroie mie plour de
si fuite mort sentir. ne porquat
emplir ne puet plus amors
li cuers a mil tor. samors de celi
que ie criuiei m uient par ce
toz porroit de doucour bien
rompre p mi. Tante cuer
pfait de ii al tor en toz bien fer
i entier. a madame de moillor.
ne me porroit souenir. mais
leal desir font en moi seioz. q
ia por dolor meurit amenri.
car de cuer dami la set i a our.
nonques mais greigii lamor
ne senti Chancon tu te ttuf
la ou iai tout mo cuer dome.
la damae dou mont tauin q
plus aime en uite foi i leau
te. i qui plus en a en sa merti
ma amors iugie. i iai outrue
qnque li plaiu. mais quil mi
ait iapsie de congie.

Elr nuit qui ne puet
aidier bien lai proue p ma
mie. al ne morent ganef chier

qui en ont fait m'enemie . mes
disant plor enuie dex lor en
uoie encombrer . car contre
couz ne puis nue . | claing
si ne li os
dire . la par-
moi ne le saura . si croi ce sera
folie en autre leu son cuer a .
ne porquant aucuns dit ma . q̃ ie
per p cohardie bone amour
mais ce niert ia . S ele sauoit
ma pensee la bele blonde au
cors gent . briẽ seruoit guerre
donee la poine q̃ por li sent .
mais ele si pres gardee si croi
p mõ esciant auoir ma poi
ne gastee . ereis uolen dou
cement douce dame deuonai
re la dolor que por uos sent
nis ne uos porroit restre . se
ie muir por tel a faire sanz a
uoir alegemt il uos deuroit
mout desplaire . Chancon
nete tu iras a ma dame sim
ple z coie . et depar moi li di
ras q̃ siens sui ou que ie soie
he la cele nest pas moie . se ai
tant le cuer uolat plus que
dire ne porroie .

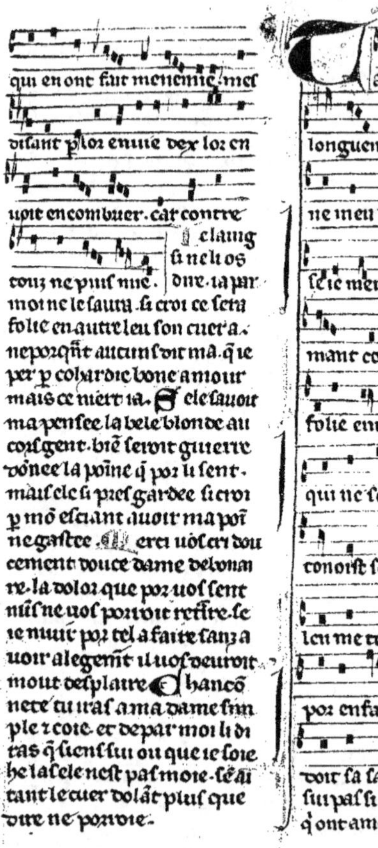

...aut ai amors seruies
longuement . que des or mais
ne men doit nus reprendre .
se ie men part or a deu les co
mant . con ne doit pas toz iors
folie emprendre . et cil est fox
qui ne sen set deffendre ne li
conoist son mal ne son tormt
leu me tendroit des or mais
por enfant . car chascuns tens
doit sa saison atendre . I ene
sui pas si con cele autre gent
q̃ ont ame puis q̃ uuelet prend

et dïet mal p uilaï mautalät.
mais mus ne doit seignor servi
se vëdie. encontre lui mesdire
ne mespndie. z sil sen pt parte
sen bonemt. endroit demoi vuil
ie q tuit amant aient gnt bien
quant ie plus ni puis prendre.
Amors ma fait maic bie tref
que ici. gle ma fait ami sanz ui
lenie. la plus tres bele z la meil
lor aussi au mien cuidier. aussi
qui onques fust choisie. amors
le tuier z ma dame men pe que
ie men pte. z ie moult len merci
quat par le gre ma dame men
chasti. mollor raison ai te ama
partie. Autre chose ne ma a
mors meri. de tant con ia i este
en sa baillie. mais bien ma dex
par sa pitie gari. qnt delivre ?
ma de sa seignorie. qnt escha
pez li sui sanz perdre uie. ainz
de mes ieulz si bon estre ne ui.
st cui ie faitte encor maint ieu
parti z maint sonet z mainte
renvoie. Qr me gart dex z
damours z damer. fors de cele
q len doit a oier. ou len e puet
faillir a gnt soudee.

Sanc de solaz ome iai
por chanter dame mestuet

deguerpir z laissier qnt ie ne
puis en uos merci trouer trop
couendra ma chancon em
pirier. por ce le laisse que ioie
mest faillie quant en uous
nai atente ne fiance. ne ia
vaillors ne quier auoir ahie
tost ai perdu confort et espe
rance. Qe me pfait dou 
tout desconforter
quaillois ne por la
grit amor chang dor ie ne pot
mon corage celer. uers uos
dame cui ie nox mais per.
orguelz a la maite beaute
trahie. por uos en ai souent
ire et pesance. mais se dex
de ce uoloit que
touz biens desauance

Dame de vos ne me sai ou cla
mer. car sanz amors ne me puet
rien aidier. por ce mestuet pl9
et plus comparer. uoz grant ua
lors que mar soi a coutier uostre
beaute et uostre cortoisie dont mo
ciez uos et ma mescheance ont
si de moi toute ioie partie. quant
ie uuf don nai en aleiance.

Com hons iriez doi folement
parler. cil cui amors puet si des
consoillier. con el fist moi qui
ne m'i soi garder. si croi ma
mort quant ma uolente quier.
ie nel di pas dame par felonie.
mais bons destroiz est toz iors
en errance. si par uuil tenir la
uostre compaignie. que li desirs
double ma desesperance.

Dex qui porroit si grant amor
porter qui toz iors croist et sanz
apetisier. par mon fin cuer qui
ne set oblier. ce que trop uuil
si ne mestoit mestier. ne faz
pas sen ne ie n'uuoi folie. quar
force uuet cele ou ie nai pois
sance. tant a sor moi amors
grant seignorie. que mestuet
raison et abstenance.

Ha cuens de blois amors est mal baillie
se le moert qou reaume de
france ne sera mais si leaument
seruie. nes par uos car ie la pris
denfance.

Quant ire ma... la ... (marginal note, partly illegible)

Aiant à en li biauté et cortoisie... qui me destruit raison et abstenance.

l'Envoy n'est point dans le M.S. de Cl.

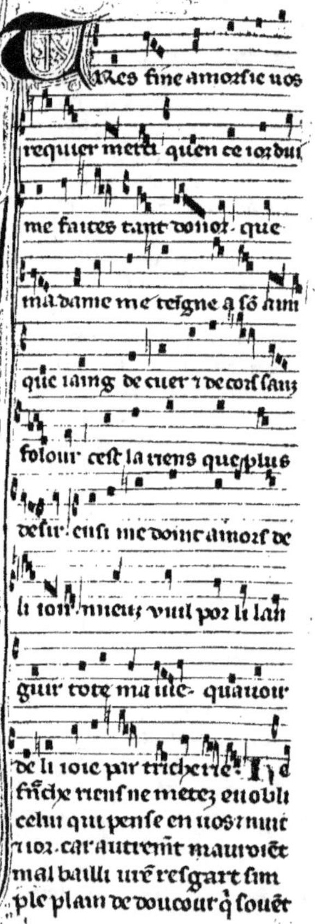
Chieres fine amors je uos
requier merci quen ce ior dui
me faites tant donor. que
ma dame me teigne a son ami
que iaing de cuer et de cors sanz
folour cest la riens que plus
desir. einsi me doint amors de
li ioir. nuienz vuil por li lan
guir tote ma uie. quamour
de li ioie par tricherie.

De franche riens ne metez en obli
celui qui pense en uos et nuit
et ior. car autrement mauroiet
mal bailli uostre resgart sim
ple plain de doucour que souent

sanz lone delai. ainz que felon
sen puissent perceuoir. et cest
larrens dont plus souent mes
mai. quil ne saichent la pensee
que iai. uis ma dame dont toz
iors me souient. car de li muet
touz li biens qui me uient. Par
deu amors bien uos doi hono
rer. 7 touz les iors de ma uie a
uisier. por ce que uos me feistes
amer. dame plesant ou il na
quesloignier. en li uost dex tãt
de biens essambler. q̃ ries m
faut q̃ gi puisse trouer. fors que
merci dont poit ne truis en li se
ai. le cuer. 7 le cors i mois iou..
Certes bien sai qil couient en
durer les fins amanz q̃ aiment
sanz tricher. 7 les dames ne font
pas ablami. seles uieleit lor a
mis essaier. mais q̃ en puet i
leal trouer. celui doit on er
cuer 7 cors doni. por moi le di
q̃ ainz ne refailli de bie amer
des q̃ p̃miers uos ui. Douce
dame q̃ iaing sanz repentir en
uos ai mis tot mo entendemt.
si me doint dex de urs amour
ioir con ie uos aig de cuer en
tieruit. trop loguemt maui
fait a languir. sil uos plesoit
rens seruir de merir le guer
redon qai lonc tens atendu
ou se ce non mar uos ui et
mar fui.

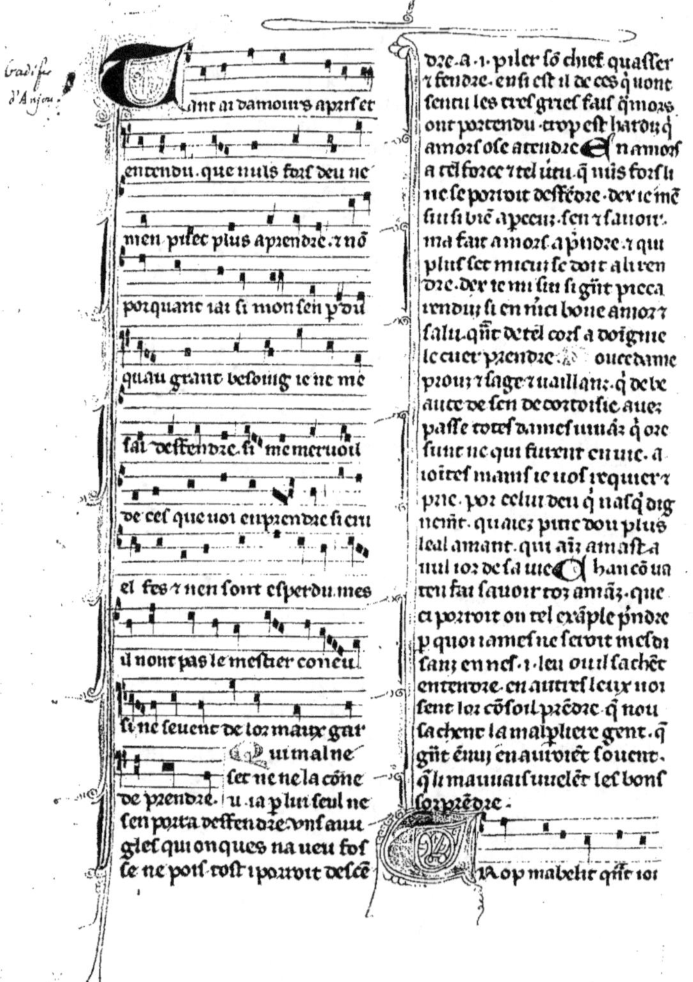

Tant ai damours apris et
entendu. que nuis fors deu ne
men priset plus aprendre. ⁊ nõ
porquant iai si mon sen p̃du
quau grant besoing ie ne me
sai deffendre. si me mervoil
de cel que uoi enprendre si cru
el fes ⁊ nen sont esperdu. mes
il nont pas le mestier coneu.
li ne seuent de lor maux gar
Qui mal ne
ser ne ne la cõne
de prendre. u .ia plui seul ne
sen porta deffendre vnsauu
glet qui onques na ueu fos
te ne pois tost i pouoit desce
dre. a .i. piler sõ chief quasser
⁊ fendre. ensi est il de ces q̃ uont
senti les tref grief faus q̃mors
ont portendu. trop est hardiz q̃
amors ose atendre. En amors
a tel force ⁊ tel utu. q̃ nuis fors li
ne se poroit deffedre. der ie mẽ
siu si briẽ apceuz. sen ⁊ sauoir.
ma fait amors a p̃ndre. ⁊ qui
pluf set mieut se doit a li ren
dre. der ie mi siu si gũt pieca
rendiz si en niei boue amor ⁊
salu. qñt detel cors a doigne
le cuer prendre. ouedame
prouz ⁊ sage ⁊ uaillanz. q̃ de be
aute de sen de cortoisie auez
passe totes dames uiuãz q̃ ore
sunt ne qui furent en uie. a
ioitef mains ie uos requier ⁊
prie. por celui deu q̃ nasq̃ dig
nemt. qu aiez pitie dou plus
leal amant. qui aiz amasta
nul ior de sa uie Chancõ ua
ten fai sauoir toz amãz. que
ci porroit on tel exãple p̃ndre
p quoi iames ne seroit mesdi
sanz en nef .i. leu ou il sachet
entendre. en autirf leux uoi
sent lor cõsoil p̃ndre. q̃ nou
sachent la malpliere gent. q̃
gũt enui en auroiet souent.
q̃ li mauuaif suuelẽt lef bonf
sorp̃ndre.

Rop mabelit q̃ ioi

au point dou ior le rossignol qui
crie quester reuient quamoine
fueille z flour. mais ce ne me fart
mie chanter par mignotie. car
se mes cuers moinne ioie z baut
dour. riens nen merci fort ma da
me z amor. ione saz uilenie.
gente de cors amorouse datour
z de touz biens garnie. itele lai
choisie. z si sat bien dex me fait
tant donour. q des bones ai es
lur la moillour. Nuis nest si boe
ne de si gric ualor sest en sa con
paigme quil napreigne cortoi
sie z honor de ce ne dor te mie
que nule fois mesoie. dex tip
sui lies qui recort sa ualour.
et sa beaute qst de fresche co.
lour < < u recordat ses bief
et sa beaute las useani ma iue
quencor ne li ai cofort deman

de. trop dour ne mesconoie a
morsp lor maistrie. quat ie la
uoi ne mi laissent pler au de
par couuent mes max doubl.
D ee ne do ittz mie. por uos
mortal ie ne puis eschap. ne
plus auant ne puet nus hos
amer.

De chancon
encor uuil fai
re por moi conforter. por celi
dont ie me dout. uuil mon
chant renoueler. por ceai ta
lant de chanter. car quant ie
ne chant un huil torment so
imple
et franche
nent aplorer. sam orguil
cuidai ma dame trui. mle
me fu de bel acuel mais ce fu
por moi greu. si sont en li mi

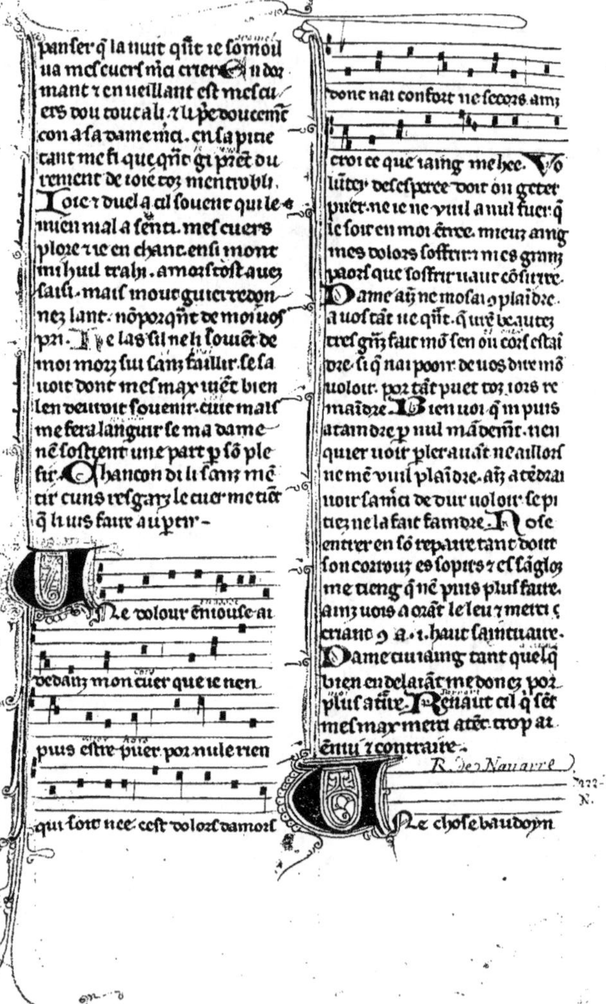

Roy de
Nauarre
122 - R.
N. Cl.

R. de Nauarre
122 - R.
N.

uof demanc fil auenoit a fin le

al amu qui fa dame a a amer

longuement ⁊ proie tant que

le en a merci . ⁊ li mande q̃ par

ler uefgne ali tout por fa uo

lente faire . que fera il tot auac

por li plaire quant li dit n !

beax amis bien uefgniez bai

fera il ou fa bouche ou fef piez .
ttre ie lo q̃ il p̃miermit en
la bouche la baift . car ie uos
di q̃ de baifier la boche au cuer
defcent une doucourf . dot fūt
tuit aǫpli li g̃ft defir p̃ quil
fetraiment fi . ⁊ ioie qui cuer
efclaire ne puet celer leaufa
mif ne taure . aiz li feble quil

foit toz alegiez . q̃ft de la boche
a la dame baifie. Baudoyn ⁊
uoir ie ne metirai ia . q̃ la dame
uuet tout auant baifier en la
bouche le cuer onqf n ama . q̃in
fi baife on la fille a i. berg̃r. iaing
mieuz baifier fes piez ⁊ miauz q̃
faire fi g̃ft outrge len doit aitr
que la dame foit fage ⁊ fens do
riequiteg̃z humilitez doit biē
iialoir a eftre mieuz amez . Si
ie iai bien oi dire pieca q̃ humili
tez fait lamant auancier ⁊ puif
q̃ mozf p̃ humilite la tat auan
cie que rende te loier . que il lait
que tant afmer tient chier . ie
di quil feroit folage . fen la bou
che ne la baife . car ie ai oi dire ⁊
uof bien le fauez . qui bouche
lait por piez ceft mocetez . Bau
doyn uoir ice ne di ie pas . quen
lait fa bouche por fef piez auoir .
mais baifier uuil fes piez i fine
le pas . ⁊ puif apf fa bouche a fo
uoloir . ⁊ fon beau corf o ne tiēt
mie a noir . ⁊ fef eulz ⁊ fa face et
fon chief blonc q̃ le fin or effa
ce . mais uof eftef bauz ⁊ defme
furez . fi feble biē que pou da
mour fauez . Trebien eft eo
recreanz ⁊ las qui congie a de
baifier et dauoir le douz folaz
dou corf lonc g̃ille ⁊ gra f ⁊ met
doucour de bouche . an fchalon
por piez baifier ne fait mie fa

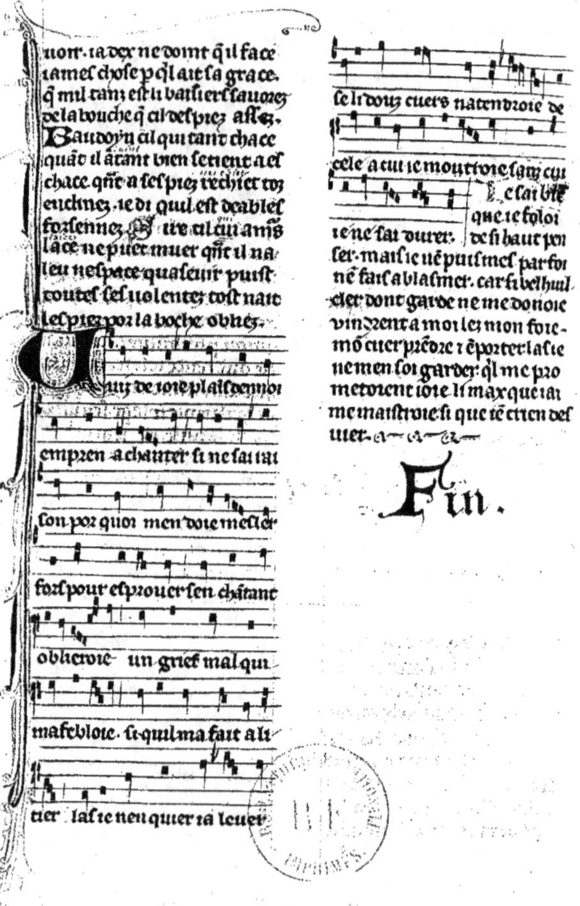
noit. ia dex ne doint q̃l il face
ia mes chose p̃ q̃l ait sa grace.
q̃ mil tanz est li baisiers sauorez
de la bouche q̃ al des piez assez.
Baudoyn al qui tant chace
quãt il aimt bien serient a es
chace. qñt a ses piez rechier toz
euchnez. ie di quil est deables
forsennez. ꝙ tre al cui amis
la ce ne puet muer qñt il na
leu nespace qua seuir puist
toutes ses uolentez tost naic
les piez por la boche obliez.
vuiz de ioie plaist dennoi
empren a chanter si ne sai tai
son por quoi men doie mesler
fors pour esprouer sen chitant
obliroie un grief mal qui
ma sembloie. si quil ma fait a li
tier. las ie nen quier ia leuer
se li douz cuers natendroie de
cele a cui ie moutroie sanz cui
iene sai durer.
e sai bie que ie foloi
re ne sai durer. de si haut pon
ser. mais ie ne puis mes par foi
ne fais a blasmer. car si bel huil
lier dont garde ne me donoie
vindrent a moi les mon foie
mo cuer prendre i emporter la sie
ne men soi garder: q̃l me pro
metoient ioie li max que iai
me maistroie si que te etien des
uuer.
Fin.